大连博物馆
“近代大连”陈列故事

大连博物馆◎编

辽宁美术出版社

图书在版编目（CIP）数据

大连博物馆“近代大连”陈列故事 / 大连博物馆编
. —沈阳 : 辽宁美术出版社 , 2021.11
ISBN 978-7-5314-8998-6

Ⅰ. ①大… Ⅱ. ①大… Ⅲ. ①博物馆—历史文物—介绍—大连②大连—地方史—通俗读物 Ⅳ. ① K872.313
② K293.13-49

中国版本图书馆 CIP 数据核字（2021）第 097239 号

出 版 者：辽宁美术出版社
地　　址：沈阳市和平区民族北街29号　邮编：110001
发 行 者：辽宁美术出版社
印 刷 者：沈阳晟邦印刷包装有限公司
开　　本：720mm × 1010mm　1/16
印　　张：19
字　　数：290千字
出版时间：2021年11月第1版
印刷时间：2021年11月第1次印刷
责任编辑：李欣阳
装帧设计：鼎籍文化创意　徐春迎
责任校对：郝　刚
书　　号：ISBN 978-7-5314-8998-6
定　　价：86.00元

邮购部电话：024-83833008
E-mail：lnmscbs@163.com
http://www.lnmscbs.cn
图书如有印装质量问题请与出版部联系调换
出版部电话：024-23835227

概 说

大连博物馆位于大连市区南部的星海湾畔，是世纪之交大连市政府建设的大型文化设施，主体建筑为地上四层、地下一层，建筑面积 3.04 万平方米，陈列面积 1.5 万平方米，现为国家一级博物馆、国家 4A 级旅游景区、全国科普教育基地、辽宁省和大连市爱国主义教育基地。

2013 年 4 月 28 日，历时 6 年筹备的基本陈列“近代大连”向公众开放，以表现 1840—1949 年近代大连历史为主题，内容分为“旅大的开发与海防建设”“中日甲午战争中的旅大”“俄国租借旅大与港口城市的形成”“日俄战争与日本殖民统治”“多元文化的交流与融合”“近代大连人民的反抗斗争”和“大连解放与人民政权的建立”等七个单元，展出文物 1 300 余件、历史照片图表 800 余幅，全面展示了大连这座城市的百年历史。

近代以来，美丽富饶的大连成为帝国主义列强的觊觎之地。鸦片战争期间，英国军舰入侵大连沿海，多次登岸抢掠当地百姓的耕牛和家禽；第二次鸦片战争期间，英国军舰入侵大连湾，英军在此集结，把大连湾作为进犯我国天津、北京的基地。

当时，清朝廷决定海防与塞防并举，从 1881 年开始建设北洋水师旅顺基地。到 1888 年年底北洋海军正式成军之时，已拥有“定远”“镇远”等 20 多艘军舰，在亚洲排名第一。随着旅顺海防工程建设的进行，自来水、电报等相继出现，近代城市的诸多要素已经具备，旅顺缓慢地进入了中国近代城市的行列。1894 年甲午战争期间，日军入侵旅顺，对旅顺居民进行了持续 4 天的血腥大屠杀，约有两万同胞惨死在日军的枪弹和屠刀之下，近代旅顺的前进步伐戛然而止。

1895 年 3 月，《马关条约》签订后，俄、德、法三国“干涉还辽”，日本再次索取 3000 万两“赎辽费”后，于 1895 年年底退出辽东半岛。俄国以“还辽有功”为由，于 1898 年强租旅顺口和大连湾；翌年 8 月，尼古拉二世发布敕令，建设达里尼港，进而建设达里尼市，是为近代大连的开端。

1904 年 2 月 8 日深夜，日本联合舰队袭击了俄国停泊在旅顺港外的太平洋分舰队军舰，日俄战争爆发。这场战争给中国人民，特别是大连人民带来了深重灾难。日俄战争后，日本取代俄国，大连沦为日本的殖民地。1931 年九一八事变后，日本彻底撕下了“租借地”的面纱，赤裸裸地将大连划为日本国土，严密地控制着港口、铁路，使之成为掠夺中国东北物产的中心，将大连工业推向军事工业的轨道，以满足其进一步侵略扩张的需要。中国民族工业在顽强地抗争，但终因殖民者的打压而萎缩。

近代大连是中国少数完全殖民地化的城市之一，也是近代沿海城市中少有的实行自由港的城市。它不是由古代城市演变而来的，而是俄、日投巨资在荒僻村落上建成的城市。正是这种特殊的遭遇，大连在被动的情况下，较早地打开了外来文化的大门。大机器工业导致人口的骤增，推动了近代大连的快速发展。

日本在大连殖民统治的一个重要方面，就是对中国人民进行奴化教育，其阴险目的是要消灭被侵占地区人民的民族意识、国家观念。但大连人民始终进行着顽强的抗争，使日本殖民者泯灭中华文化的企图破灭。

在近代大连的城市建设中，中国人民付出了高昂的代价，甚至是生命。他们忍受着常人难以忍受的痛苦，超负荷地劳动，却住在“红房子”和贫民窟中。没有中国劳动人民，就没有近代大连。

自帝国主义践踏大连土地之日开始，大连人民就从来没有停止过反抗斗争。特别是 1926 年 1 月中国共产党大连地方组织建立以来，党领导人民进行了不屈的斗争。经过斗争、挫折、失败、奋起，虽然党组织 4 次遭到日本殖民当局的严重破坏，但党始终领导大连人民前赴后继，直至取得抗日斗争的胜利。由共产党员和进步青年参加的、以破坏日本占领区军事设施和战略物资为目的的国际情报组，从 1935 年到 1940 年，在大连实施放火 57 次，烧毁了日军大量的军用物资，这极大地鼓舞了大连人民的抗日斗争士气，有力地支援了全国人民的抗日斗争。在庄河、复县伪满洲国统治地区，当地人民也自发地组织起来进行抗击日伪的斗争，他们曾击毙日军大佐森秀树（后被追晋为少将），谱写了中华民族的正气歌。

1945 年 8 月 22 日，苏联红军在中国人民武装力量的配合下解放了大连，大连成为特殊解放区。在中国共产党的领导下，大连人民发展生产，支援人民解放战争，为新中国的诞生做出了不可磨灭的贡献。

本书是为解读“近代大连”陈列而做的一次尝试，涵盖了陈列的七个单元，旨在通过陈列展出的文物、资料，进一步讲好大连故事，进而讲好中国故事。我们深知，这是一项难度很大的工作，需要对文物、资料进行再创作，而我们对文物价值的认识也不是一次就能到位的，因此本书可能会存在这样或那样的不足，期望读者批评指正。

大连博物馆馆长、研究馆员 姜晔

2020 年 10 月

目　录

清末旅顺海防

俄国侵占旅大七年

日本殖民统治时期的工业

日本殖民统治时期的民族工商业

日本殖民统治时期的文化

沉沦与抗争

特殊解放区时期的旅大

清末旅顺海防

“北洋八大远”的故事

“近代大连”第一单元“旅大的开发与海防建设”中展出了北洋海军的两个船模——“定远”铁甲舰、“致远”巡洋快船。这两个船模代表了清末北洋海军建设的成就。其中“定远”舰为铁甲舰，是北洋海军的绝对主力战舰，也是北洋海军提督丁汝昌乘坐的旗舰。与之战力相当的还有它的姊妹舰——“镇远”铁甲舰。“致远”舰为当时航速极高的巡洋舰，为中日甲午海战时期民族英雄邓世昌的座舰。与之战力相当、级别相同的还有“靖远”舰、“经远”舰、“来远”舰、“济远”舰。以上七艘战舰，以及后来调入北洋的国产“平远”舰，构成了北洋海军的主力阵容。因为它们都以“远”字命名，故而被海军史学者习惯称为“北洋八大远”。在这八艘“远”字号战舰中，“致远”“靖远”购自英国；“定远”“镇远”“济远”“经远”“来远”购自德国；“平远”舰为福州船政局参考“超勇”与“济远”舰设计建造，也是全钢甲军舰。“北洋八大远”虽来源不同，但都代表着19世纪末各国最高的造舰水平，也代表着清朝海军建设的高度，因此为世人所津津乐道。

提起“北洋八大远”的故事，还得从1874年日军侵略台湾事件讲起……

一、外购舰船的源起

1868年日本明治维新后，走上对外扩张的道路。在“武国”方针指导下，日本制定了对外侵略扩张的“大陆政策”。所谓“大陆政策”，就是以武力向中国和朝鲜进行侵略扩张的政策。1871 年 12 月，琉球船民因遇风暴漂流到了台湾，其中 54 人被杀害，余者由清政府送回琉球。第二年，日本偏说琉球是日本领土，并否认高山族居住的台湾是中国领土，企图以武力侵略台湾。1874 年 4 月，日本政府设立台湾事务局。5 月，日本悍然发动了侵略我国领土台湾的战争。虽然侵台日军遭到了清军和台湾居民的英勇抵抗，但是清政府因缺乏信心，最终被迫与日本签订了《北京专约》，以赔偿 50 万两白银并承认日本侵犯台湾的行为为“保民义举”而告终。此后，日本便吞并了琉球。日本侵台事件对中国朝野震动极大，这也引发了一场关于海防建设的大讨论。11 月 5 日，总理衙门奕䜣等提出“练兵、简器、造船、筹饷、用人、持久”六条整顿海防的意见，并请求朝廷把该奏折抄录给沿海沿江各将军督抚详细筹议，并于一个月内奏复，再由朝廷大臣详细谋议。围绕如何加强海防建设，清政府的军政要员开展了一场规模空前的大讨论，讨论持续了七个月之久，这就是近代史上有名的第一次海防大筹议。

海防大筹议是清王朝宗法专治的政治体制下难得的一次关于国家战略的广泛讨论，也是清廷海防政策全面调整的开端。这次海防大筹议解决了国家安全危机的方向问题，也就是“海防”与“塞防”之争的问题。最后的结论

·“定远”舰

·“定远”舰船模

虽然比较含糊，但从实际结果看，还是把海防问题提到了从未有过的高度。

1875 年 5 月 3 日，清廷任命左宗棠为钦差大臣督办新疆军务，抵御西北沙俄的侵略；5 月 30 日，又指定沈葆桢、李鸿章分别督办南、北洋海防，备御东、西洋敌患，并在“决策谕”中强调，“海防关系紧要，既为目前当务之急，又属国家久远之图”，当“未雨绸缪，以为自强之计”。清廷显然是把海防纳入国防的重要组成部分来看待。从此以后，海防建设即成为以自强为核心的走向近代化的国家战略。

二、购舰过程

李鸿章筹办北洋海防，除了不断加强先前组建的江南制造局的军工生产外，还放眼海外，积极觅购西方海军强国生产的先进军舰。

1875 年，李鸿章在中国海关总税务司赫德的推荐下订购了 4 艘英国蚊船，即“龙骧”“虎威”“飞艇”“策电”号，迈开了外购舰船的步伐。因为这种蚊船“价廉工省”，且装有据说可以洞穿铁甲的巨炮，因而被中国的官员广为赞誉。1878 年，在全国外购舰船热潮的推动下，总理衙门批准李鸿章购进了第二批蚊船，即“镇东”“镇西”“镇南”“镇北”。四艘“镇”字号蚊船驶抵天津后，赫德又向李鸿章提出购买碰快船的新建议，声称这种船“每半时行十五海里，新式机器，首尾各置二十五吨大炮一尊，左右各新炮数尊”。李鸿章一口答应，决定购买“超勇”“扬威”号。

此时，第二次工业革命正轰轰烈烈地展开，军舰的生产技术正在突飞猛进地发展，英国成为造舰能力最强的国家（1863 年英国人即造出铁甲舰）；德国在海军方面也开始起步，其抓紧研制大吨位的巡洋舰和铁甲舰，寻求打开国际军舰市场的机会。

自 1880 年起，李鸿章的购舰活动进入新的阶段。事情源于驻德公使李凤苞报告，“英国购得土耳其八角台铁甲舰两艘，愿意转售”。李鸿章大为心动，据理力争得到了清政府的批准，于是指示李凤苞就此洽谈。后因“英海部易人，旧执政所允二铁甲均作罢论”，李鸿章立即指示重新订造两艘。此时，德国也正在研制新式军舰。经李凤苞、徐建寅等人在欧洲各国反复考察，最终决定与德国伏尔铿船厂签订了两艘铁甲舰，即后来的“定远”舰、“镇远”舰。这两艘铁甲舰为同型号姊妹舰，舰长 90 多米，舰宽近 20 米，吃水深达 6 米，正常排水量 7 000 多吨，航速也高达 14—15 节；“定远”“镇远”两艘铁甲舰还拥有铁甲堡，防护能力极强；武备上，两舰左右船舷都装有双联装巨炮，此外还有副炮、各种型号的哈乞凯斯速射炮、连珠快炮、鱼雷、撞角等若干武器，使得铁甲舰战力相当强大，可谓北洋海军的攻坚御敌利器。

1883 年，李鸿章又在德国伏尔铿船厂订购了一艘新式巡洋舰——“济远”舰。“济远”舰是一艘穹甲巡洋舰，排水量 2 355 吨，航速达 15 节。1885 年中法战争结束后，滞留德国长达一年多时间的“定远”“镇远”“济远”三舰一同来华，入列北洋水师，北洋水师的势力因之大增。

为增加北洋舰队的整体作战能力，保证战事发生时有巡洋舰辅佐铁甲舰并冲锋陷阵，1886 年，李鸿章又分别向英国和德国订购了“致远”舰、“靖远”舰和“经远”舰、“来远”舰。其中英国产的“致远”和“靖远”舰是一对快速巡洋舰，排水量 2 300 吨，航速高达 18 节；德国产的“经远”和“来远”舰也是一对巡洋舰，排水量 2 900 吨，航速 15 节左右。1887 年 9 月，“致远”“靖远”“经远”“来远”四艘新式巡洋舰归国，加入北洋舰队，北洋海军整体实力发展至顶峰。

“平远”舰是福州船政局参考“超勇”“济远”舰设计制造的第一艘国产装甲巡洋舰，排水量 2 100 吨，航速 14 节；初名“龙威”舰，在福建船政水师服役，1889 年年底调入北洋水师，改名“平远”舰。

这支由李鸿章精心打造的北洋海军被西方人称为中国近代第一支有真正意义的军队，同时也是清政府建立的四支近代海军中实力最强、规模最大的一支，俨然成为太平洋上一支不容忽视的海军力量。

三、龙旗飘落

1888 年北洋海军成立后，清廷以“部库空虚，海疆无事”为由，不再投入经费引进军舰和其他武器装备。同时，为了满足老佛爷慈禧太后归政后颐养天年的需要，清廷大兴土木，修筑中南海工程。随后又开始修葺被八国联

• “致远”舰

军焚毁的皇家园林——颐和园。这两项工程耗费了巨资，甚至以海军的名义为工程款集资。1891 年 4 月，清政府下令停购舰船和炮械，并建议裁减海军。这使成军后的北洋海军止步不前。而此时，正是世界海军装备更新换代的关键时期。日本海军全力加速发展并在逐步反超曾经号称亚洲第一的北洋海军。

1894 年 9 月 17 日，日本海军通过鸭绿江大东沟附近的黄海海面入侵我国时，北洋海军的“八大远”全都参加了这场战斗。海战初期，“定远”“镇远”等舰集中火力轰击日舰，北洋舰队凭借大口径火炮远距离交火占据上风。随着距离接近后，北洋舰队的航速和火力不足的劣势开始暴露。在日军密集的炮火下，旗舰“定远”信号旗被毁，北洋舰队失去统一指挥，开始各自为战。经过 5 个多小时的海战，北洋海军毙敌 298 人，重创日舰多艘，迫使日本海军联合舰队逃离战场，粉碎了日军“聚歼清国舰队于黄海”的计划。但同时，北洋海军也付出了惨重的代价。

邓世昌指挥的“致远”舰奋勇冲锋，连创敌舰，后在日军围攻下多处受伤，全舰起火。在受重伤的情况下，邓世昌鼓励全舰官兵道：“吾辈从军卫国，早置生死于度外，今日之事，有死而已！”“倭舰专恃吉野，苟沉此舰，足以夺其气而成事。”毅然驾舰全速撞向日舰“吉野”，不幸被敌舰击中，引起鱼雷爆炸，导致“致远”舰沉没，邓世昌与舰上官兵 200 余人壮烈殉国。

“致远”舰沉没后，“经远”舰在管带林永升的指挥下毫无畏惧，继续反击。在遭到日本第一游击队“吉野”等四艘战舰的围攻下，该舰以一抵四，顽强抵抗达 1 小时之久。激战中，林永升头部中弹身亡。“经远”舰“火势愈烈，烟焰焦天，俄尔舰体逐渐向左舷倾斜”，不久，“左舷舰首向水中沉下”。全舰除 16 人获救外，近 200 人殉国。

“致远”“经远”的沉没，使北洋舰队由优势变为劣势。此时，孤军奋战的“定远”“镇远”等舰很快被日本联合舰队围攻，他们“誓死抵御，不稍退避”。“定远”舰管带刘步蟾“作战果敢，指挥灵活。行船时刻变换，敌炮不能取准”。“镇远”舰管带林泰曾指挥其舰“奋击突进，操纵自在”，在受伤严重的情况下仍然能继续战斗。“来远”舰在黄海大战中中弹 200 余处，舰身进

·“致远”舰船模

水，舰舷几经倾斜，舰上燃起熊熊大火，“舱面皆已毁裂”，经全舰官兵奋力扑救，保住了该舰。“靖远”舰紧依“定远”舰奋勇作战，中弹100余处，又遭日本游击队“吉野”等舰围攻，“水线为弹所伤，进水甚多”。后经紧急抢修，将漏洞堵住，并在管带叶祖珪的令下升起帅旗，代替“定远”舰指挥。“平远”舰在战争中曾两次击中日本舰队旗舰“松岛”号，多名日本鱼雷兵受重伤。“济远”舰也中弹累累，舰上炮械全坏；“济远”舰长方伯谦贪生怕死，战事中首先逃离，提前两小时返回旅顺，事后被清政府问罪处斩。

1894年11月，日军攻陷旅顺，并制造了震惊中外的“旅顺大屠杀”。此时，北洋海军已撤出旅顺，“八大远”中的“定远”“镇远”“靖远”“来远”“济远”“平远”等舰退守威海刘公岛以“保船制敌”。但在退守期间，“镇远”舰为躲避威海卫航道上的水雷浮标不幸触礁受重伤，管带林泰曾以“战局方棘，损伤巨舰”引咎自杀，年仅44岁。

1895年2月，日本陆海军联合攻击威海港内的北洋海军，北洋海军在提督丁汝昌的指挥下沉着应战、奋勇还击。经过10多天的激战，“来远”舰中鱼雷沉没，“靖远”舰、“定远”舰严重受伤。为了不让受伤军舰落入日军之手，提督丁汝昌无奈炸沉“靖远”舰，炸毁了“定远”舰。面对北洋海军一艘艘战舰的先后失去，丁汝昌悲愤不已。在守御无望的情况下，他拒绝投降，最终含恨吞服鸦片自尽，时年59岁。随丁汝昌一同殉国的还有“定远”舰管带刘步蟾、“镇远”舰代理管带杨用霖。至此，北洋海军已全军覆没。

日军攻占刘公岛后，“八大远”中仅余的“镇远”“济远”和“平远”三舰被日军俘获并编入日本海军联合舰队。1904年，日俄战争爆发，“济远”舰、“平远”舰都在攻打旅顺的海战中触雷沉没，只有“镇远”舰随日军多次参战。日俄战争结束后，老旧的“镇远”舰被日本海军改为练习舰。第二次世界大战结束后，中国驻日本代表团提出了归还“镇远”舰遗物的要求。战败的日本政府遂于1947年5月1日在东京码头举行仪式，归还了甲午战争期间被日本掳去的“镇远”舰遗物，也算告慰了北洋将士的在天之灵。

李媛媛

李鸿章军事顾问汉纳根的旅顺情结

"近代大连"第一单元"旅大的开发与海防建设"部分展示了一位德国人的照片，他就是汉纳根，中国近代第一个军港和炮台的主要设计者和建造者。

1879 年 9 月，在德籍外交顾问古斯塔夫·德璀琳的推荐下，汉纳根来到中国，担任李鸿章的私人顾问。不久，经过李鸿章的多方努力，在旅顺口修建大型海军基地的计划终于获得清政府的批准。中国近代史上第一个大型军事工程终于就要启动了。但是，另一个难题摆在了李鸿章的面前：偌大的一个中国，竟然找不到一个懂得修建现代化军港的人才。怎么办？旅顺工程不干则已，一旦实施必将是国家级的重要工程。这种工程是汉纳根的长项，可以充分发挥他的才干，于是汉纳根成了不二人选。中国的军事史——特别是海军历史上，不可避免地要刻下汉纳根的名字。

一、修建黄金山炮台

在修筑旅顺军港前，为了军港的修建和防御，李鸿章决定先在旅顺的山上修筑一些防御的炮台。1880 年 12 月 14 日，李鸿章在给当时山东巡抚周恒祺的书信中对此有明确的交代："蚊船非炮台不能立足，旅顺之台需费十数万金，异日必成北洋一大屏蔽。该处有此一军扼扎，登州、烟台，敌当不敢久泊。"因此，先修建一座炮台，以防护海口的重任就落在了汉纳根身上。

黄金山是封锁外海炮阵地的理想位置。分列旅顺口两侧的黄金山、鸡冠

· 黄金山炮台

山是这处海湾的天然屏障，观察所设在黄金台上，利于指挥射击，可随时通报观察结果。火炮阵地的设计在考虑了作战条件下的安全系数之后，对施工作业的管理做出了严格的规定。汉纳根很清楚，同样的施工材料、施工条件，不同的管理、不同的要求会使工程质量大不相同，稍有不慎即会造成灾难性的损失。汉纳根将关于修建防御工事的计划以及工程预算呈送李鸿章后，很快得到了批准。

在修建黄金山炮台时，当地的工人对工事的设计觉得不可思议，无法理解，加之语言文化、生活习惯的差异，不大愿意和外国人一起工作，招工比较困难。后来，两个胆量较大的中国人自告奋勇找来了 200 人干活，几天之后，又来了 300 人。刚开始只是简单的土石方工程，汉纳根随船带来了 40 袋白银，这对于想挣钱养家的人具有很大的吸引力。很快，一个多月的时间内，工匠的人数上升到 1 500 多人。这些人多数是来自金州、复州等周边的渔民、农民、木匠、铁匠等，他们放弃了原先的工作来到这里。大批工匠的到来使工程的进展出现了戏剧化的转机，这令汉纳根兴奋不已。

他将这些工匠们组织起来，加以严密地分工，并委派工头监督施工。同时，他还亲自指导这些工匠操作现代化的施工工具和挖掘隧道、开凿石块等各项技术工作。可以想象，当这位受过现代科学技术教育的德国人与中国近代对科学技术一窍不通的人交流时，他面临的挑战会有多大。

而且，工地上的物资与工具严重不足。物资方面如石料、燃料煤等，当地都不出产，都需要去别处购买。旅顺本地虽产石料，但是石质太脆，石料必须运自山东的石岛；煤，旅顺也有出产，但杂质太多，不如日本的煤块大、火力强，而且价廉物美；至于混凝土，中国人连听都没听说过，必须向德国大批量购买。

最开始，工匠们使用的施工工具也相当原始和陈旧。除了锹、镐、凿、镢、锄、锥等外，水车则用中国原始的水车，运泥则用手推车，挖泥则用方形木船，接泥则用木制装泥船……汉纳根第一次见到这么落后的工具，他简直惊呆了；他知道，如果靠这些原始的工具修建旅顺港，100年也完不成。于是他上书李鸿章，要求购买欧式先进的挖掘工具。开始，包括李鸿章在内的所有中方官员都不以为然，所以购买先进设备之事一拖再拖。但是，使用这些落后的施工工具的后果很快就显现出来了。在旅顺港的基础工程建设的头一年里，工程进展缓慢。李鸿章亲自到施工现场督促进度时才发现，的确如汉纳根所说，中国使用的工具无一不笨重吃力，浪费人力、物力与财力。在事实面前，李鸿章没有再固执己见。他拨出经费，将水车换成了许多架大大小小的吸水机；中国的木质挖泥船每日仅能挖泥7方，且容易损坏，常需修补，用人又多，加以海浪太大，装泥不多，深度不够，于是又采纳了汉纳根的意见，在德国订购了挖泥船1艘，并在大沽船厂订造铁质接泥船4只。有了西方先进的施工设备，情况马上有了改善，工程进度大幅提高。旅顺军港建设工程，成为中国使用现代挖掘工具建设中浓墨重彩的一笔。

同时，令汉纳根喜出望外的是，招募的这些工匠每人每天只有几个铜钱，却很好指挥，也很容易满足。他们吃的主食是苞米饼子、高粱米饭；夏季吃新鲜的蔬菜，冬季以窖藏的土豆、萝卜、白菜为主，初春时节青黄不接时，

· 汉纳根

吃咸菜或野菜；尽管地处海边，鱼也很便宜，但他们很少把钱花在买鱼上，肉类更是少见。工匠们住的是极其简陋的工棚，而工作起来非常勤劳，经常累得满头大汗，泥水和汗水搅得浑身脏兮兮的，却从无怨言。

汉纳根发现，虽然中国工人在数理方面的知识只相当于欧洲小学生的水平，然而，一旦他们理解了设计意图和施工要求，他们会非常认真，最终的效果往往比预想的要好很多。对于中国工人来说，施工不仅是劳动的过程，也是技术培训的过程。为了保证工程符合设计要求，工程师必须按照专业分工，深入浅出地向工人讲解设计理念、科学依据以及一些仪器的使用方法，经年累月的训练后，工人们的文化和技术素质明显提高。

作为工程师，汉纳根发挥了数学分析的专长。从选址、设计到施工，他坚持了数年。旅顺口炮台，他是唯一一个从头到尾坚持下来的外国人。上午上山，他把自己的设计意图详细向工人们解释说明，并现场测量计算，安排好施工进度，解决遇到的问题。只要时间允许，有时汉纳根还会操作挖土机，亲自从事挖土工作。下午他一般在办公室研究图纸，晚上学习中文：他把自己的时间安排得满满当当。

在旅顺所有的炮台中，黄金山炮台是兴建最早，也是最大的一座。从1880年11月动工修筑到1883年3月27日完成，历时2年零5个月，动土共11 000余方。这些土方是雇佣金州、复州等地的毛驴将挖掘船池的海泥驮运上山的。起初这些毛驴有300多头，后来增至600多头。广阔天地间，几百头毛驴组成了一条绵延不断的“传送带”，从海边装土运上山顶，在长达一两千米的路途上，长蛇般曲折蜿蜒渐次向山顶移动，场面十分壮观。在尚不具备机械运输条件的情况下，因陋就简、因地制宜动员民间力量才是科学的决策。经过几年的奋力拼搏，黄金山炮台终告竣工。

修筑炮台只是旅顺军港的一小部分。大量的军港建设工程还有待完成。在旅顺基地的工程建设中，不仅各处的炮台是由汉纳根设计完成的，而且开山、挖河、筑路、导海等工程也常由他策划与监督，他成了旅顺工程局总办袁保龄最为得力的助手。

二、推荐使用德国克虏伯火炮

通过长时间和清军的接触，汉纳根发现清军的武器装备比欧洲军队落后很多。当时的清军还在大量使用传统的冷兵器，显然已经无法适应近代战争的需要。清朝末年，仿制的西方火炮要比同时代克虏伯厂生产的火炮炮筒壁厚，炮筒短而粗。在一定距离内，炮管长度和口径的比值是影响火炮射程的重要参数。克虏伯厂火炮使用的炮钢抗压强度好，炮管壁薄，射程远，因此火炮的重量轻了许多，便于战场机动。

自太平天国时期以来，虽然清军也陆续装备了一些近代意义上的枪炮，但总体来看，无论是质量还是数量都远不尽如人意。究其原因，这些枪炮是通过中间商买来的，正是这些外国的武器商人把一些淘汰的、老化的、质量差的乃至报废的武器以很高的价格卖给了中国军队。这就是中国军队的装备和外国军队相比有着惊人差距的最真实的原因。汉纳根的父亲曾告诫他“无论如何，你都应该坚决要求用先进的武器来装备所有的军队，特别是那些装备比较差的部队”。

李鸿章青睐克虏伯火炮由来已久，这来源于他纵观几十年来中外战争中不同国家制造的火炮质量、实战效果之后留下的印象。李鸿章戎马一生，从镇压太平天国到打捻军，以及鸦片战争的经验教训，使他非常清楚武器装备的质量及其在战场上发挥有效作用的重要性，尤其是火炮。

作为北洋大臣，面对船坚炮利的列强，李鸿章做了不少应对侵略的准备。他对各个强国生产的火炮做了考察比较：质量、价格、信誉度、维修、配件供应、弹药来源、供货期，以及中国和该国的关系等，都在李鸿章考虑的范围内。当然质量是第一位的，最后也是最关键的是要考虑巨额资金的筹措。

中国自19世纪70年代前后，即开始把克虏伯公司在火炮制造，以及使用方面的技术书籍大量译成中文，这对中国近代军工企业发展，以及中国军队的提升起到了一定的推动作用。湘军中的左宗棠也较早地引进了克虏伯大炮，并在收复新疆的战斗中使其发挥了作用。

战场上的表现为克虏伯厂生产的武器在全世界做了最好的广告宣传，克虏伯厂因此赢得了大批订单。克虏伯火炮也成为中国野战炮、海岸防御炮的首选炮种。进而，旅顺海防基地炮位上装备了从德国购进的火炮。火炮在克虏伯厂定做，用船漂洋过海运到旅顺。

不同口径的火炮配以几乎相同重量的活动炮架。修建旅顺炮台的过程中，没有大型机械吊装运输设备，主要工具是人力倒链、滚轴、三角支架、绞盘和一些铁轨。工人们预先做好大型木筏，等运炮的船驶到木筏旁边，利用船上的吊装设备，把火炮高高吊起，再放到木筏上运至岸边。从岸边运往山顶火炮阵地的过程最为壮观。炮管、炮架底盘下是滚木、铁管，几百人的拖拽队伍在一个号子指挥下渐次移动。指挥不能有一点失误，山路盘旋落差几十米、上百米，在转角和坡度较大的地方，任何一点闪失都会造成炮毁人亡的惨剧。工人们表现出了惊人的纪律性。一门炮运到山顶阵地之前，不会有一个人表现出懈怠；一旦拖过一两千米的山路到达炮位，人们在欢呼之余，会因为高度紧张后的松弛躺倒在地上。经过一个多月的搬运，火炮全部就位。

李鸿章最后决定旅顺炮台选用克虏伯火炮，这其中有德璀琳、汉纳根的推荐，但最主要的还是他本人对克虏伯火炮的信任。

三、清政府对旅顺炮台的认可

在旅顺海军基地，以及防御阵地施工过程中，李鸿章时时关注着工程的进度和质量，曾多次乘舰船到旅顺视察。

1883年7月初，在上海的李鸿章接到朝廷的电报，电报中称要他回到天

• 馒头山炮台

津。此时的黄金山炮台紧张的施工已进入尾声，李鸿章乘船回天津，临时决定在旅顺做短暂的停留，看看炮台工程的进展。12 日清晨，李鸿章从小艇上下来，直接走向施工中的阵地。汉纳根已经习惯每天都早早来到工地巡查，安排当天的施工内容；此时其他的官员都还在睡梦中，汉纳根成为这半小时唯一一位接待李鸿章的人。李鸿章惊异于记忆中的黄金山已经被削去近半，施工现场的壮观场面使他处于高度兴奋中，他态度十分谦和，接二连三提出各种问题：“火炮是怎样拉到山上来的？”“炮弹是怎样装到弹架上的？”汉纳根一一作答。

1883 年 11 月，李鸿章、丁汝昌参加了旅顺炮台一期工程竣工庆祝仪式。参加庆祝仪式的还有原英籍船长、现任丁汝昌的顾问琅威理。仪式的一个重要内容是进行火炮试验性射击。一只约 3 米长的小船插上旗子，在 3800 米远的海面上当靶船。火炮第一次试射时偏离目标，但不是很远，经过修正后第二次射击即打中了靶子。发射后对火炮进行了检查，证明了火炮的基座非常坚固，没有一点缝隙，炮膛安装得也非常精确。

琅威理以内行的眼光仔细察看了火炮阵地，对炮台安装的质量给予了充分肯定，认为“很少见到能将火炮安装得如此精确的”。

至1886年年初，旅顺炮台大部分已建成。汉纳根工作的重点转移到旅顺要塞驻防部队的战术演练上来：划分警戒区域、训练、协同、弹药物资准备等，是一项项烦琐的工作。必须做的工作还有很多，比如各个阵地之间要建立及时有效的通讯联络，建立集中的管理模式，建立统一的命令下达方式。

这年的11月工程竣工后，李鸿章采取“突然袭击”的方式（事先不通知），在德璀琳、前普鲁士野战炮兵上尉雷曼等人陪同下正式视察旅顺炮台。

在备战上，突然袭击式的检查是最有效的办法，这种办法来自对战争经验的总结。一支训练有素的军队，必须有很强的敌情观念，一声令下拉得起来，打得上去。如果每有检查便事前通知，久而久之，会把备战变为应付检查，很容易出现搞花架子，甚至弄虚作假行为，一旦遇到真敌情就会慌乱，其危险性不言而喻。

总督大人详细查看了西侧1号炮台：炮手们各就各位，从口令下达、操炮、瞄准到装填，他们站位准确，动作规范、娴熟、协调，紧张有序。他仔细查看了炮膛，发现里面一尘不染擦得锃亮，螺旋形的膛线闪着寒光。李鸿章戎马一生，他对武器来说是门里人。炮兵武器管理制度对炮膛养护有严格的规定：每天用机油擦拭，不容有任何一点锈渍，也不允许有残留的机油。不然，腔内沾上沙尘异物，会影响射击，严重时会引起膛炸。显然炮手们做到了。李鸿章对守军的严格管理和积极训练倍加赞赏。

近代战争史为旅顺留下了10座炮台。其中，黄金山炮台、老虎尾炮台、崂嵂嘴炮台、蛮子营炮台、馒头山炮台、摸珠礁炮台、蟠桃山炮台共7座为汉纳根设计监造。这些炮台质量上乘；另一个收获是，在修建炮台的过程中，从人拉肩扛到引进先进的施工机械、施工方法、建筑理念，为清军打造出一支近代意义上的工兵队伍。

为了应对来自海上日益增大的危险，清政府对海军的建设下了一番工夫。当然，首要的问题是权力配置问题。皇帝之外，最可靠的自然是亲王。1885年10月12日，太后懿旨，醇亲王奕譞总理海军事务。1886年4月，醇亲王奕譞奉皇太后懿旨巡阅北洋水陆各军。这是一次规模盛大的巡阅，事前做了精心准备。

对这次巡阅，醇亲王在日记中做了详细记载：共有文武随员 30 人，加之海军衙门兵弁、夫役、王府护卫太监等约 230 人。

17 日上午，醇亲王一行登上黄金山炮台上事先准备好的检阅台，检阅舰队演阵。舰队以旗语传令，旋转离合准确迅速，并在黄金山以南深水处演习打靶。在黄金山以南浅水处，由五艘鱼雷艇演习打靶。鱼雷发射后，只见一条白线划破水面，霎时间靶船已成齑粉，可谓弹无虚发。

这是北洋海军筹建时期的一次大规模的演习，士气相当高涨。海军官兵进行了长时间的模拟演练，显示出一定的训练基础。从另一个角度来看，这次演习也带有一定的表演色彩。在熟悉的海边，重复熟练的操作内容，射击熟悉的运动或固定目标，尤其是直接瞄准的近距离射击，官兵们对命中率有很大的把握。这场模拟实战并非真正的实战射击，与瞬息万变的实战有很大差别，其表演的色彩也正体现在这里。

午后，传令各个炮台打靶。自馒头山炮台开始，按照蛮子营炮台、威远

• 崂嵂嘴炮台

· 摸珠礁炮台

炮台、老虎尾炮台、摸珠礁炮台、崂嵂嘴炮台的顺序进行。巨炮发出了撼天动地的吼声，硝烟和火焰直冲云霄。

18 日晨，醇亲王登上崂嵂嘴炮台，并赞赏了汉纳根设计监造的炮台。醇亲王的首肯令汉纳根欣喜若狂，而更值得兴奋的事还在后边——醇亲王巡阅之后向慈禧太后禀报了巡阅的结果并提出奖励的建议。

1886 年年底，因为法国人获得了旅顺军港的后期工程承包权，汉纳根便离开了旅顺口。在这段时间里，他修建了中国第一座近代最先进的炮台；他是近代第一座军港的主要设计者和完成者；他修筑了东北第一条铁路；他修建了中国第一座军队医院；他首次引进西式挖掘设备；在他的努力下，中国开始使用混凝土……

姜　晔

袁保龄与旅顺海防工程

“近代大连”第一单元“旅大的开发与海防建设”中，展出了一幅人物图片——袁保龄。袁保龄，字子久，又名陆龛，河南项城人，清同治元年（1862）举人，其父为道光年间漕运总督袁甲三。他是旅顺海防工程建设的主事者之一。任职旅顺海防工程局总办期间，袁保龄“跋山涉海、勘地督工”，完成了最为艰难的旅顺海防第一期工程并取得了辉煌成就。

旅顺的海防建设，始于1880年年底黄金山炮台的修筑。当时，游击将军陆尔发带领德籍洋员汉纳根在旅顺修筑黄金山大型炮台，准备建设一座小型的蚊船基地。在旅顺蚊船基地建设期间，李鸿章的重要幕僚马建忠来此考察，深为旅顺优越的地形地势所打动，进而向李鸿章极力推荐：把旅顺建为“北洋水师总汇之区”，即建设一座可以停泊铁甲巨舰的大型基地。

1881年11月，借验收刚刚从德国购买的“超勇”“扬威”舰的机会，李鸿章首次亲临旅顺。在率领文武官员登岸查勘后，他本人也被旅顺“天造地设”的形势所打动，进而向清廷奏报，提出了他欲把旅顺建为大型水师基地的建议。在得到了朝廷的批准后，北洋水师旅顺基地的建设全面展开。

由于正在建设的旅顺基地规模宏敞、事繁工巨，原来主事的游击将军陆尔发已不能驾驭。于是在马建忠的建议下李鸿章改派北洋海防营务处道员黄瑞兰前来旅顺，任命他为旅顺工程局总办，负责旅顺海防的建设。怎料黄瑞兰贪鄙无能，对海防建设工程一窍不通。在他任职旅顺期间，他凭借官势，任用朋党；与洋员汉纳根之间也是貌合神离，难以沟通协调；更有甚者，花了近一年时间，耗银万余两修筑的拦海大坝虽告合龙，但由于堤下淤泥未清除，导致大坝基础不牢，屡屡发生坍塌的事故，遗患无穷。李鸿章对黄瑞兰的表现大失所望，于是产生了找人替换黄瑞兰的想法，后在幕僚周馥的推荐下，决定由深明旅顺形势的北洋海防营务处道员袁保龄接任黄瑞兰的职务，遂有袁保龄主持的北洋海军旅顺基地建设一期工程。

袁保龄自 1882 年 11 月赴任旅顺至 1889 年 8 月 16 日病殁于旅顺，共在旅顺工作了七年。在这七年时间里，袁保龄勤恳任劳，事必躬亲，忠心耿耿，为旅顺海防建设做出了巨大贡献。此时期旅顺海防建设中的诸多重大工程皆由他督办完成。可以非常肯定地说，袁保龄为近代旅顺海防建设倾注了全部热情与心血，他的业绩彪炳青史，流芳百代。袁保龄的功绩不仅在旅顺海防工程上，他还对整个北洋的海防建设大局都做了细致入微的通盘考量。他曾向李鸿章提出重事权、定经制、建军府、简船械、筹用费、储人才六大计策，这无疑对李鸿章主持的北洋海军发展规划提供了有益参考。

袁保龄在旅顺海防建设上之所以尽职尽责，忠心耿耿，源于他对旅顺战略价值的深刻理解。他曾说：“海军创于北洋，而归宿在旅顺。旅工不成，无船坞，则水师终成萍梗。此事关系国家强弱，有不得不以性命争之者。”至于旅顺口在中国近代海防建设中的地位，袁保龄的认识更为深刻，他曾对友人谈道：“旅顺为北洋第一险隘，可战可守。前有老铁山，与南北城隍岛最近，然亦四十余里之海面。若水师得力，此两山炮台水雷足以助势，敌舟无敢轻过。”光绪九年（1883），在写给友人的书信中，袁保龄再次强调旅顺的战略价值：“去年孟冬，始来旅顺，周览形胜，实为渤海第一要

• 袁保龄

隘。若经营有成，得精强水师巨舰屯泊于此，西策津沽，北顾辽沈，可令环海群邦不敢以片帆相窥伺。”

袁保龄在主持旅顺海防建设期间，由于工大事繁且又欠缺技术与经验，因而艰苦备尝，使得他“不论在人事、经费与工程技术等方面，均曾遭遇到无数的困难，卒赖其赤忱、定见与魄力始得一一克服”。袁保龄在向友人描述这一时期他的心理感受时说：“我如征夫，遇雨久已一身尽湿，不得脱此衣少休息，而又披上湿衣一件。”可见他辛苦的程度与心力的交瘁。

众人皆知，在袁保龄到任前，陆尔发、黄瑞兰主事旅顺期间，都曾留下一批旧部冗员。在这些旧部冗员中，不乏敷衍贪鄙的小人，严重妨碍了旅顺工程的进展。袁保龄到任后，即大力排除障碍、改变风气。经过摸底考察，他首先进行人事改革，将旧有的不作为的官员悉数调离岗位或辞退，随后又提升任用了一批守正清廉的官员。他的这种以绩取人的做法，在当时人浮于事、官僚成习的社会风气中尤为可贵。

在旅顺海防建设一线上，有来自各地的上千名工匠、民工。这些人的生活冷暖也时刻让袁保龄牵挂在心。也正是袁保龄真心实意的关心照顾，积极地为这些工匠、民工排忧解难，才使他赢得了工匠、民工的普遍尊敬和拥戴，也激发了工匠、民工的劳动积极性。有书记载：在 1883 年夏，气候反常，闷热少雨，致使旅顺东港淤泥秽恶不堪，在烈日的曝晒下更是臭气熏天，施工环境十分恶劣，工人多有病倒，为解决工人的健康问题，袁保龄从天津广办药材，煎熬成汤，及时送到工地的工人手中。另外，他还招募了有经验的医师，往返于工地与诊所之间，对工匠、民工巡查问诊。而当黄瑞兰主修的拦海大坝出现险情时，袁保龄又总是亲临现场指挥，与工匠、民工“上下一心，群情固结，挖山取土，来回数百丈。于风回雪舞之时，踊跃争先，欢呼用命，竟能抢护无虞，真非始愿所及”。但经此一番折腾，袁保龄也身心疲惫、苦不堪言，他曾抱怨：“不知这般人前世欠黄佩老（黄瑞兰）何等账目，今日来替他了此冤孽。”

袁保龄主持旅顺工程，不可避免地要与李鸿章雇请的外籍洋员们打交道，而这些洋员个个身怀绝技、不服管理，这让袁保龄甚感头痛。他在致周馥的一封公函中曾直言其中之苦，“今旅顺船坞各工，殆亦非常之举也。工程机器用物，都在参用洋法，绝无例案可循。洋员动以西国往事为言，若曲徇所请，则财力实有未能，体制又多不协；若专守常经，则巨工终无成效，转更贻笑远人。斟酌其间，颇难裁定。”可见赴任初期洋员管理方面给袁保龄带来的苦恼。但毕竟旅顺的工程离不开洋人的技术和经验支持，因而袁保龄也必须找到与洋员们打交道的办法。最后，经过一段时间的摸索，袁保龄总结出一套管理洋员的方法，即“大处坚持原则，小事退让将就”。这其中最典型的事例当属“砖石之争”了。当时，来自德国的工程师善威拘于德国溪耳船坞的经验，极力主张旅顺船坞用烧制的青砖砌就，而袁保龄以为青砖的坚固程度一定赶不上石头，因而坚持用山东黄岛产的石块砌筑船坞，两人因之争执不下。后来在反复咨询并对比试验后，本着对事业负责的态度，袁保龄坚决否定了善威的主张，而采用石料为砌筑船坞的基本材料。经过百余年历史沧桑的检

·《阁学公集》

验，最终证明袁保龄的这一决策十分英明。

在经费的管理上，袁保龄精打细算、极力节省，这也让他煞费苦心。旅顺口海防建设工程浩大，用钱之处比比皆是，常常让袁保龄陷入捉襟见肘的窘境。在困难面前，袁保龄出于公心，规定部属人等不论大小用款，均须随案登账，限期报销，不得借故延误。他曾以曾国藩的格言——"生平于财利避之若浼"砥砺自己。他也曾说："吾辈在此一日，终是抱定迂拙作法。举朝廷之帑项，百姓之脂膏，以填此辈难盈之溪豁，而博悠悠之浮誉，义之所不敢出也。"可见其在工程建设中所秉持的廉洁慎独的道德情怀。袁保龄在任五年时间，工程进展颇为迅速，工程规模颇为壮观，工程费用却极为节省，仅用工银20余万两。因此，有学者感言："谁说在晚清腐败的官场上就没有忠诚、勤恳、廉洁的官吏？"然而更令人们感动的是，袁保龄虽经手白银无数，但从未有贪念，真正做到了两袖清风，甚至他平日所着官服也打着补丁。袁保龄病殁后，属下在其住所中竟无法找到可以用于发丧的资财。无奈之下，大家筹资为其购得一梓棺，这才得以入殓。

旅顺海防工程的建设，是北洋海军筹建期间的一桩大事，因而建设伊始，即受到了中外人士的广泛关注。大家纷纷前来旅顺实地观瞻，随后又有许多人执笔撰文在报章中给以评论，有褒扬的，也有贬损的，主要是讨论海军基地的选址问题，却从未有人对袁保龄主持的海防工程的质量问题予以责难，

这说明袁保龄主持的旅顺海防工程质量精坚。德国海军军官在观看了旅顺东西海岸炮台后连连称赞，说旅顺的炮台“绝对不致为海上来的力量所攫取”。

袁保龄在旅顺工程局主事期间，还竭尽所能地为旅顺当地百姓着想，为百姓办了很多好事、实事。他秉持公正，公开地处理了前工程局官员黄瑞兰在征用土地期间与民众产生的纠纷，补发了民众的征地款、秸草款等欠款。他在旅顺大力地推广种植桑树，教旅顺民众养蚕、纺织的技术。在任期间，他还在旅顺大兴教育，鼓励乡村兴办义学，以促进当地文化的进步及民风的转变。

五年的劈山填海，旅顺海防工程初具规模，袁保龄也心绪荡漾，多有感慨。其挥笔写下的长幅楹联——“大海澜回忆从前唐战辽征往昔英雄垂信史，高山天作愿此后镐京丰水中兴日月丽神州”“创四千年未有之规愿成渤海屏藩留都堂奥，环九万里无远弗届漫谈昆明池水汉武旌旗”，可谓一字一血，一句一情，撼天地，泣鬼神，气壮山河。在这五年中，袁保龄每夜“非交丑不能熟睡，幸筋力顽壮，每日奔走看工尚不知疲”。但闲暇之时，袁保龄心中不免泛起些许的辛酸与苦楚，他在致友人的信函中曾坦言：“既受人知，必思所报，遂置家室于不顾，乘风破浪，冒不测之沧海，毅然远行。此邦山僻海隅，大似东坡惠州风味，而又无闲适。所历艰苦，实为四十年所未有，亦聊足忏除少年逸乐罪过。方来之始，万事瓦裂；今则公帑节省数万金，海防军容渐如

· 旅顺东港全景

荼火，差可自慰。而面黑肤瘦，形容憔悴，须发已渐白矣。”袁保龄自述的这些话语，“既含凄凉，又有矢志，今日读来，让人感动至深，肃然起敬”。

1889 年 8 月 16 日，袁保龄因积劳成疾，病殁于旅顺任所，终年 48 岁。袁保龄的英年早逝，与他每日都把全部的精力贡献给海防工程而无暇顾及自己的身体有很大的关系。为此，北洋大臣李鸿章深感惋惜。他在向清廷上奏《为袁保龄请恤片》时，深情地写道：“该员历任烦劳，迭与提督宋庆、丁汝昌、臬司周馥、道员刘含芳等察看妥筹，次第兴作。其筑拦潮坝一役，于冰雪风雾中昼夜抢修，始获平稳。（光绪）九年，法越开衅（指中法战争），海防戒严，旅顺口仅成黄金山炮台一座，该员跋山涉海，勘地督工，不数月而东西两岸大小七台（指海岸炮台）屹然并峙，声势稍壮，敌舰竟未敢北窥。（光绪）十年冬，又值朝鲜之变（指甲申政变），其时电报未通，津、沽封冻，消息间阻，凡驻朝淮军饷械及派往水师各船，赖该员筹助接济，俾得迅赴事机。（光绪）十二年间，醇亲王亲临阅视，曾以旅防布置合宜，该员等尤为得力，奏奉懿旨：从优议叙在案。惟该口远处海滨，瘴湿甚重，寒苦异常。该员经营数年，遂成脾泻中风等症。……臣查袁保龄世受国恩，竭忠图报，学问具有根柢，识力亦甚坚卓，洵足干济时艰，不期积劳过久，受病过深，年未五旬，赍志以殁。旅顺口工程防务，该员出力为多，其功实未可泯。”光绪皇帝也深感惋惜，为此御赐祭文：“鞠躬尽瘁，臣子之芳踪；赐恤报勤，国家之盛典。尔原任直隶候补道袁保龄行性纯良，才能称职。方冀遐龄，忽闻长逝。朕用悼焉，特颁祭葬，以慰幽魂。”

张　欣

中国坞澳之冠

“近代大连”第一单元“旅大的开发与海防建设”详细地介绍了1880—1890年间旅顺海防工程的建设过程。其中，展出了一座“旅顺口港坞模型”，还有两幅图片——《旅顺口港口全图》《旅顺口船坞全图》，从中我们可以清楚地看到，旅顺港由老虎尾半岛将港内分为东西两澳，东澳即东港，而旅顺东港北岸那个长条状的小“水池”即为旅顺大坞。“至其规模宏敞，实为中国坞澳之冠。”这就是薛福成在其日记中对旅顺港坞的评价。

旅顺海防建设工程历经10年，从1881年开始至1890年完工，大体上分为前后两个时期。第一期工程是国人自营时期（1881—1886），完成了包括炮台、东港、码头、航道、海口、兴工建坞等大部分基础工程。法国人接手的第二期工程（1887—1890），重点任务是修筑石坞以及修船的各附属厂房、库房等各种附属工程。从李鸿章奏报的《旅顺兴办船坞片》来看，法国人承揽的旅顺海防二期工程主要包括“大石坞一座，修理铁甲舰等舰船的机器设备须一应俱全，工厂、库房、办公场所、居住场所，坞外停靠船的大石泊岸，以及铁道、起重码头、电灯、自来水等工程”。并且，合同还约定全部工程费用总计125万两白银，在30个月内完工；验收后的一年内，由法国照料修理。而后由上海法兰西银行及驻天津领事林椿再保固十年，“倘有损坏，由于工程不精者，皆责成该银行赔偿”。后来，因工程需要，又与德威尼商议增加了一些项目，中法双方又签订一份补充合同，内容主要包括增加一条330多

· 旅顺港坞

米的石坝和一座铁码头，“码头上石阶、铁路、铁梯、船桩、电灯、淡水管等件，如法布置”。工时也因此延长了六个月，加起来正好是三年。总费用增至139.35万两白银。

1890年，旅顺第二期港坞工程在合同期内竣工，预示着旅顺港坞工程的全部完工。11月5日，北洋海军提督丁汝昌、直隶按察使周馥、津海关道刘汝翼三人受清政府委派抵达旅顺，对旅顺港坞工程进行最后的验收。工程验收时，由于法方负责人德威尼因事回国，遂由吉礼丰代为主持。吉礼丰按照德威尼的吩咐，向清政府提供了洋文工程清单，并交由督办旅顺坞澳工程的刘含芳译成中文，中法双方人员即按照这一清单一一查验。具体项目如下：

1. 石船坞1座。长137.67米，宽41.33米，深12.66米。石阶、铁梯、滑道俱全，坞口以铁船横栏为门，全坞石工全都使用来自山东的大块方石，并用水泥垒砌起来，凝结无缝，平整坚实。此时石船坞中的水已经被吸干，“平远”号兵船已入坞修理。

2. 船池大石泊岸。东、南、北三面泊岸共长 1 368.93 米，西面建拦潮大石坝一座，长 311.33 米。整个船池形如方池，渟泓荡漾。潮水落尽时，船池水深尚有 8 米，西北留一出口，以便兵船出入。船池四周全砌宽大石岸（即泊岸），由岸面平地量至澳底，深 12.73 米，周岸泊船毫无风浪摇动。以前西面拦潮坝下方常年积淤，有时甚至深达二三十米，各国洋监工对此都没有办法，而法国人在筑造岸基时，先砌铁石围墙下压，而于围墙中空之处用绳汲取淤泥，淤泥渐取渐出，露见坚结老土，然后层筑灰石，上复接砌券洞，再上始砌石岸。这项工程法国人完成得非常漂亮，李鸿章十分满意，并对法国人的技术、做工大为赞赏——“此澳岸三丈八尺以下之工，做工之难，做法之巧，实所创见。洋师经营之苦，劳费之巨，亦以此段工程为最”。

3. 厂房、库房。在大坞旁边，法国人修建了 9 座修船厂房，包括锅炉厂、机器厂、吸水锅炉厂、吸水机器厂、木作厂、铜匠厂、铸铁厂、打铁厂、电灯厂。这 9 座厂房占地面积为 5 388.89 平方米，包定银 8.5 万两；工厂内所用的各种机器物件，包定银 6.4 万两。法国人还在港区南岸建设库房 4 座，船坞东面建库房 1 座，每座库房占地面积为 542 平方米，包定银 4.8 万两，主要用于储备船械及杂料。这些厂房、库房均使用铁梁、铁瓦建造，既避风雪又防火烛，高宽坚固，比瓦房更为实用。

4. 铁道及起重设备。在港坞周围设有铁道双轨长 3 023.57 米，铁盘 16 座，方便各个厂房库房间运输物料，包定银 2.8 万两；间段设大小起重铁架 5 座，专门用于起重大物件，解决了人力所不及的问题，包定银 3.5 万两。

5. 在港坞及各厂库码头设置大小电灯 49 座，以便夜晚加班使用，包定银 1.2 万两。

6. 饮水工程。龙引泉第二期工程也是在法国人德威尼承包期间最后完成的。“远引山泉十余里，束以铁管，埋入地中，穿溪越陇，屈曲而达于澳坞之四旁，使水陆将士、机厂匠工便于朝夕取用，不致因饮水不洁，易生疫病。”

《旅顺石船坞船澳厂库工程全图》是李鸿章于光绪十六年十一月初五（1890 年 12 月 16 日）上奏朝廷《验收旅顺各要工折》的附图，是非常珍贵的第一手史料，现藏于北京图书馆。该图清楚地标明了龙引泉水源地的位置，并绘有引水管道途经之处，注明“洋人包做饮水管长一千七百八十丈八尺”，折合 5963 米。龙引泉第二期工程还在厂区内建造了 1 座淡水库和 1 座储水库，自来水分水管长 8 098.67 米，并配备了 18 台大小抽水机，包定银 3.16 万两。

7. 由于港坞附近不便起卸重物，法国人遂建设了 1 座丁字式铁码头，长 41.2 米，一并修筑了石阶、铁桩、铁梯、铁柱、铁梁、铁房等设施，以便往来兵舰遇事行动迅速，不致停滞；加上添筑的 334.67 米的拦潮石坝，券洞方墩 25 座，合计包定银 13.5 万两。

8. 其余如修小轮船之小石坞、藏舢板之铁棚、系船浮标铁桩，以及各厂内修船机器，均一一设置完备。其中，小石船坞 1 座，包定银 8 200 两；舢板铁棚 2 座，包定银 8 150 两；泄水涵洞一道，包定银 5 000 两。

以上各项均与代德威尼之洋人吉礼丰提供的工程清单相符。

旅顺第二期港坞工程全部按照西法建造。按照合同约定，法国人在规定时间内完成了各项工程，共花费白银 139.35 万两。而自 1890 年 11 月 9 日验收完工的这一天起，旅顺港坞工程在一年时间内，还由代德威尼担保的法国

· 旅顺东港工厂

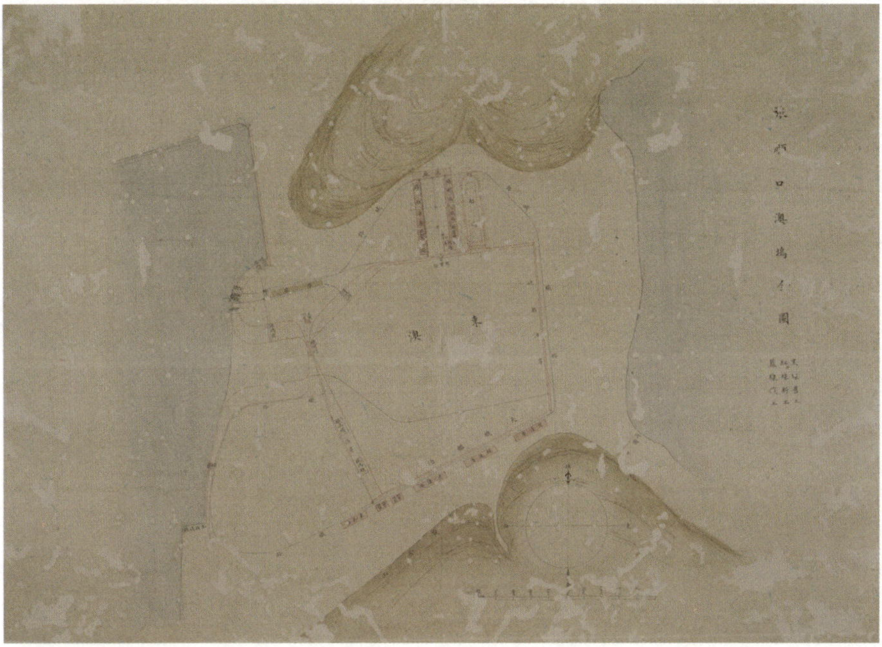

· 旅顺口澳坞全图

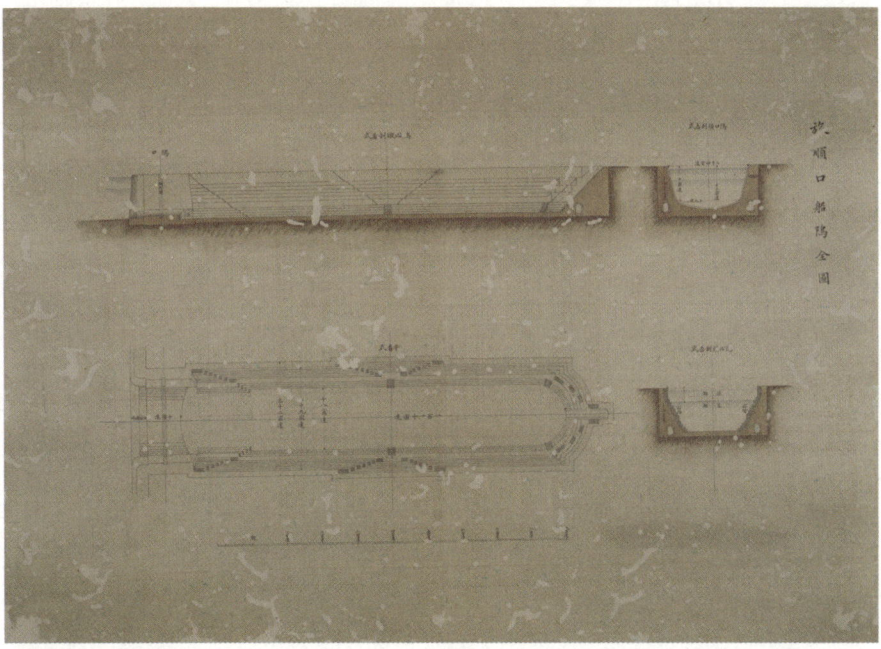

· 旅顺口船坞全图

银行保固，之后再保固十年，这些保固的要求均在验收期间由清廷大员向洋人交代明白。也自验收结束，旅顺港坞正式启用，为北洋海军提供军舰停泊、维修等服务，解除了李鸿章近十年的烦恼。李鸿章为旅顺港坞的最终建成兴奋不已，他感慨地说："从此量力筹画，逐渐扩充，将见北洋海军规模足以雄视一切，渤海门户深固不摇，其裨益于海防大局，诚非浅鲜。"

马 骞

龙引泉碑

“近代大连”第一单元“旅大的开发与海防”建设展出了一块石碑——龙引泉碑（复制品）。该碑原矗立在旅顺口区水师营街道三八里村，距今已有130多年的历史。

据学者考证研究，龙引泉碑高1.4米、宽0.5米、厚0.15米，系汉白玉材质。石碑正面以魏碑体阴刻三个大字“龙引泉”，据说为直隶总督兼北洋大臣李鸿章亲自题写。碑阴为隶书体碑文，共400多字，全文如下：

钦命二品衔署理津海关监督兼海防兵备道
钦命镇守奉天金州等处地方副都统
钦命二品衔直隶按察使司按察使
钦加升衔署理奉天金州海防清军府

勒碑晓谕垂久事。照得旅顺口为北洋重镇，历年奉旨筹办炮台、船坞，驻设海军、陆师，合营局兵匠等役，各机器厂、水雷营电池，及来往兵船，日需食用淡水甚多。附近一带连年开井数十口，非水味甚咸，即泉脉不旺。因勘得旅顺口北十里地名八里庄，有泉数眼，汇成方塘，土人呼为龙眼泉，其水甚旺，历旱不涸，但分其半，足供口岸水陆营局食用要需。应于其上建屋数楹，雇本地土人看守，以免牲畜作践。池外暗埋铁管穴山穿陇，迤逦以达澳坞四周及临海码头，至黄金山下水雷营等处；另分一管，添做池塘，专供该处旗民食用灌溉。前月据该处旗民联名禀称，所分之水日久无凭，恐全为军中所用，该处所有居民无水食用，恳请立碑存记等语，本司道等业据情详请钦差大臣督办北洋海军直隶爵阁督部堂李立案，并咨本副都统暨本厅，均照该旗民所请立之情，应会同勒碑晓谕，以便军民而垂久远。为此示，仰该处旗民人等一体遵照。特示

右仰通知

光绪十四年五月

告示 碑立八里庄龙引泉上

龙引泉碑是近代中国最早城市给水工程——龙引泉工程的历史遗迹，立于1888年6月。该时龙引泉工程经过法国人的第二期修建已经全部完工，为标明龙引泉修筑原因、工程范围、军民共用性质等树立。1894年中日甲午战争爆发，日军在11月攻打旅顺时，该碑被毁断裂并埋入地下。1982年7月28日，在龙引泉水源地，该碑重被发现并发掘出土，自此又重见天日。

龙引泉原名“龙眼泉”，据传是龙王三太子眼睛里流淌出来的泪水，很早即被作为饮用水来使用。1880年年末，旅顺黄金山炮台在汉纳根的主持下动工兴修，外来人口急剧增加，山东、河北、天津及附近营口、复州、金州的民工人数很快攀升至6 000多人，大队清军也不断被拨派至此，旅顺军民人口迅速升至万人，饮水遂成为重要的问题。为解决饮水问题，旅顺工匠、兵弁不断开挖水井，“附近一带连年开井数十口”，只是这些水井“非水味带咸即泉脉不旺”，为此必须寻找新的水源。后经“目勘得旅顺口北十里地，名八里庄，有泉数眼，汇成方塘，土人呼为龙眼泉。其水甚旺，历旱不涸，但分其半，足供口岸水陆营局食用要需”，遂报请李鸿章批准，开始“凿山引泉”，修建了近代中国最早的城市给水工程。

旅顺龙引泉工程大约开工于光绪七年（1881），此时黄金山炮台也刚刚开建，于是李鸿章下令将炮台工程与自来水工程合为一体，由游击将军陆尔

发主持，汉纳根则从技术方面予以协助。1881 年，李鸿章第一次视察旅顺后，向朝廷奏报旅顺勘察的情况，提及龙引泉，并说："凿石引泉，工程已得大半。"至1882 年，龙引泉已经"砌筑长 727.72 米、宽 0.76 米、高 2.13 米的拱形集中暗渠 1 条"；砌筑了长 2.8 米、宽 2.4 米、深 3.6 米的泉池 1 座，并集水井 2 眼、检查井 2 眼。此为第一期工程。龙引泉的第一期工程由国人自行设计建造，德籍洋员汉纳根给予帮助。

· 龙引泉碑

1886 年年末，旅顺港坞工程对外发包，法国公司最终承揽了工程。作为港坞工程的重要辅助，龙引泉给水工程也被纳入法人包办的旅顺工程范围。在法国人的经办下，龙引泉开始了它的第二期建造过程。第二期工程包括"与拱形暗渠衔接处修建一条狭长的小暗渠（也称浅暗渠），长约 342 米、宽 0.5 米、高 0.8 米，向东北方向延伸。在龙引泉东南方向暗渠出口，铺设直径为 0.165 米、总长 5 936 米的铸铁管道，利用地势的落差，沿龙河，以自然流淌的方式经过旅顺军港，跨海到大石船坞"。在旅顺港坞区内，法国人还建造了一座淡水库和一座储水库，"自来水管分水管长 8 098.67 米，（配设）取水大小机器 18 具"。龙引泉二期工程共计耗银 3.16 万两。

龙引泉饮水工程在法国人的续建下形成了宏大的规模，这一规模甚至让甲午战争时期入侵旅顺的日本人也感到惊讶。日本的随军记者龟井兹明在随军日记中赞誉说："（旅顺口）饮用水有自来水和井水，自来水是从离此地 4 公里多的八里庄用铁管引来的，到处都有水龙头，分布在市街各处，其工程甚为宏大，水质也清冽，适于饮用。"

李鸿章对龙引泉饮水工程的最终建成甚为满意，他在光绪十六年十一月

· 龙引泉饮水工程（图一）

· 龙引泉饮水工程（图二）

初五（1890 年 12 月 16 日）上奏朝廷的《验收旅顺各要工折》中，介绍了龙引泉饮水工程并评说其价值——“又虑近海咸水之不便食用也，远引山泉十余里，束以铁管，埋入地中，穿溪越陇，屈曲而达于澳坞之四旁，使水陆将士、机厂工匠便于朝夕取用，不致因饮水不洁，易生疫病”。龙引泉饮水工程确实像李鸿章说的那样，使旅顺军民可朝夕取用、不生疫病。可不幸的是，由于该地段过度开发、随意掘井，龙引泉周边的植被终遭破坏，地下水位也被严重扰乱。1979 年 8 月，龙引泉不再自然涌流，最终枯竭。

龙引泉虽然废弃不用，但它毕竟滋养了旅顺百余年，见证了旅顺从一座海边的小渔村成长为近代城市的过程，牵系着旅顺人民的情感，为旅顺人民所难以忘怀。龙引泉因其重要的历史价值、科学价值和社会价值，于 2019 年 4 月 12 日入选第二批中国工业遗产保护名录。

姜 倬

“老虎钳”牵系的李鸿章鱼雷艇情结

“近代大连”第一单元“旅大的开发与海防建设”展出了一件早期工业遗产——老虎钳。这台老虎钳系晚清旅大海防建设期间旅顺鱼雷厂用于鱼雷保养、调校、定深、修理的工具，2013 年征集入馆。

鱼雷是一种依靠自身动力主动出击的海战利器，因外形似鱼，故得名“鱼雷”。鱼雷的发明较水雷晚许多，至 19 世纪 60 年代始有实用价值的鱼雷被德国人怀特黑德研发出来。鱼雷在作战中有出奇制胜的效果，因而刚一出现就被北洋官僚关注。在后来的北洋水师学堂教材中，有这样一段描绘鱼雷的话：“其身圆长，前后体尖，头有圆嘴，后有双轮（即螺旋桨），能以行驶。似鱼有翅有尾，能自上下，驶行水中，如鱼之游泳，有鱼之形，有雷（指水雷）之力，行速力猛，能击沉敌船，故谓之鱼雷。”鱼雷在李鸿章的心目中也有很高的地位。他在 1874 年 10 月于天津观看过俄国军舰施放鱼雷的表演，自此念念不忘。在李鸿章主持北洋海防建设并开始向西方“购船置器”时，更时时惦记着这一海防利器。可就在操办鱼雷这一新式武器时，他竟与为中国代购舰船的海关总税务司赫德发生了一些不快。

赫德本系英国人，因深受总理衙门的信任而就任中国海关总税务司要职。在中国开始筹办南北洋水师时，赫德十分活跃，总想把英国这一老牌海军强国生产的舰船推销给中国，借以影响并控制中国海军。在总理衙门大臣、恭亲王奕䜣的推荐下，赫德取得了主持北洋海防建设的北洋大臣李鸿章的信任，

· 旅顺鱼雷局（图一）

继而承担起为中国代购舰船的任务。在赫德和金登干（中国海关驻伦敦代表）的极力游说下，李鸿章委托两人代为操持，首先从英国的阿姆斯特朗船厂订购了十多艘“蚊子船”。“蚊子船”虽是守卫海口的利器，但船小炮大，行驶不速，且没法出大洋与敌舰作战，故李鸿章又不得不筹谋购买可以“驰驱大洋”的大型舰船（即后来购买的“超勇”“扬威”巡洋舰）。因与赫德有过合作且英国又是海军强国，故而这次外购大型巡洋舰的任务又交给了赫德。但在委托赫德代购舰船任务的同时，李鸿章也再三强调：新购大型舰船应搭载他一直中意的鱼雷艇。可在实际操办的过程中，因阿姆斯特朗船厂承建的两艘巡洋舰“舰小艇（指鱼雷艇）大”的关系，建成后的两舰根本不能搭载鱼雷艇，这让李鸿章大失所望也大为光火。北洋的其他官员因此对赫德的“轻诺寡信”十分不满，薛福成曾气愤地说：“赫德为人，阴鸷而专横，怙势而自尊，虽食厚禄，受高职，其意仍内西人而外中国……”自此以后，李鸿章不

· 旅顺鱼雷局（图二）

再信任赫德，外购舰船也不再假手外人，而是"权自我操"，完全由国人自办。随后李鸿章安排李凤苞、徐建寅出使西方，承担起考察西方船厂并觅购铁甲舰、巡洋快船的任务，"定远""镇远""济远""致远""靖远""经远""来远"等各舰陆续购置来华。国人主持购买的这批舰船有一个共同的特点，即无论船体大小，都配有鱼雷。

北洋海军的鱼雷武器，其施放有两种途径：一是铁甲舰、巡洋快船建造时即配有鱼雷发射管（一般配设在舰首、舰尾，有三具、四具之差），专用于鱼雷的投放；二是由类似现代冲锋舟一样的鱼雷艇来施放。据学者研究，北洋海军的鱼雷艇有"济远"舰搭载的"中甲""中乙"鱼雷艇；"定远"铁甲舰搭载的"定一""定二"鱼雷艇；"镇远"舰搭载的"镇一""镇二"鱼雷艇；此外还有购自德国的"乾一""乾二""左二""左三""右一""右二""右三""福龙"鱼雷艇，以及从英国购买的"左一"鱼雷艇。这些鱼雷艇大者长度近 40 米，小者长度不及 20 米，虽差异悬殊，但都普遍行驶迅速。如形体较大的"福龙"鱼雷艇的航速甚至高达 23.8 节，有追赶攻击巡洋快船的能力。

鱼雷艇既为新式装备，其艇船的操纵，鱼雷的瞄准、定深、发射、维修等必然有很深的学问，因而鱼雷人才的培养极为重要，李鸿章对此高度重视。1877 年，第一批海军留学生被派赴英法两国学习期间，李鸿章就曾拣派人员专门学习鱼雷、鱼雷艇的知识。后来，李鸿章又从天津机器局拣派一批天资聪颖的技术工人前赴德国伏尔铿船厂、刷次考甫鱼雷厂专门学习鱼雷、鱼雷艇的构造并维修保养的方法。1881 年第二批海军留学生派出时，李鸿章再次拣选多人专门学习鱼雷艇的驾驶技术，这些人后来多数成长为北洋海军鱼雷艇的管带。在向国外派遣海军留学生、技术工人的同时，李鸿章还饬令直隶候补道刘含芳于1881年创办了威海鱼雷营，以专门操练北洋购买的鱼雷艇，并培养鱼雷兵这一技术兵种，甚至还从西方国家请来了洋员克赖乏、福来舍等人专门教授中国人鱼雷技术。

1884年，考虑到旅顺港坞条件更为完备，便于鱼雷艇的及时维修与保养，李鸿章饬令刘含芳把威海鱼雷营整体迁往旅顺，并任命刘含芳为旅顺鱼雷营总办。

旅顺鱼雷营成立以后，同样重视鱼雷兵的培养问题。后在北洋水师总查琅威理的推荐下，英国皇家海军少校罗觉斯等数名洋教习被聘来华，承担起旅顺鱼雷兵的培养任务。1890年，为培养更多鱼雷人才，旅顺鱼雷营下设鱼雷学堂，专门教授学员艇船操控、鱼雷施放的技术和方法，至1894年甲午战争旅顺沦陷，旅顺鱼雷学堂共培养了3届23名学生。

在威海鱼雷营迁至旅顺后，并没有被划归到北洋舰队，而是由旅顺基地兼管。1888年北洋海军成立后，旅顺鱼雷营的实际负责人为北洋前敌营务处

· 旅顺鱼雷局内的工厂和仓库（图一）

· 旅顺鱼雷局内的工厂和仓库（图二）

兼船坞工程局总办刘含芳，后改为龚照玙。鱼雷营的这种管理体制使得北洋海军提督丁汝昌不能随意调动鱼雷艇队，即便战局紧迫，需要鱼雷艇助战，丁汝昌也必须与船坞工程局总办协商才行，这在某种程度上影响了鱼雷艇作用的发挥。

也是因为旅顺工程局总办辖制鱼雷营的关系，他们对鱼雷艇的管理还算用心。在鱼雷营迁至旅顺后，为保护好这批海战利器，旅顺先后修建了大批鱼雷艇配套工程，如专门用于保存鱼雷的仓库、维修保养及调整定深的鱼雷工厂、鱼雷艇靠泊的小石码头等。除此之外，旅顺基地还建设了蔚为壮观的鱼雷艇岸上仓库群，这些仓库群以一套复杂的轨道交通把不执行任务的鱼雷艇拉拽上岸、入库保管，以免风吹日晒、海浪侵蚀，这大大方便了鱼雷艇的日常维护与保养。正是出于维护保养鱼雷艇和鱼雷武器的需要，旅顺同期还建立了鱼雷工厂、水雷工厂，并配备了相关的机械设备，馆藏的老虎钳便是其中之一。

于孝东

盛京将军耆英的奏折

“近代大连”第一单元“旅大的开发与海防建设”展出了三份鸦片战争时期盛京将军耆英的奏折（复制件）。这三份奏折为清政府内阁大库旧档，分别为 1839 年 2 月 8 日上奏的《酌商先往金州海口查办鸦片由》、1840 年 8 月 30 日上奏的《夷船北驶由》、1842 年 1 月 6 日上奏的《奉天沿海水势情形由》。三份奏折年代跨度较大，几乎涵盖了鸦片战争的全过程，包含着丰富的历史信息。解读这三份奏折以及耆英的其他奏折，可以了解鸦片战争爆发前辽宁的“禁烟运动”、鸦片战争时期英军对大连海疆的侵扰，以及为应对海疆危机盛京将军耆英采取的对策。以下分别说明。

一、《酌商先往金州海口查办鸦片由》

英国对中国的鸦片贸易始于 18 世纪的 70 年代。道光朝以后，输入中国的鸦片数量迅速增加，由 19 世纪初的 4 000 多箱增至 1839 年禁烟前的 40 000 多箱。鸦片流毒泛滥，“其初不过纨绔子弟……嗣后上至官府缙绅，下至工商优吏，以及妇女僧尼道士，随在吸食……盛京等处，为我朝根本重地，近亦渐染成风”。有鉴于此，鸿胪寺卿黄爵滋于道光十八年（1838）奏《请严塞漏卮以赔国本折》，力陈鸦片之害，提出重治吸食鸦片之人等禁烟主张，进而引发了道光朝全国范围的禁烟大讨论。在这次禁烟大讨论中，盛京将军宝兴反对重治吸食鸦片之人。他认为吸食鸦片烟者几乎遍及天下，杀不尽、灭不绝，因而反对重治吸烟之人。正是盛京将军宝兴的“弛禁”观点，导致辽宁地区的“禁烟运动”流于形式，文武官员在禁烟一事上因循苟且、畏缩不前，造成烟毒蔓延的局面，使辽宁民间抽大烟的恶习“几成积重难返之势”，对此道光皇帝大为不满。有鉴于“盛京为（我朝）根本重地，较之他省尤为紧要”的关系，鉴于辽宁海域“为闽广船只往来贸易之地，五方杂处，最易藏奸”的实际情况，道光皇帝最终下定决心，于1838年4月改派宗室耆英为盛京将军，前赴辽宁主持皇族龙兴之地的禁烟运动，这才有了耆英的“查办鸦片”奏折。从《酌商先往金州海口查办鸦片由》奏折中，我们可以了解道光皇帝对禁烟一事的严格要求，即要耆英“振刷精神，从严从实办理（鸦片走私），不得稍形诿却”，要“严定章程，认真访拿（鸦片贩子），有犯必惩”。道光皇帝期望在耆英的严厉查禁下，辽宁地区的烟毒之害“痼习日除，根株永绝”。

在道光皇帝的严厉饬谕下，耆英在“禁烟”一事上“竭尽愚诚”，对辽宁“南路之金州、复州、盖州、岫岩、海城，西路之锦州、宁远州（今葫芦岛市下辖兴城市）”等地二十余处海口开展鸦片走私调查；对“虽属冬令，商船尚可进口”之金州貔子窝（今大连市普兰店区皮口街道）、大连湾和尚岛等处的海口还额外关注，委派文武官员秘密前往调查，以堵截鸦片走私、抓获鸦片走私商人等。

耆英在辽宁地区的“禁烟运动”其实收效甚微，连他自己在奏折中也承认辜负了道光皇帝“谆谆告诫之至意”。据《酌商先往金州海口查办鸦片由》记载，耆英在辽宁地区查没的鸦片烟仅约二百四十斤，这一数字相较于林则徐在广东一地查没的二百三十多万斤而言，简直是九牛一毛。为此，道光皇帝在上谕中评说：查没

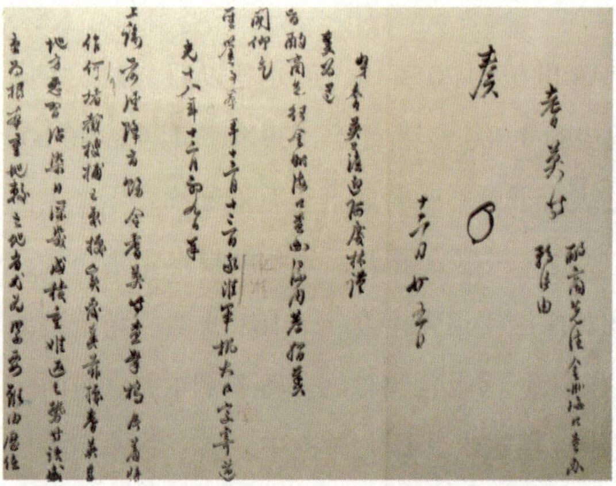

· 耆英等奏《酌商先往金州海口查办鸦片由》

的烟土“殊属寥寥”，表达了对耆英禁烟不力的不满。

二、《夷船北驶由》

清政府在全国范围内的禁烟运动，严重“侵害”了英国的商业利益。东南沿海一带的鸦片商囤积的大量鸦片被收缴销毁，而且鸦片商本人还得向官府保证，“声明嗣后来船永不敢夹带鸦片，如有带来，一经查出，人即正法，货尽没官”等，这大大伤了大英帝国的自尊，中英矛盾开始激化。

1839 年 7 月，香港九龙尖沙咀村民林维喜被酗酒闹事的英国水手打死，此为“林维喜案”。因英国姑息养奸，拒绝交出凶手，中英矛盾加剧。同时，林则徐下令停止中英贸易并开始驱逐英国人，种种矛盾导致鸦片战争的爆发。1840 年 6 月，英国远征舰队在懿律的带领下，开始封锁广州、厦门洋面，7 月攻占定海（今浙江舟山），以此为据点，随后迅速北上，于 8 月 6 日驶抵天津大沽，威慑京津畿辅重地。因攻打北京没有把握，9 月中下旬英国远征舰队又陆续驶离天津大沽，南侵广州。英国舰队驶抵驶离大沽期间，主要以补充给养为目的，英军舰船多次往来游弋于“奉天（即辽宁）洋面”，置办食物，刺探情报，甚至公然强抢，大连海疆遭到了英军的侵扰。英军侵扰大连海疆的事实见于盛京将军耆英的《夷船北驶由》奏报，也见于文献辑录的耆英其他“夷情奏报”。

据《夷船北驶由》奏称，“七月二十四日戌刻（8 月 21 日晚上七八点），在该城（指复州城）海口，见有来船二只，在八岔沟（今大连长兴岛属地）外洋游弋，因天色已晚，相去太远，未能辨认真确。至二十五日（8 月 22 日）清晨瞭望，委系夷船二只，白色桅篷，船身较大，在二三十里外洋面游弋”；“接据复州城守卫宗室荣桂、知州鲍覲堂等报称：七月二十九日（8 月 26 日），该处又续到夷船一只，与前到之夷船二只一处停泊……所到夷船一只，即于是日午后起碇开行，其在八岔沟停泊之夷船二只，亦于未、申之间开行，均经北驶”。基于英船“行踪鬼蜮，出没无常”，耆英急忙抽调省城官兵千余名驰援辽南一带，并亲自带领四百名先遣队赶赴复州一带查看。鉴于形势紧迫，金州副都统祥厚也由旅顺赶往复州，与盛京将军耆英会合并协商应对办法。两人在复州沿海一带展开调查，以求了解英国船“滋扰”的情况。经询问海岛居民得知：先到的两艘英国船及后到的一艘英国船都在塔山以南的大洋洋面停泊，因船身较大的关系，三船均不能靠拢岸边，但都派出了小型脚船载兵登岸；登岸的英军在长兴岛八岔沟一带“汲取泉水”，并用书写的汉字与海岛居民沟通，希望用洋钱买老百姓家养的牛羊鸡鸭等食物。可见“夷船”来此的目的是为了补充给养。此事引发了耆英的高度警觉，他认为英军既然能用书写的汉字与海岛居民沟通，其军中一定藏有汉奸，于是要求官军加以防范。在耆英看来，“欲使海疆静谧，必须严缉汉奸，汉奸敛迹，则夷人定必远遁矣”。就在耆英等在复州查看期间，9 月 4 日下午三四点，“又驶到夷船一只，仍在塔山以南外洋抛锚”。耆英谨小慎微，小心翼翼地安排人员前往打探，“不敢轻率接仗”，以免引发战端。

其实英军鸦片战争时期对大连海疆的窥探、滋扰远不止这一次。据耆英 9 月 29 日的另一份奏折《英船在金州海洋游弋并酌拨官兵防堵折》报称：9 月 16 日，英船五只再次来到复州长兴岛海洋游弋，先是被瞭望官兵发现并报告“外洋西南，（约）有六七十里，望有大船五只向北行驶，因北风极大，复向南折回”，随后，这“向南折回”再“向东行驶”的五只英船“迫岸滋扰”的情况陆续被旅顺水师营巡哨官兵、金州城守探委员丰伸及守卫宝山、知县成章瓒、协领恒升等上报，“二十二日（9 月 17 日），在（旅顺）铁山外洋，见有夷船两只向东行驶”“二十三日丑刻（9 月 18 日一两点），有夷船二只，在（大连）小平岛西口停泊”“二十四、二十五两日（9 月 19、20 日），夷船复驶至（大连湾）和尚岛、红土崖、棒棰岛、青泥洼、三山岛等处，或游弋，或停泊，行踪无定，忽远忽近，并驾驶脚船，在各口内外，用线系铅坠，试水深浅”“二十六日卯刻（9 月 21 日五六点钟），（英船）乘风开帆，向东南放洋”。英军舰队此时之所以“向东南放洋”，实则因为秋冬来临、季风结束和军中疾病流行而不得不南下广州，从而结束了对大连海疆的侵扰。

此次英军对大连海疆的侵扰，仍然以补充给养为目的。据金州城守卫宝山、知县成章瓒汇报：9 月 18 日英船侵扰小平岛期间，曾有五六名英国人上岸。趁此机会，清军骁骑校武什杭阿装扮成海岛居民，向英国人打探登岸的原因，这才得知“（英船）系由天津而来，并非贸易，不过到此置办食物”，“向岛内居民欲买牛羊鸡鸭”等，进一步确认了英军“滋扰”大连海疆的目的。至于英军侵扰大连海疆期间用线系铅坠测量海水深浅的行为，我们认为是英军习惯性的情报搜集工作。

三、《奉天沿海水势情形由》

1840 年 9 月，英军“向东南放洋”，南下广州。鉴于东南沿海英军“兵船日增”“渐形迫切”的情况，鉴于镇海、宁波等处英军“迫岸滋扰”的情况，道光皇帝担心来年春天季风结束、“春融冰泮”之时，英军会再次“分窜而来”。于是饬令耆英“着即派委明干妥员，各就海口近岸水势详细测量……绘图贴说，据实具奏”。耆英于是委派协领、佐领等武官会同沿海各地旗民、地方官等逐一详细检查辽宁各海口、海汊，并于 1842 年 1 月 6 日把检查的结果绘成地图向朝廷说明，是为《奉天沿海水势情形由》奏折。耆英主持的这次辽宁海疆调查细致而周详，对通省三十九处海口、二十二座岛屿都做了海

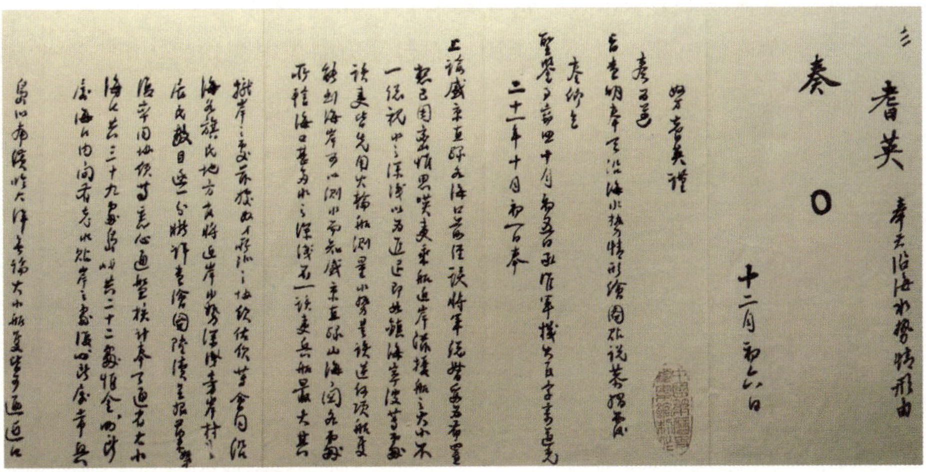
耆英
奉天沿海水势情形由
奏
十二月初六日

· 耆英奏《奉天沿海水势情形由》

防备御的详细分析。其中“金州所属海口内，间有老水贴岸之处。复州所属常兴岛以南濒临大洋，无论大小船只皆可通近口岸”，是防御的重点；其余海口，不是“水浅滩薄”，就是“礁石沙线”，大船不能进海口，但舢板等小船可乘潮拢岸；至于孤悬海外的岛屿，耆英认为海岛居民不多的战时可迁往内地，居民较多的应组织起来“自固藩篱”。另外，耆英还据派往浙江、广东查探“夷船”情况的旅顺水师营官兵汇报，把英国大号、二号、火轮船、舢板等兵船的情况向道光帝做了汇报，也算是“知己知彼”。

鸦片战争期间耆英奉旨开展的辽宁海疆调查是他“豫筹海防”的前提和基础，也正是在这一调查的基础上，耆英制定了系列“御海”措施。如打破官兵春秋两季操练的常规，让官兵“勤习枪箭，试放炮位”，加强训练；招募乡勇，教给他们使用鸟枪、长枪、顺刀、挠钩等兵器；在海口等扼要处所布置官兵、乡勇，挖壕筑垒，守口巡哨，阻击英军登岸；重视情报递送，责令地方官修筑驿站，配备驿马、草料，雇佣船户渔船，快速递送海防“往来文报”；加强沿海居民管理，盘查、捉拿“通夷汉匪”，防止汉奸接应、接济英军；饬令地方官“亲赴各岛，将瀑布流泉，或散其脉络，或截令中断，或使之伏流”，不给英军补给淡水的机会；禁止沿海居民成群放牧牛羊，饬令海岛居民把家养牛羊“收拾净尽”，近海柴薪砍伐焚烧，勿令慢藏诲盗，断绝英军觊觎之心；限制运粮漕船出海，加强稽查，杜绝船民走私粮食接济英军等。

耆英的“豫筹海防”措施近乎周详完备，因而深得朝廷的认可。道光皇帝在朱批中写道：“无一条不中机宜，甚属可嘉！勉力防守。”

于孝东

俄国侵占旅大七年

萨哈洛夫与斯科里莫夫斯基——大连港城的规划师

“近代大连”第三单元“俄国租借旅大与港口城市的形成”部分展出了两幅人物图版——萨哈洛夫、斯科里莫夫斯基。这两个人与大连开埠建市关系重大，实为大连城市建设最早的规划师。

1898 年 3 月 27 日，在俄国的威逼利诱下，李鸿章、张荫桓代表清政府与俄国驻华代办巴甫洛夫在北京签订了《旅大租地条约》，将旅顺口、大连湾及附近水面租与俄国，租期 25 年，从此大连沦为俄国的殖民地。沙皇尼古拉二世对这块新获得的殖民地异常重视，认为是推行他的“黄俄罗斯计划”并今后霸占整个东北的基地和桥头堡，遂把他的亲信阿列克赛耶夫派驻旅顺并任命为“关东州”总督，实行军政合一的统治。俄国的野心与贪婪引来了列强的强烈不满，为平息列强的愤怒，沙皇决定在远离旅顺军港要塞的地方选建一座商业港和城市，并允许各国自由贸易，以实现列强对东北的“利益均沾”，这才有了大连港、大连市的建设。

1899 年，沙皇尼古拉二世亲自为这座新城命名，称“达里尼市”（即大连市），俄语译为“远方的城市”。为规划建设好这座新城，关东州总督阿列克赛耶夫热情满怀，向沙皇提出了安排高水平港城规划师的请求，遂有大连港、大连市第一任规划师萨哈洛夫的走马上任。

一、萨哈洛夫——大连港城的第一任规划师

萨哈洛夫，全名弗拉基米尔·瓦西里耶维奇·萨哈洛夫，俄国人，生于1859年12月3日，1878年9月从尼古拉耶夫工程学校毕业并参加工作。1891年10月，萨哈洛夫调至交通部任职，担任博基港港口工地主任。1899年3月起，负责达里尼市的港口和城市规划工作。1902年8月，临时履行达里尼市市长的职责和权力。1904年10月26日病逝于旅顺。

1899年3月29日，隶属俄国交通部的五级文官、正在符拉迪沃斯托克（海参崴）进行设计工作的萨哈洛夫，奉命前往达里尼市，被任命为总工程师，全权负责达里尼市的港口和城市的规划与兴建工作。此时的萨哈洛夫不仅加入东清铁路公司，而且经过了五个港口建设工作的历练，可谓积累了丰富的港口城市规划建设经验。

在赴任达里尼市前，萨哈洛夫在圣彼得堡绘制出了达里尼市的第一张港口、城市、铁路规划图。他按照沙皇的指示，要把达里尼打造成一座欧洲风格的城市。

在第一张达里尼市规划图上，萨哈洛夫把城市的性质确定为港口、商贸城市。在商港规划定位的前提下，以打造一座欧洲风格的城市为目标，将城市划分为欧洲人区、中国人区和市政区。中国人区在欧洲人区的西面，又划分为中国人一区、二区、三区。欧洲人区与中国人区之间以城市中的大市场到海岸边码头的一条沟壑林荫道（今大连中山区七一街位置）隔开，体现了他的种族歧视、种族隔离思想。

· 萨哈洛夫

萨哈洛夫的规划没有明确商业区的位置，广场还不是这座城市规划布局的“主

· 萨哈洛夫官邸

角”。城市的道路规划以基辅大街、莫斯科大街和彼得堡沿岸街为三大干道。三大干道从东部海边起始，向西穿越城区。三大干道之间，规划为城市居住区。其格局同城市西部中国人居住区一样，均呈棋盘式方块状，即当时规划界所称的美式方块规划，类似纽约曼哈顿的条块状规划。在这份城市规划中，即使是陡峭的山麓、壕沟、水塘、滩涂等边沿地带也整齐划一为条块状。

萨哈洛夫极为重视城市绿地的规划，在其制订的城市规划图中，巧妙地利用了大连市当时的地形、地貌特征，大刀阔斧地将从南部山地向北，分别穿越西青泥洼村和东青泥洼村的较深的河谷，以及此地带的沟壑、池塘、水渠，顺势设计为占地面积较大的西公园和东花园（即今天的大连劳动公园和植物园）。其中的东花园又分为上花园和下花园（即今天的大连植物园、儿童公园雏形）。这样既可使西青泥洼村和东青泥洼村的疾病污染降到最低，也可顺势保留大面积的绿地植被。依据同样的原理，在城市的东部地区，顺着河谷的走势，他又将沟壑规划为两个南北走向的绿化带花园。另外，在位于欧洲人街区东部、莫斯科大街上的市政大楼旁，也都分别规划了占地面积较大的花园。这样，以莫斯科大街为界，萨哈洛夫在大连城市的最初规划中精心设计了七块形态各异的绿地花园与公园。

萨哈洛夫的第一份大连城市规划图只是一个“概念设计”，因具有一定的局限性，最终并没有付诸实施。大连城市的最终建设方案虽没有采纳萨哈洛夫拟定的城市规划图，但大连港的建设却是按照他的规划方案逐步展开的。这奠定了大连港今日的基本风格与规模，因而萨哈洛夫仍属大连港城建设的规划师。

二、斯科里莫夫斯基——大连城市建设的规划师

斯科里莫夫斯基，全名为卡基米尔·戈莫多罗维奇·斯科里莫夫斯基，1862 年 10 月 24 日生于波兰，1888 年 8 月毕业于德国慕尼黑皇家巴伐利亚综合技术学院建筑学专业，随后进入俄国圣彼得堡皇家艺术学院学习，1890 年 11 月获得圣彼得堡皇家艺术学院证书，可以从事建筑工作。1899 年 5 月，在其导师推荐下，37 岁的波兰籍建筑师斯科里莫夫斯基加入达里尼市的建设团队，成为达里尼港口和城市建设高级建筑师。

· 斯科里莫夫斯基

斯科里莫夫斯基来到达里尼市后发现，萨哈洛夫在圣彼得堡制订的达里尼城市规划有着较多的局限性。一是萨哈洛夫的规划没有考虑当地复杂的地形条件；二是把城市按照建设时间分为一期区域和二期区域，不符合城市发展的自然规律；三是萨哈洛夫设计的城市规划不符合半岛城市的规划要求。因此，他对萨哈洛夫之前的城

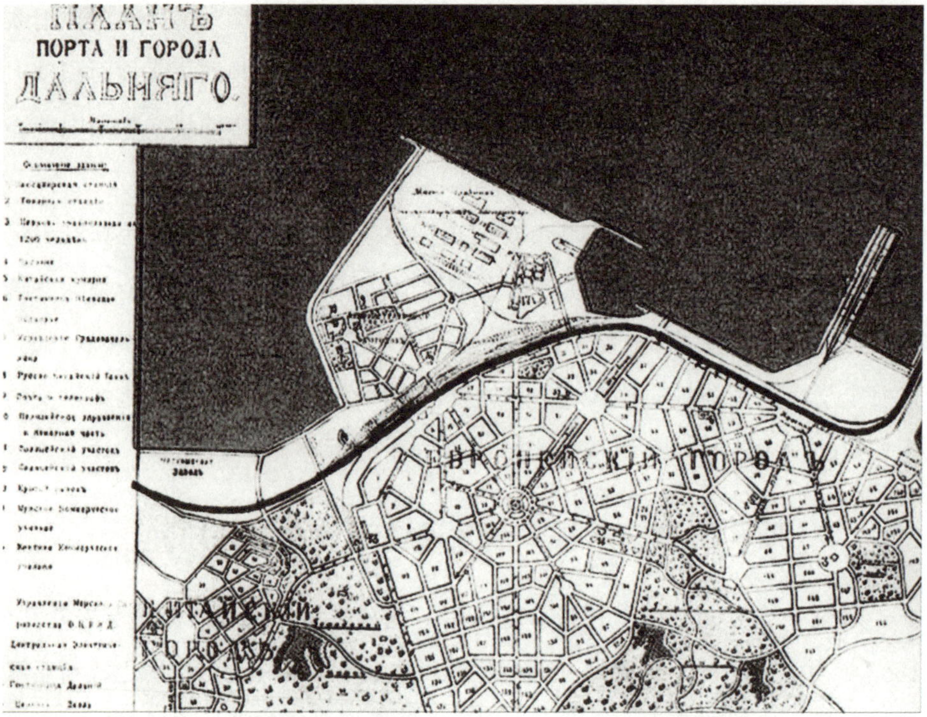

· 1899 年俄国设计的大连市区平面图

市规划进行了取舍，绘制了一个更加适合城市功用和当地地形的城市规划图。

斯科里莫夫斯基同样将城市划分为三个部分：欧洲区、中国区与行政区。只是他摒弃了萨哈洛夫的"棋盘式"城市布局，尽量根据大连地势地貌进行区域划分，并借鉴参考了法国、德国等先进城市的建筑设计，确定了以中央辐射式为主，综合运用方块式、三角式的城市布局理念。

广场是斯科里莫夫斯基城市规划设计的核心，采用的是欧洲城市规划史中最古老的中央式街区布局系统。当时他一共设计了 15 个广场，均在地势相对较高的地方。当夏天雨水来临时，这样的设计可使雨水从修建于地势落差相对较大的道路旁的沟渠迅速流走，起到排涝作用。根据斯科里莫夫斯基的规划，同时要修建蓄水池——蓄积起来的雨水可用于街道洒水——并围绕蓄水池修建了花园。今天，大连植物园和儿童公园的两个内湖公园，就是斯科里莫夫斯基的原始构想。达里尼城市规划中各个广场的确定，首先是根据其功能进行定位的，以满足市民的各种需求。同时，根据他的审美观念还具体设计了广场的形状。

交通是以广场为原点的蛛网式道路来实现的。在斯科里莫夫斯基的规划中，达里尼市最具代表性意义的是位于欧洲商业区中心的尼古拉耶夫广场（今大连中山广场），是兼具交通疏导和标志性建筑两种功能的广场，直径 100 俄丈（213 米）。这个宽阔的广场被规划为整个达里尼城区的中心。

以尼古拉耶夫广场为原点，向外放射状分布了 10 条大街。莫斯科大街（今大连人民路、大连中山路）东起港口，笔直向西跨越尼古拉耶夫广场直接连着欧洲市场和中国区。这条街道跨越整个城市，100 多年间始终车水马龙，是大连市内交通的主干道路。起自尼古拉耶夫广场的放射状街道萨姆松林荫路（今大连七一街），将海岸作为街道尽头的景观，与尼古拉耶夫广场遥遥相望，海光、山色、街景融为一体，使得这条街道色彩斑斓、异彩纷呈。其他街道也多采用通透性的设计，让城市周边连绵起伏的山脉、湛蓝的大海自然成为美丽的天际线。

此外，港口附近拟建客运码头的红场（今大连港湾广场）、规划中火车站所在地的铁路天桥广场（今大连胜利桥）和尼古拉耶夫广场遥相呼应，同属交通疏导功能的广场，并且都有放射状街道将广场彼此连接。红场和铁路天桥广场由基辅大街（今大连长江路）连接，这条街道也因连接车站、码头等重要交通枢纽而成为城市的又一条主干道。而基辅大街与萨姆松林荫路交叉处还有一个广场（今大连民主广场），规模略逊于尼古拉耶夫广场，共有 8 条放射状街道，同样是重要的城市交通枢纽。这就是斯科里莫夫斯基以广场为原点、用放射状街道连接起的四通八达的城市交通体系，蛛网式道路交通成为达里尼市一大特色。从尼古拉耶夫广场出发，行人徒步到达火车站、港口、市场等城市任何一个枢纽站点的最长距离不超过 1 500 米。

除了交通疏导类广场之外，标志性建筑广场则主要以教堂为核心，遍布达里尼市欧洲人街区和行政区。当时，斯科里莫夫斯基共规划设计了 8 个教

·尼古拉耶夫广场（今大连中山广场）

堂广场。在尼古拉耶夫广场的中央，1900 年规划时，设计的是城市拍卖大厅和交易所，之后修改为建一座东正教大教堂。设计者欲通过其占据的城市核心位置，来实现宗教对城市的精神控制。

斯科里莫夫斯基当时规划的天主教堂，位于维特大街上（今大连解放街大连大学附属中山医院旁）；路德教堂位于阿列克谢耶夫大街末端的南部山麓（今大连延安路与胜利路交会处）。同时，在欧洲人街区别墅区东部地势最高的地方，即英国花园旁的广场（今大连二七广场）上，设计了一座具有 16 世纪风格的东正教教堂。之所以选址于此，其目的是“使人从海上就能看到达里尼的俄罗斯风情”。但这些规划因日俄战争中俄国的战败而没有机会实施，只有位于行政区的行政广场（今大连俄罗斯风情一条街）周围的达里尼宾馆、市政管理大楼等公共建筑，至今依然展示出明显的异域风格，标志着俄罗斯文化曾经的存在。

冯　磊

俄军水雷与日本海军“恶魔般的一周”

“近代大连”第四单元“日俄战争与日本殖民统治”部分展出了一枚俄军水雷，这枚水雷借自旅顺日俄监狱旧址博物馆，为日俄战争遗物，见证了百余年前发生在旅顺周边海域的日俄两国海军搏斗场面，具有重要的历史研究价值。

说起这枚俄军水雷，有一个人不得不提，那就是斯捷潘·奥西波维·马卡洛夫，他是俄国的海军将领、造船专家。早在1876年，马卡洛夫就曾改造过俄罗斯海军，使俄国海军拥有先进的水雷战和鱼雷战的作战水平。他是当时俄罗斯海军名气最大的将领，也是著名的水雷战和鱼雷战专家。俄土战争时期，马卡洛夫曾经创造了海战史上首次以鱼雷击沉战舰的战绩，这为他赢得了巨大的荣誉。但同时，马卡洛夫也是一位不光彩的侵略者。中日甲午战争后，正是他最先上书沙皇，倡导俄、德、法“三国干涉还辽”之议，继而逼迫日本吐出了已到嘴边的“肥肉”，退还了《马关条约》划给日本的旅大地区大片土地。沙俄随后对旅大地区实行租借，这更让日本人恨得咬牙切齿。于是在天皇的带头下，日本举国上下励精图治、秣马厉兵，发奋建设一支强大的海军。十年后，日本终于如愿以偿，在1904年2月8日对旅顺军港内的俄军发起偷袭，挑起了日俄战争。

旅顺作为不冻港，是俄国在远东地区攫取的仅有的不冻港，也是俄国太平洋分舰队在当时的主要基地。在整个日俄战争期间，旅顺是两国争夺的战略要地——其实这是两国对制海权的争夺。旅顺港虽是天然良港，却有一些弊端。整个内港不仅航道水浅狭窄，而且只有一个出入口，这也导致大型战舰只能在涨潮时出入，而且还需要拖船的牵引。驻守在旅顺的俄军针对旅顺港易守难攻的特点，制订了要塞防御计划，并计划在1909年完成布防。虽然太平洋分舰队主力常驻在此，但由于很少出海训练，海陆两军也从未进行过联合演习，故而战略配合上比较生疏。

战争爆发前的1904年2月5日，日方决定与俄国断交，天皇同时下达了军事行动的命令。日本海军联合舰队司令东乡平八郎接到天皇的指令后，于2月6日0时召集下属指挥官，发布作战命令，要求所有舰队开赴黄海，分别攻击停泊在我国旅顺港和韩国仁川港的俄舰。就在这关键时刻，驻守在旅顺港的俄军并没有思想准备，仍在港内享受和平的生活，精神处于麻痹的状态。太平洋分舰队按部就班地停泊在旅顺港外，警戒的舰艇也悠闲地按照平时的规定巡视着海面，一点儿也没有战前的紧张气氛。此时的俄国皇室虽已下达了加强警戒的命令和要求，但这一要求到2月10日才开始执行，故而旅顺的俄军并没有采取实质性的应对措施。夜晚降临，俄军像往常一样没有打开防雷网，但是军舰上的探照灯却把内港的出入口照得通明。虽然俄军的总督阿列克

· 俄军水雷

塞耶夫早就得到日俄双方谈判破裂的消息，但是他并没有十分重视，也没有采取任何应对措施。就在日军偷袭旅顺港的前几个小时，俄军舰队的参谋长威特赫夫特将军还乐观地说："战争打不起来。"

1904 年 2 月 8 日白天，日本驻旅顺领事乘坐驶进港内的英国汽船开始撤侨，但俄总督阿列克塞耶夫及俄军当时驻守旅顺的其他高级将领仍然麻木不仁，没有感觉到战争即将爆发。像阿列克塞耶夫一样麻木的俄国高层在圣彼得堡也比比皆是，只有少数人预感到战争即将打响。正在波罗的海喀琅施塔得港口任司令的马卡洛夫，就曾经于 1904 年 2 月 8 日致函海军部，提请该部注意旅顺舰队的危险处境并建议将舰队开进内港。他在信中建议："如不采取这个措施，则我们将被迫于首次夜间突袭之后这样做，那就要为这个错误付出重大代价了"。然而，海军部的官员们都不以为然，并没有采纳马卡洛夫的建议。在日军发起偷袭时，由于俄国军舰仍停泊在港外，也没有采取必要的防护措施，因此被日军偷袭成功。

1904 年 2 月 8 日夜，日本联合舰队向旅大方向开进，3 支驱击舰小队准备攻击旅顺口外的俄国舰队，另外 8 艘驱击舰开往大连方向。午夜，在海岸灯塔和俄舰探照灯光照射下，日舰盯住俄国舰队，近距离发射了 16 枚鱼雷，其中 3 枚命中目标，重创俄国 3 艘军舰。同日，另一支日本舰队攻击了停泊在朝鲜仁川港的俄军舰，就此揭开了日俄战争的序幕。

夜晚，整个旅顺被海面的鱼雷爆炸声和舰炮的轰鸣声包围，而俄舰队军官还在城里举行晚宴。轰鸣声入耳，舰队军官们过问刚才发生了什么事，下属回答是在进行实弹射击。

1904 年 3 月上旬，俄国为了加强旅顺舰队的力量，提升旅顺舰队的行动力，马卡洛夫被紧急调任俄国太平洋分舰队司令。首先，他决定在辽东半岛沿海地区布下水雷，防止日军登陆；改善旅顺港口的防御策略，加紧修复被打坏的舰艇；经常派遣舰队出海活动，以加强战备训练。他还命令海参崴舰队在日本海积极活动，袭扰日军海上交通线，以便分散日军对旅顺的压力。1904 年 3 月 22 日，马卡洛夫率领舰队出海挑战。1904 年 4 月 13 日，马卡洛夫再次亲率舰队出击，希望能够获得战果，但是港口外的日舰迅速撤退，马卡洛夫追了一阵，发现前面有日本的主力舰队，于是下令返航。在返航途中，舰队行驶到黄金山附近时，马卡洛夫乘坐的“彼得罗巴甫洛夫斯克”号巡洋舰突然触雷，引发剧烈爆炸；而更要命的是，爆炸的大火又引燃了舰首的弹药舱，引起了系列爆炸。军舰迅速下沉入海，马卡洛夫就这样殒命大海。

断送了马卡洛夫性命的这枚水雷究竟是日本人布设的还是俄国人自己布设的，直到现在也没有定论。如果是俄国人自己布设的水雷炸死了自己的舰队司令，那可真是天大的笑话和莫大的悲哀。马卡洛夫死了以后，俄国的海军将领胆战心惊，再也不主动出海寻战，而是龟缩港内。日本海军联合舰队自此开始封锁旅顺港口大门，随时准备与冲出来的俄国舰队决战。同时，为威吓俄军，日本海军联合舰队还不断派出军舰，对旅顺港内的俄舰进行骚扰性的炮击。

然而，好运气并不总是站在日本这一边，他们也有触到霉头的时候。5月15日，日本的“初濑”“八岛”号战列舰在数艘巡洋舰的护卫下，来到了旅顺港口外，对旅顺港内的俄舰展开炮击。到了下午，这支日本舰队像例行公事

·“八岛”号触雷沉没

• 俄军布雷艇“阿穆尔”号乘大雾潜出旅顺港

一样返航基地。好像是马卡洛夫的鬼魂在作怪，在日舰返航时，海面上忽然飘起了雾气，而且越来越浓，像是一大团白色的棉絮一般，将日本舰队紧紧地包裹了起来。由于距离旅顺港已经比较远了，俄舰已不可能追上来了，故而日本舰队并没有提高警惕，仍然像往常一样航行着。可这次日本人大错特错了，因为有位勇敢的俄国舰长已经在他们撤退的道路上布好了水雷。这位舰长就是“阿穆尔”号布雷舰的伊万诺夫。他是个既聪明又大胆的人，在经过连续多日的仔细观察后，发现日舰的航行轨迹相对固定，于是主动请缨，准备以水雷截击日本的舰船。但继任马卡洛夫的维特盖夫特海军少将胆小如鼠，唯恐再损失军舰，因此限定伊万诺夫的布雷范围，要求他离港不得超过 9

· 日本"晓"号驱逐舰触雷沉没

英里（约 14.5 千米）。可伊万诺夫并没有服从他的命令，而是带着布雷舰跑到了距离旅顺港 15 英里（约 24.2 千米）的地方布设了水雷。也正是这次布设的水雷，收到了出其不意的战果。当日本舰队驶入雷区后不久，"初濑"号战列舰首先撞上了一枚水雷。伴随着一声惊天轰响，"初濑"号受伤严重，随后弹药库被引爆。没用几分钟的时间，这艘巨舰就一头栽进了深不可测的海底。

其余的日舰慌作一团。"八岛"号战列舰又碰上了水雷，舰上的日本兵紧急施救，勉强保住了"八岛"号。但当"八岛"号踉踉跄跄驶回基地时，再也坚持不住，于当夜 22 时 50 分左右也沉入了海底。

日本人的噩运还不算完。"春日"号巡洋舰在忙乱中，一头撞上了"吉野"号巡洋舰。在甲午海战中风光无限的"吉野"号这次走了霉运，被"春日"号巡洋舰拦腰撞出了一个大洞，海水汩汩而入，舰体不断下沉。最终，甲午海战中差点儿被邓世昌"致远"舰撞沉的"吉野"舰没能逃脱被撞沉的命运，葬身于它再熟悉不过的中国黄海。

一天之内损失了两艘战列舰、一艘巡洋舰，这对于日本海军来说实在是莫大的悲哀。然而，这还不算完，三天后，一队日本驱逐舰又重演了这一幕：

“晓”号驱逐舰触雷沉没，“赤城”号驱逐舰撞沉了友舰“大岛”号。因霉运连连，日本人称这一星期为“恶魔般的一周”。

吕 同

斯特塞尔的赠品

“近代大连”第四单元“日俄战争与日本殖民统治”展线上陈列着一个玻璃酒瓶，该酒瓶通体蓝色，圆唇、小口、矮颈、折肩、长方体、平底内凹，通高 35.5 厘米；另外，该方体酒瓶腹部有纹饰，一面凸印上下四层俄国双头鹰国徽图标，一面饰有俄文，译为“俄国宫廷酒”。

据大连博物馆藏品档案记载，该酒瓶为日本友人池宫城晃以其父亲池宫城幸兴名义捐赠的。捐赠时，该酒瓶保存在一个桐木材料做成的木盒之中，盒盖墨笔竖写两排字，右上侧为“斯太留将军赠物”，左下侧为“山田正之助收藏”。在这次捐赠中，池宫城晃还把他收藏的另一件日俄战争文物——“斯留夫望远镜”一并捐赠给大连博物馆。

· 斯特塞尔赠日本军官的宫廷酒酒瓶

据后来研究，该两件文物系日俄战争后日军在旅顺建立的日俄战争陈列馆的旧藏，可能因为日本二战失败的关系，这批日俄战争文物流散社会，后几经辗转，又在爱好和平的日本友人帮助下重新回到了博物馆。因该件文物牵涉日俄战争水师营谈判这个重大历史事件，牵涉日俄两军头目乃木希典和斯特塞尔两个重要历史人物，故而历史价值重大，也因此在 2018 年博物馆文物定级时，该玻璃酒瓶被省市专家一致评定为国家三级文物。

要全面理解该玻璃酒瓶的历史价值，必须回顾发生在旅顺的日俄战争历史，以及俄国将领斯特塞尔战败后在旅顺水师营向日本第三军司令乃木希典乞降的过程。

从 1904 年到 1905 年的日俄战争是日俄两国为争夺中国东北和朝鲜而进行的一场战争，同时也是侵华侵朝战争。日俄两国互相宣战后，清政府宣布“局外中立”，任由两个帝国主义强盗在自己的国土上进行一场分赃战争。旅顺是日俄两国的必争之地。战争因 1904 年 2 月 8 日日本偷袭俄国舰队而爆发。战争爆发后，日本海军联合舰队与俄国太平洋分舰队展开了制海权的争夺；与此同时，日本陆军的第二军在 1904 年 5 月从金州登陆，随后与俄军展开激战，占领了复州得利寺和金州两处战略要地。7 月 30 日，日军攻破旅顺后路的外围防线，对旅顺要塞构成了由海到陆的全面包围。而俄国在旅顺要塞也做了大量的防御准备：旅顺防线全长 39 千米，其中海岸防线长 9 千米；在陆路30公里的防线上，除了永久性的工事和堡垒、陷阱，要害地段又广布地雷。

俄军旅顺要塞陆路部队的长官为关东防区司令斯特塞尔，其手下有守卫兵力 41 000 余人，旅顺港内有装甲舰、巡洋舰、驱逐舰等 38 艘舰艇，以及舰队水兵 1 万余人可用于防御。日军进攻旅顺的头目为第三军司令官乃木希典，其麾下原有 3 万余人，后陆续增兵至 5 万余名。

· 驻守旅顺口要塞的司令斯特塞尔

8 月 7 日，日军对旅顺要塞发起陆路进攻，乃木希典首先攻击大小孤山和 164 高地这些制高点和前沿阵地。伤亡 2 000 余人后日军占领了这些区域。此时的日军已对旅顺要塞实现全面包围，准备发动全线攻击。攻击之前，日军参谋总长山县有朋向俄军进行劝降，劝降书称：不忍使旅

· 日本第三军司令官乃木希典

顺非战斗人员罹遭战祸，准许他们持白旗前往指定地点，随后可以被护送至青泥洼。该劝降书最终被俄军拒绝。

从 8 月 19 日起，日本第三军将第十一、第九、第一这三个师团分为左、中、右三个纵队，对旅顺进行围攻。经过三次全线攻击，日军死伤 4.06 万人，仍未攻陷旅顺。11 月 14 日，乃木希典指挥第四次全线攻击，收效甚微。12 月 1 日，日军大本营派遣满洲军总参谋长儿玉源太郎带领生力军抵达旅顺并接替乃木希典进行指挥。12 月 6 日，右翼日军攻下了 203 高地；12 月 19 日，左翼日军占领东鸡冠山北堡垒；1905 年 1 月 1 日，日军又攻陷了俄军望台炮台：至此，旅顺要塞全线崩溃。

随着战事的愈发不力，旅顺要塞中俄国官兵的防守意志开始崩溃。望台炮台失守后，斯特塞尔命令其参谋长雷斯上校用英文起草了一份致日军司令乃木希典的信，并将信交到了乃木希典手中。信中说："阁下，在考察交战地域全面形势后，我们决定此后不再抵抗。为不徒损人命起见，承望共议开城事宜。若阁下同意，请指派委员详议开城条件，并请选定我委员与该委员会合之地。"

乃木希典选定水师营为双方会谈之地。1 月 2 日晨，斯特塞尔收到乃木希典的回复。当天 12 时 30 分，俄方谈判代表骑马来到水师营，日俄双方开始谈判。当晚 19 时，双方签署了《旅顺开城规约》11 款、《附录》13 款，并确定 1 月 5 日为双方司令官会见的日期。

1 月 3 日、4 日，日军按照《旅顺开城规约》，接收了未被占领的椅子山、大小案子山等处堡垒炮台。

1月5日，乃木希典和斯特塞尔在水师营西北街居民刘宽一和李其兰的住宅院内会见。水师营位于旅顺城区北4千米，龙河右岸。在日俄交锋的战乱中，村中房屋遭到严重破坏，唯有西北街29号一处民居保存完好，原因是日军总攻旅顺口时，选此民居做第一师团的卫生队包扎所。败军之将斯特塞尔于10时45分便来到约定地点，而日军头目乃木希典在11时30分抵达，比预计时间晚到半小时。两人寒暄一番后，共进午餐，合影留念。当日下午1时20分会见结束。临别时，斯特塞尔把自己的坐骑西伯利亚白马赠给乃木希典。乃木希典则把它作为当然的战利品收纳起来，在回国后特乘此马接受天皇接见。1916年，日本殖民当局在水师营复原了双方会见时的农舍，又在院内建立一座石碑，上题“水师营会见所”字样。在日本统治旅顺的四十年间，水师营会见所一直是保留的“战绩”之一。

• 1905年1月5日，日本陆军大将乃木希典和俄军旅顺口要塞司令斯特塞尔上将在水师营会见所签订停战协议后的合影

乃木希典回国后，逐渐被神化，成为日本军国主义的象征。1911 年明治天皇死后，乃木希典夫妇为其剖腹殉葬。乃木希典死后无子，其幼子早夭，长子与次子均在日俄战争中丧生。

旅顺守军投降后，俄国沙皇不甘心失败。经过 1905 年年初的辽阳奉天会战和 5 月 27 日的对马海战，日军的陆海军均给予俄国以重大打击，但其自身也损失严重。在欧美列强的调停下，日俄在美国的朴次茅斯开始媾和。1905 年 9 月 5 日，日俄签订了《朴次茅斯和约》及《附约》。这是一个典型的帝国主义分赃条约，作为战败者的俄国没有掏出一个卢布的赔款，反而将原本就不属于俄罗斯领土的旅大租借地、对朝鲜的任意处置权、长春至旅顺间的铁路和一切支线的相关利益和财产让渡给日本。英美等国随后对中国施压，日本通过条约获得的利益就算获得了国际承认。

日俄战争不是发生在两国之间的孤立事件，而是在 20 世纪初复杂的国际政治经济背景下的一次国际秩序的洗牌。雄心勃勃的陆权主义强国俄罗斯为了获得一个通向海洋的门户，推行“黄俄罗斯”计划，将自己的势力扩展到东亚，它的背后是同样的欧陆强国——德国和法国；而海权主义强国英美则扶持新生势力日本与俄国对抗，最终，经过明治维新的日本战胜了老迈的俄罗斯帝国，日本的将军获得了与俄国对手推杯换盏、痛饮俄国宫廷庆功酒的机会；更重要的是，这一胜利大大滋生了日本扩张的野望。自明治维新以来，由琉球而台湾，由旅大而满洲，贪心不足的军国主义者最终还是被联合起来的反法西斯同盟击败。但日俄战争时期的日本国势方炽，战时恪守“局外中立”的中国既没有免受战火波及，战后世界强权更是将原属中国的主权领土私相授受。中国主权意识的缺位愈发引起国内有识之士的不满，一条赴日留学的求强之路逐渐被知识界所接受，其中的佼佼者回国后成为晚清和民国时期的风云人物。

王松涛

日本殖民统治时期的工业

从"后藤新平像纪念瓷盘"说起

"近代大连"第四单元"日俄战争与日本殖民统治"展出了一件南满洲铁道株式会社的纪念瓷盘。这件瓷盘呈圆形，外缘略高，施黄釉，正中有满铁第一任总裁后藤新平半身像。半身像左下有"后藤新平"字样，右侧有"满铁中央试验所创立三十五周年记念"字样。由此可知，该瓷盘是为纪念满铁中央试验所成立三十五周年而制作的。

一、南满洲铁道株式会社和后藤新平

1905 年日俄战争以后，日本从俄国继承了关东州及长春宽城子以南的东省铁路南满洲支线的管理权。为经营新获得的势力范围，日本于 1906 年 11 月设立南满洲铁道株式会社（以下简称"满铁"）。次年 4 月 1 日，满铁正式运营。后藤新平是满铁的第一任总裁。他曾任日本殖民时期的台湾总督府民政长官，殖民地管理经验丰富。他在《满洲经营策略梗概》中，开宗明义地提出："战后满洲经营的唯一要诀，乃是明面上经营铁路，背地里开展百般事业。"他提出的统治策略，成为日本统治东北的基本方针。日本学者原田正胜评价："（掌控南满洲铁道）是日本统治中国东北的最重要的干线交通手段。通过控制铁路以实现对铁路沿线地区的控制，进而向（铁路沿线地区的）周边区域扩张权利。满铁的使命正在于此。"

· 南满洲铁道株式会社

二、满铁中央试验所

关东都督府于1907年10月发布第五十五号令，设立中央试验所。中央试验所的职能在于掌管与开发东北资源、促进工业发展和卫生事业有关的检测试验。1908年1月迁址伏见台（今大连一二九街附近），而后人员、设备到位，于同年6月出台试验规章，7月正式运营。因业务范围迅速扩大，设备急需得到完善，1910年5月，中央试验所由关东都督府转交南满洲铁道株式会社管理。满铁接管后，中央试验所的业务分为三大部分：开展东北物产化学试验、关东都督府及满铁需要的卫生试验、一般公众的委托试验。因现有条件难以满足促进产业发展的要求，且急需调查研究的事项很多，1911年延请东京工业试验所所长高山甚太郎及众多技术人员研究改革中央试验所。1912年5月，设立分析、制造化学、制丝染织、窑业、酿造、卫生化学六个部门。之后因“培育新产业及振兴旧有工业”的需要，中央试验所的组织结构多次变革。

中央试验所的研究可概括为动植物资源利用和矿物资源利用两个方面。详见下表。

以下从两种资源类型中各选一例，以详细说明中央试验所的研究。

1. 大豆及其加工品

当时大豆是东北的重要农作物之一。东北产大豆的含油率为17%—19%，蛋白质含量为35%—40%。日本将其势力扩展至东北南部以后，大豆油的产出以辽宁南部一带为主。尤其是大连，大豆油制造业规模迅速扩大。1913年7月，中央试验所在大连寺儿沟建造豆油制造厂。用从大豆中抽出油脂的传统压榨法，出油率为9%—10%。为提高出油率，中央试验所于1912年开展轻馏分油浸出法的研究，1915年9月告成。同月，中央试验所将这种技术同豆油制造厂及其附带的脂肪酸工厂（生产脂肪酸和下文提到的甘油）一并转让给神户铃木商店。用这种方法，大豆的出油率可提高到14%—15%。出油率提高了，豆粕中油脂含量也就降低了。这种低含油量的豆粕，成为高品质的肥料。

由大豆生产出的豆油和豆粕，对其深加工，可以衍生出其他产品。大豆油是半干性油，无法用作生产肥皂和蜡烛等的原料，将其硬化成为不干性油

· 中央试验所东北资源利用研究详表

动植物资源利用		矿物资源利用	
	高粱酒		琥珀制清漆
	高粱秆纸浆		煤低温干馏
	高粱秆灰钾盐		油页岩
	玉米及高粱淀粉		硬水软化
	大豆及其加工品		菱苦土矿及其加工品
	东北产中草药		无水芒硝
	动物骨制胶		陶瓷器
	柞蚕丝		耐火砖
			玻璃
			白云石及矿渣制水泥

方可成为上述产品的原料。中央试验所对大豆油的硬化法及催化剂镍的制造法展开对比研究，后来将研究成果转让给大连油脂工业株式会社。在利用大豆油生产生物燃料方面，中央试验所也开展了相关研究。根据记载可推测，展开此研究的原因之一是应对战时需要。石油是日本缺乏的重要战略资源，一旦有战事，日本的原油供给将受到巨大威胁。

2. 陶瓷器

东北各地只生产粗劣的土器，日常的饮食器具全赖外域输入。中央试验所于1911年8月始建陶瓷器工厂，同年12月试制产品。1913年扩张工厂规模，利用中央试验所的研究成果，使用东北地产原料，生产日用陶瓷和电气绝缘用品，并从江西景德镇招聘工匠，生产面向中国人的产品。1920年10月，陶瓷器工厂独立，由大华窑业公司经营。工厂所使用的原料有复州出产的黏土及页岩、普兰店管内（详见74页）出产的瓷土、貔子窝及海城出产的长石、关东州（今旅顺及大连地区）内出产的白色硅岩。

后来，豆油制造厂和陶瓷器工厂被中央试验所让渡给其他公司经营。此外大连及鞍山等地的水泥生产、大连的玻璃和耐火砖生产、大石桥镁矿开发、抚顺油页岩和琥珀的利用、安东（今丹东）等地柞蚕丝和柞蚕蛹的利用等，都与中央试验所有直接关系。可以概括地说，中央试验所推动了东北资源的开发和工业的发展——当然，其目的是服务于日本的利益的。

· 后藤新平像纪念瓷盘

三、中央试验所—附属地—中俄合办东省铁路合同章程

若我们关注日本开发的资源和建设工厂的地点时，会发现一个现象：这些地点均位于南满洲铁路和安奉铁路沿线。关东州自不必说，普兰店（陶瓷原料）、复州（陶瓷原料）、海城（菱苦土）、大石桥（菱苦土）、鞍山（铁矿）、抚顺（煤矿、油页岩、琥珀）等地在满铁沿线，丹东（柞蚕）、凤凰城（柞蚕）、本溪湖（铁矿）在安奉路沿线。高粱和大豆属东北全境范围的物产，难说仅在上述两铁路沿线，但其运输离不开铁路，与铁路关系密切。为什么会出现这种沿铁路分布的现象呢？读者应当还记得上文出现的"普兰店管内"一词吧。这个"管内"指的是"满铁管内"。满铁管的是什么呢？是附属地。附属地不同于租界（如上海的外国租界），也不同于租借地（如关东州），附属地是仅存在于东北地区的外国铁路沿线的广大的特殊区域。它不是基于中国同外国签订的不平等条约产生的，而是根源于列强（俄国、日本）与中国的不对等的实力关系。在附属地上，中国的主权被排斥，列强恣意行使权力。附属地成为列强侵略中国的前进基地。那么，附属地这一没有国际法基础的、对中国危害巨大的区域是怎么产生的呢？想了解这一问题，我们要从甲午战争说起。

甲午战败后，中国的外交主持人李鸿章将目光投向俄国，欲与俄国结成联盟共同抵御日本。1896 年 5 月 22 日，两国签订了中俄御敌互助条约。当然，当时列强间的国际政治关系对中俄的靠近产生的影响同样非常重要。该条约规定，俄国有权在中国东北修建一条抵达海参崴的铁路。1896 年 9 月 2 日，中国驻俄大臣许景澄同华俄道胜银行签订中俄合办东省铁路合同章程。其后中国又赋予俄国修建东省铁路支线，即哈尔滨至旅顺的铁路的权利。我们要讨论的附属地问题，就藏在东省铁路合同的第六款中。这份合同签订时由中文和法文两种语言写就，之后又出现日文译文。我们来看一下第六款的中文原文：

第六款 凡该公司建造经理防护铁路所需之地，又于铁路附近开采沙土石灰等项所需之地，若系官地，由中国政府给予，不纳地价；若系民地，按照时价或一次缴清，或按年向地主纳租，由该公司自行筹款付给。凡该公司之地段，一概不纳地税，由该公司一手经理，准其建造各种房屋工程并设立电线，自行经理，专为铁路之用。除开出矿苗处所另议办法外，凡该公司之进项，如转运搭客货物所得票价，并电报进款等项，俱免纳一切税厘。

附属地一词，对应第六款中的"公司之地段"。在中国的外交文件中，"公司之地段"多称作"铁路地段"，日本方面多称作"附属地"。从第六款的开头，我们可以知道"公司之地段"的确切含义，即"凡该公司建造经理防护铁路所需之地又于铁路附近开采沙土石灰等项所需之地"。对于此项土地的经营管理，第六款又规定，"由该公司一手经理"。通读第六款全文，我们能读到的意思是：中国政府赋予一公司的是商业性经营一块土地的权利。但如果我们阅读这一款的日文译文，会发现两个版本存在着巨大的差异。当然，译文非合同原文，不具有法律效力。我们来看一下日文版的第六款（引自日本《满铁四十年史》，400 页）。

第六鉄道ノ建設、経営及保護ノ為ニ必要ナル土地並土砂、石塊等ヲ獲得スル為ニ必要ナル鉄道沿線ノ土地ニシテ、官有地ナルトキニハ無償ニテ会社ニ引渡サルへく、私有地ナルトキニハ時価ニ依リ該土地所有者ニ対スル一時払若ハ年賦払ヲ以テ会社ニ引渡サルヘキモノトス。

会社所属ノ土地ハ一切ノ不動産税ヲ免除セラルルモノトス。会社ハソノ土地ニ関シ絶対的且排他的行政権ヲ有スヘシ。

会社ハ其ノの土地ニ於テ一切ノ種類ノ建造物ヲ建設シ、鉄道ニ必要ナル電信ヲ建設経営スルノ権利ヲ有スヘシ。又会社ノ収入、旅客及貨物運輸並電信等ヨリ生スル一切ノ収入及料金ニ付テハ、一切ノ課金及税金ヲ免除スヘシ。但シ鉱山ハ之ヲ例外トシ特別ノ協定二俟ツヘキモノトス。

首先，日文译文将第六款分成了三段，而中文原文是没有分段。更重要的是译文中出现了一段中文版中没有的句子："会社ハソノ土地二関シ絶対的且排他的行政権ヲ有スヘシ。"这句话的中文意思是：公司对土地拥有绝对的且排他的行政权。这段话出现的位置，中文中与其对应的只能是"由该公司一手经理"这一句。但是无论如何阅读中文版条文，也读不出日文版中"公司对土地拥有绝对的且排他的行政权"这种意思。这是怎么回事呢？日文版翻译时很可能不是参照中文版翻译的。那么，我们就得去查看法文版的合同原文。其中果然发现了与日文版中对应的语句。

La societe aura le droit absolut et exclusif de I'Administration de ses terrains（引自《南满洲铁道株式会社第一次十年史》，693 页）

合同的法文版中确实有与日文译文相同意义的句子。同为合同原文的中文和法文文本，这一句的表述出现了差异。中文的表述，无非是确定这一公司有权经营属于公司的土地，并对经营内容做出了具体解释。而法文文本中的表述却出现歧义，既可以解释为公司层面的商业性的管理，也可以解释成国家层面的行政管理。之后俄国也确实按照后一种解释歪曲原文，强辩称东省铁路公司对公司拥有的土地拥有行政权，并依据这种解释，在附属地内建设城市——征收税金、立法院、设警察、建学校、修邮局等，排中国主权于附属地外，俨然国中之国。日俄战争后，日本继承了这一额外的特权并将之扩大。合同文本的形成，必是字斟句酌，逐句考究，出现这种歧义让人难以理解。中法文本中的差异，天壤之别，谈判时不可能不讨论，成文时不可能不核查。难以想象中国会同意给予俄国如此巨大的利益。到底是什么原因导致这一问题？是谈判时中俄以俄文沟通，成文时以法文写就，俄方故意将以俄文商定好的字句在以法文成文时偷梁换柱，而中方疏于检查？遗憾的是，我们不得而知。回过头再看中文版和日文译本，日文译本将全文分作三段。对比中日文中加下划线的语句，上文已经说过，从中文版语句，我们可以读出，所谓"公司一手经理"，其"一手经理"的详细内容为在公司所有的土地上建造各种房屋、工程、架设电线，目的是运营铁路，这些项目，无出公司商业运营范围；然而日文译文，将中文中“准其建造各种房屋工程并设立电线自行经理专为线路之用”这一句，对“公司一手经理”的表述做解释说明的语句与前句割裂、独立成段。如此拆分，与中文原意南辕北辙。如果俄国故意曲解约文是一种造假的话，那么我们可以将日本的行为喻为在俄国造假的基础上进行的做旧。当然，这些都是在史料缺乏的前提下做出的假设，其实有待有识之士深挖。但不管成因如何，现状是中俄两国所持有的第六款中法文本存在巨大差异，日方的日文译本又做了段落划分，以致谬以万里。而这种现状导致俄日两国在铁路沿线无限扩大权力，攫取利益，为前文记述的中央试验所顺利拓展其事业奠定了基础。

刘文龙

亚细亚号——东北“新干线”的子弹列车

2007年，大连博物馆征集到一个南满洲铁道株式会社亚细亚号列车上的梳妆台——长78.9厘米，宽32.1厘米，通高43.2厘米。该梳妆台以木制三屉一柜为基座，上悬挂规则八边形镜面。镜面上方磨有满铁标志和亚细亚号快速列车图案，下方磨有“乘车亚细亚号特别急行”字样。2013年，改陈后的基本陈列“近代大连”对外开放，这件亚细亚号列车上使用的梳妆台就陈列在日本统治大连时期的“满铁”展柜中，向观众诉说着亚细亚号快速列车的前世今生。

一、亚细亚号快速列车产生的背景

1905年日俄战争结束后，日俄《朴次茅斯和约》规定将长春（宽城子）至旅顺之间的铁路及其所有支线以及该地区所属的一切权力、特权及财产和铁路所属的煤矿，全部无偿转让给日本，并改称为南满铁路。秉持优先发挥南满铁路军事功能的态度，日本对南满铁路实行国营，于1906年11月26日成立了南满洲铁道株式会社，总部设在东京。满洲军总参谋长儿玉源太郎在《满洲经营策略梗概》中论及：“战略上经营满洲的唯一秘诀，就是表面上装作经营铁路，暗地里则要充实各种设施……租借地内的政治机构和经营铁路的机构要截然分开。经营铁路的机构必须要装作除铁路之外与政治、军事全然无关……把它作为政治的直辖机构负责经营铁路，守备路线、开采矿山、奖励移民、建立地方警察、改良农工，与俄国、清政府交涉事宜及整理军事情报工作。”满铁第一任总裁后藤新平也持此态度。因此满铁虽名为经营铁路的股份制公司，实则为“日本侵略我东北的大本营”“是一全备国家机能之执行机关”“是日人在华经济侵略之总枢纽”。

1907 年 3 月 5 日，根据敕令第 182 号，满铁本社由东京迁至大连儿玉町。4 月 1 日，满铁正式营业，下设总务部、调查部、运输部、矿业部和地方部等五个部，由日本政府直接监督，从此日本开始投资和经营大连港，而日本政府“经营满洲”的政策即以铁路为中心。为保证满铁在南满的垄断地位，日本以不平等条约为借口，在关东军的武力下，强行压制中国铁路的发展，从而与北满的中东铁路相抗争。同时，满铁为加强铁路运载量及增加运输能力，将首要任务放在恢复和完善铁路设施上。其一：长大线（长春至大连）的扩轨及复线工程。日俄战争中，日本将原中东铁路南下支轨改成窄轨。1907 年 5 月，满铁动工将其改筑为与京奉铁路一致的标准轨。1908 年 5 月，

· 亚细亚号特快列车上的梳妆台

除安奉线外的整个干、支线全线通车。同期还实施了大连至苏家屯之间的复线工程，1909 年竣工。1919 年后开始陆续施行了苏家屯至奉天、奉天至铁岭、铁岭至长春间的复线工程。至 1934 年 9 月，大连至长春复线工程全部完成。其二：安奉线的改建工程。日本在日俄战争中修筑的安奉铁路，战后非但不予拆除，反而在《中日会议东三省事宜》中迫使中国允许日本政府继续经营 15 年。1909 年 9 月，满铁将安奉线的轻便铁路改为标准轨。11 月全线通车。此后，满铁在安奉线及其沿线开始大规模掠夺东北矿产资源及其他各种资源。其三：购置美国车辆及修建车站。满铁在制订扩轨计划的同时向美国订购机车 205 辆、客车 95 辆、货车 2 090 辆。1907 年 8 月后陆续到货，1909 年 6 月组装完毕。另外，长春至大连间原有驿站 55 个，满铁为方便达到其侵略目的，取消了原部分驿站，而又新建多个驿站，到 1926 年 11 月已增至 133 个（包括信号所及联络所）。随着满铁铁路设施的不断扩充完备，满铁在中国东北铁路运输业中实力迅速增长，其铁路运输营业盈利也随之上涨。

九一八事变后，满铁与关东军携手合作，迅速占领了中国东北全境。尤其是 1932 年日本扶植的伪满洲国在长春建立后，日本将东北铁路变成“国有铁路”，将原分属 9 个铁路局的中国铁路干线和支线共 18 条“委托”给满铁一体经营。满铁在奉天设铁道总局，将东北各铁路纳入其管辖之下。自 1935 年日本以 1.7 亿日元买下苏联 1700 多千米的中东铁路和附属设施后，满铁铁路总长 6 857.3 千米，达原经营铁路的 6 倍。这些铁路遂成为日本统治中国东北的经济基础，也成为日本掠夺东北资源的运输网。满铁以伪满洲国的名义控制着整个东北铁路网，在所谓“经营满洲”的事业中起着举足轻重的作用。而实际上的伪满政府既无权过问其经营状况，更不能从其经营盈利的利润中弥补财政亏空。1936 年满洲重工业株式会社成立后，以铁路为中心的交通运输与以抚顺煤矿为中心的煤矿产业共同构成满铁的三大支柱。

亚细亚号快速列车就是在这种背景下诞生的。

二、满铁军事扩张和经济掠夺的重要产业部门——满铁沙河口铁道工场

满铁沙河口铁道工场（简称“沙河口工场”）是在军事扩张和经济掠夺的轨道上运转的，是满铁首先重点运营的大工程之一。这里就是亚细亚号快速列车的生产地。1907 年 4 月 1 日，满铁本社事务所在大连开始营业的当天，立即从日本野战铁道提理部接管了在大连火车站院内的大连铁道工厂（原俄国东清铁道机车制造所，1899 年 9 月兴建，1901 年 7 月完工，内设机车组装、机械、锻冶、铸造、制罐、客货车修理及裁缝等车间。1903 年 7 月开始运转），4 月 23 日正式营业。鉴于原有工厂设备差、规模小，无法原地扩建，满铁为满足其侵略需要，在大连西部沙河口征收了 537 900 坪（1 778 136 平方米）土地，于 1908 年 8 月 7 日起重建大连铁道工厂。1911 年 8 月 9 日新厂竣工并投入生产，并更名为满铁沙河口铁道工场。占地 277 200 坪（916 340 平方米），可同时容纳机车 26 台、客车 36 辆、货车 130 辆。

其生产规模是随着满铁对中国东北地区的侵略掠夺需要而进行的。满铁经营初期，铁路线路少，生产以修理、组装从国外购买的机客货车为主。1912 年开始自制木棚车，1913 年开始自制客车。第一次世界大战后，日本陷入经济危机，满铁沙河口铁道工场事业缩小，生产任务锐减，基本建设处于停滞状态。这种状况一直持续到 20 年代末 30 年代初，生产的重心放在改进和提高铁路机客车的设计制造技术以及货车制造方面。如 1922 年 3 月，满铁将原满铁沙河口铁道工场的理学试验所独立出来，改为大连铁道技术研究所，专门设计研究铁路机车车辆，该试验所分别于 1924 年和 1927 年制成了太平洋 3 型与太平洋 5 型客运蒸汽机车。而货车的制造方面是随着日本侵略中国东北地区的需求进行的，以棚车和高边车为主。九一八事变后，日本在中国东北的掠夺范围迅速扩大，军事部门、铁道总局、建设局以及其他各方面的订货越来越多，满铁沙河口铁道工场的业务量急剧增加——特别是铁道装甲车、装甲汽车等军用车辆的生产量剧增——除此之外还制作冷藏车、保温车、

摩托车等军用车辆和战刀等军用物资。满铁沙河口铁道工场为日本发动侵略战争而高速运转起来，关东军参谋部的片仓衷评价："满铁佐伯文郎中佐及满铁工作人员，根据本军的要求神速地提供列车，实在是令人高兴的。"从中不难看出满铁沙河口铁道工场在九一八事变中的特殊作用。在生产大量军用物资的同时，满铁沙河口铁道工场继续从事新型蒸汽机车和客车的制造。亚细亚号快速列车的太平洋7型牵引机车和客车都是在这一时期制造出来的。这一时期满铁对货车的需求量激增，1936年后，满铁在东北所使用的货车已不需要外购，全部由满铁沙河口铁道工场及东北境内车辆制造工厂制造。1937年，满铁沙河口铁道工场制造客货车337辆，修理客货车2 954辆。直至1944年，随着日本军队在整个太平洋战线上节节败退，满铁也迅速衰落，车辆制造及运输受到极大影响，满铁沙河口铁道工场在1945年全部停止机客货车的生产而转为修理。

日本经营工厂40年间，新造组装蒸汽机车516台、客车773辆、货车5 505辆；修理蒸汽机车6 904台、客车14 345辆、货车93 893辆。这期间的满铁沙河口铁道工场是满铁扩充铁路工业的重要发源地，是日本推行"大陆政策"的一个重要产业部门。

三、亚细亚号快速列车的设计制造

1932年，日本关东军司令部从沈阳迁至长春，而满铁总部仍在大连，许多政客、达官显贵和为关东军提供情报的满铁调查人员需要经常往返于大连和长春之间。于是在1933年8月13日，满铁理事会决定制造一种高速客运机车。23日，垄断中国东北铁路的殖民机构满铁首次通过特别预算，用于研发这种高速客运机车。经过广泛征集遴选，机车最终命名为亚细亚号——源于拉丁语"ASIA"，有"旭日东升"之意。亚细亚号之命名更能体现日本的"大亚洲主义"构想。满铁机车部总设计师市原善积负责亚细亚号快速列车的研发，具体任务包括改良客车构造、研发空气调整装置和提高机车速度。20世纪30年代初，美德两国的快速机车技术世界领先，因而日本选择向欧美学

· 满铁沙河口铁道工场生产的亚细亚号特快列车

习。9 月 26 日，市原善积登上大洋丸号，开始亚细亚号研发的考察之路。他先后到美国、英国、法国、比利时和德国等地，重点考察德国。1934 年 2 月 6 日，他在德国体验了当时世界领先的柏林至汉堡 877 型柴油动车组，遂向满铁本部申请参照德国产品的空气调整装置来研发亚细亚号快速列车。考察期间，市原善积搜集了许多可以借鉴的技术经验，比如芝加哥列车上古典风格的坐垫、德国列车上可在卧铺操纵的廊灯，甚至在参观美国好莱坞后，考虑如何将有声电影在亚细亚号快速列车上应用。市原善积誓要制造世界一流的机车，如同他在 1933 年 10 月 13 日到达旧金山时，对当地媒体所讲：“我是为在满洲建造世界第一的铁路这一目的而来。把从大连到新京（长春）的行程缩短到七小时，改良列车上的空气调整装置是我的具体目标。据说，联盟太平洋（Union Pacific）公司将在今年冬天制造出优良列车，当然，我想我们要做出比那更好的东西。”

市原善积考察结束回到满铁本部后，很快主持开展了亚细亚号快速列车设计工作。机车设计师吉野信太郎负责设计流线型车头。吉野毕业于南满工业学校，又在满铁沙河口铁道工场积累了丰富的经验，他与市原善积等人共同完成了整个亚细亚号的设计。亚细亚号快速列车由机车和瞭望一等车 1 节、二等车 1 节、三等车 2 节、餐车 1 节、行李邮件车 1 节所组成，合计 6 节，定员总数 328 人。机车为天蓝色，客车为浓绿色，车的整体是流线型。牵引动力为太平洋 7 型机车，由吉野信太郎和他的弟子岛秀雄设计。机车全长 25.675 米，宽 3.36 米，总高 4.648 米，整车重达 203.3 吨，采用 3 组直径达 2 米的动轮，轴式排列为 2–3–1，完全使用蒸汽动力，备有自动投煤装置。客车也均采用最新设计：为减轻空气阻力，车体外部采用流线型；为减轻轴承的摩擦抗力，使用滚动轴承；为减轻车体重量，选用强力钢及镁、铝等轻金属，并改用电气熔接法；客车座位是电钮自动式，备有美国制空气调整装置。

历经半年，亚细亚号快速列车在满铁沙河口铁道工场生产完工。它的全部客车车厢都是由满铁沙河口铁道工场制造的，而太平洋 7 型牵引机车一共制造了 12 台，其中编号为 970 至 972 号的 3 台为满铁沙河口铁道工场制造，973 至 981 号则为川崎车辆厂制造。亚细亚号快速列车编成四列车，其中一列存于满铁沙河口铁道工场，一列在大连作为预备用，另外两列每日行驶。1934 年 11 月 1 日，长春至大连的亚细亚号快速列车正式通车，在大连和长春之间 704 千米的铁路上运转，中途停车站只有大石桥、鞍山、奉天（沈阳）和四平，行车时间 8 小时 20 分，最高即时速度超过 110 千米 / 小时，平均速度 82.5 千米 / 小时。而当时日本国内最快的列车“飞燕”的速度仅为 68.6 千米 / 小时。亚细亚号对于在时间上缩短日本统治东北的两个中心城市大连和长春之间的距离起了重要作用。亚细亚号体现了满铁技术的最高水平，被称为“东亚的珍品”，日本也不遗余力地借此向欧美宣传“满洲国”，在开通仪式上邀请法国记者参加。据 11 月 2 日的《盛京时报》报道：“从新京（长春）开的列车是 10 时出发，乘客有板垣征四郎少将，他率领即将赴日拜观大演习的满洲国武官一行 33 名，当日 13 时 38 分到达奉天，13 时 43 分驶往大连。”“从大连对开的列车是 9 时出发，乘客中有法国记者马丽女士，当日 13 时 47 分到达奉天，13 时 52 分驶往新京。”据市原善积回忆，在亚细亚号的试运营期间，曾有美国记者团乘坐；正式开通后，曾接待过英国产业联盟远东考察团。

1935 年，日本买下苏联中东铁路的路权后，满铁将中东铁路长哈线（长春至哈尔滨）间的宽轨改为标准路轨。9 月 1 日，亚细亚号又将运行区间延长至哈尔滨，行车时间 12 小时 30 分。通车后，大连至哈尔滨的全程票价为一等车厢 7.5 日元，三等车厢 2.5 日元。据满洲中央银行调查部发行的《经济金融概况》显示，1934 年至 1937 年，大连的中国手工业者每天的工资是 0.4 日元至 2.0 日元。从以上数据可以看出，亚细亚号的高额票价令中国普通大众望而却步，它只是欧美游客和日本侵略者的旅行工具。

亚细亚号从 1934 年一直运营到 1943 年。1943 年 2 月，由于日本在太平洋战争中的战局不断恶化，满铁的运营方针从“提高速度”转为“增加运力”，亚细亚号快速列车被改为普通列车使用。随着战局的演变和大连港的衰落，亚细亚号最终从运营的南满铁路线上消失。

如今亚细亚号快速列车早已不知所终，仅剩的两台太平洋 7 型牵引机车现存于沈阳铁路蒸汽机车博物馆，编号为 970 号（满铁沙河口铁道工场制造）和 976 号（川崎重工株式会社车辆厂制造）。1954 年，沈阳铁路局更改了机车型号的名字和编号，将原来的太平洋 7 型 970 号和 976 号改为胜利 7 型 751 号和 757 号。

赵　琦

十五库卷扬机滑轮组

"近代大连"第四单元"日俄战争与日本殖民统治"展线上，陈列着大连港十五库卷扬机滑轮组。这个滑轮组征自大连港十五库，是大连港十五库功能改造时废弃的设备（大连港十五库目前已改造成创意产业区），其规格为长138厘米、宽42厘米、高58厘米，系十五库起卸吊装进出口货物的卷扬机部件，见证了大连港的沧桑岁月，尤其是大连港仓储业的发展历史，因而历史价值重大。

一、日本殖民统治时期对大连港的扩建

1905年9月5日，日俄双方在美国的斡旋下签订了《朴次茅斯和约》，日本从俄国手中掳走了对旅大的殖民统治权。同年12月22日，清政府被迫与日本签订《会议东三省事宜正约》及《附属协定》，承认日本继承俄国在旅大的殖民权益。自此，日本重新获得了"三国干涉还辽"后失去的旅大地区的统治权，当然也掌控了东北的交通命脉——大连港和南满铁路。

日本接手大连以后，相继出台《大连筑港计划案》和《大连港扩张预定计划案》，对俄国先前已经动工修建但并未完工的大连港进一步扩建。建成以后的大连港集铁路、海港、仓储于一体，形成了完备的陆港联运体系。1912年，大连港取代营口港，成为东北地区第一大港，东北对外贸易格局自此改变。1919年，大连港的吞吐量甚至超过天津、广州，成为仅次于上海的中国

第二大国际贸易港。

· 十五库卷扬机滑轮组

日本之所以不遗余力地扩建大连港，实则是利益驱动的关系。首先，这场声势浩大的扩建带有鲜明的军事目的。大连港位于辽东半岛南端，东濒黄海，西邻渤海，南隔渤海海峡与山东半岛遥相呼应，军事地位十分重要；加之大连港本身位处“关东州”，军事上也十分安全，因而具有建港的先天优势。

其次，大连港陆联广阔而富饶的东北腹地，这对于资源短缺、物资匮乏的日本岛国而言更具诱惑力。因此，将大连港打造成“大豆，进而广之是特产品的输出港”，并“努力向海外市场扩大满洲农产品的销路”，成为殖民统治者扩建港口的重要原因。当然，日本人还想通过大连港联系我国东北这一庞大的市场，以输入、倾销日本生产的商品来缓解日俄战争后日本的经济危机。

再次，日本向来野心勃勃，其大陆政策推行的目标本来就剑指整个东北，根本不局限于“关东州”一地。为了与俄国、英国展开对中国东北的争夺，日本想通过大连港、南满铁路“陆港联运”的方式遏止英国在营口港的发展，抢夺俄国东省铁路、符拉迪沃斯托克港在我国的东三省市场份额，妄图一举独占我国的东北。

综上，我们可以窥见日本殖民者扩建大连港的用心。

二、大连港仓储业的发展

谈起日本侵占时期的仓储业，老大连人自然而然会联想到坐落在大连港第一码头的十五库。这座巨大的钢筋混凝土建筑北临海港，共有四层，其中

二、三、四层次第收缩，形成3个露天载货平台，以方便货物的装卸。十五库是当时东亚地区建筑面积最大、机械化作业程度最高的港口仓库，有"东亚第一库"的美誉。十五库是大连港众多仓库之一，是当时满铁大力发展仓储行业的历史见证。日本自侵占大连时起，便开始对东北经济资源展开疯狂的掠夺。大连港作为中继港，成为东北地区最大的物资集散地。由于囤积的货物日渐增多，仓储业因需而生。在这些临港仓库中，日本人经营的仓库在大连占有绝对优势，而其中又以满铁经营的仓储业务为最大。满铁接管大连港以后，以码头物资保管的名义，利用码头原有仓库设备经营仓储业务。开办仓储业期间，满铁出台了一系列有利于仓储业发展的政策。如率先与日本10家火灾保险公司签订合同，对码头寄存货物实行火灾保险；向货主发放金融证券，凭借这些仓库货物证、仓库证券及货物交换证等，货主可获得正金、正隆银行一定额度的贷款；实行混合保管制度，将不同货主相同品质的货物混合在一起保管。这种保管制度不仅能够有效提升仓库存储空间的利用率，扩大营业额，还有利于调剂淡旺季铁路的运量。混合保管是满铁经营仓库的主要保管方式，其保管的商品以大豆、豆油、豆饼、小麦等粮食作物为主，其中尤以大豆混合保管为最。

20世纪20年代，满铁仓储业在东北地区一家独大，九成以上的流通货物都由满铁仓库保管，占所有保管金额的90%。伪满洲国成立以后，更多产业得以开发，满铁仓储业的基础更加雄厚，其仓储业一家独大的地位也更加稳固。

三、殖民统治下大连港的性质定位

不论是扩建大连港还是发展仓储业，日本殖民者的本意并非要把大连建设得越来越好，这一系列的措施不过是其"工业日本，原料满洲"政策的实施手段而已。1906年日本虽宣布大连港为自由港，表面上允许各国商船自由通行贸易，但满铁1907年接手大连港后却制定了"大连中心主义"，实际上是想利用大连港和南满铁路的便利条件垄断我国东北南部地区的货物贸易，

· 日本殖民统治时期的大连港仓库

以达到掠夺东北物资、倾销日本商品的目的。正是满铁执行了这样的政策，才使得东北各地的大批物资源源不断涌向大连，堆放在码头，再以中国劳工肩扛手抬的方式码放于仓库或装船运往日本，以实现其掠夺经济的目的。

为了扩大大连港的影响，满铁于1907年出台了“海港发到特定运费”制度，规定铁岭以北到达大连港、营口港的货物实行不等距离等额运费的制度，这就使得公主岭以南的铁路货物运费较之往常降低了35%~45%，以北地区的运费降低了45%~50%。这种特定运费制度大大削弱了当时东北地区最大的贸易港营口港和海参崴、中东铁路的货物运输地位，大量的商品和物资开始通过南满铁路运往大连港集散，大连港的地位得以不断提高。据统计，1907年大连港的货物吞吐量为83万吨，至1929年突破了900万吨，20余年间增长了10倍以上。1931年九一八事变后，日本强占了我国东北三省的广阔领土，更多的东北资源被掠往日本，该时的大连港已基本沦为物资“输出港”。

日本侵占时期的大连港，由于出台了许多优惠的关税政策，吸引21个国家和地区与其建立了贸易往来关系，港口业务日趋繁忙。这一时期的大连港对外贸易主要有四个特点：一是出口远大于进口；二是出口货物以东北原料为主；三是几乎超过半数的出口物资输往日本；四是进口的商品具有倾销的性质。大连港自开港起，输出物资与日俱增，主要以东北产的大豆、豆粕、豆油、杂粮、种子等农产品及煤炭、生铁等矿物资源为主。其中煤炭、豆粕、种子多输往日本，大豆输往欧洲和日本。《海友》杂志中有一篇文章《大连港和特产物输出》，记载了大连港豆油输出情况，认为大连港的豆油输出量占全东北输出量的七八成。如在 1927 年总输出价值 3200.89 万元中，仅大连港口的输出额就为 2 351.95 万元，占 73.5%；在 1928 年总输出价值 2 374.66 万元中，仅大连港输出额就高达 1822.09 万元，占总输出额的 76.7%，可见大连港在豆油输出方面的优势地位。日本殖民当局为了豆油输出的方便，还专门制造了大型油罐船，如 1922 年 1 月驶入大连港的"橘丸"，即设有 18 个油罐，可装载 8800 吨的豆油，几乎可以一次性地把大连一个月生产的豆油运往欧洲的鹿特丹、伦敦等港口。当然，日本的豆油输出据点不止大连港一处，彼时的旅顺港、普兰店港、长山岛轮船泊锚地也都有输出港条件，其输出的物资除了大宗豆制品外，还包括抚顺产的优质煤、复州湾产的海盐等。

日本 40 年的侵占和殖民统治，虽然在某种程度上促进了大连城市的建设发展，诸如港口、铁路等基础设施的日益完备，但这些基础设施的完备绝非为中国人着想，实为日本殖民统治者掠夺物资的方便而考虑的，我们必须认清这一事实。大连港的历史变迁是殖民地城市大连的一个真实缩影，那些在夜以继日隆隆作响的机器运转声中不停穿梭在港口超负荷作业的码头工人，他们亲身经历了那段暗无天日的岁月，也目睹了侵略者肆无忌惮的掠夺。回忆这段历史，不免令人心情沉重，但即便是屈辱的历史也应该被后人铭记，它将鞭策国人勿忘国耻，不断奋发图强。

付 鑫

红房子——码头劳工的集中营

“近代大连”第四单元“日俄战争与日本殖民统治”展出了一组红房子景观，它实际上是日本码头装卸公司福昌公司的劳工宿舍，位于大连寺儿沟一带，原名叫碧山庄，因一排排房子都以红砖砌成，故而被工人习惯地称为“红房子”。

1905 年日俄战争结束后，按照日俄双方签订的《朴次茅斯和约》，战胜的日本取代了俄国对大连的统治。为加强对我国东北经济的掠夺，推行日本的“大陆政策”，接管大连后不久，日本殖民统治者即仿照英国的东印度公司成立南满洲铁道株式会社，开始垄断南满铁路和大连港的经营。东北的大豆、玉米、煤炭、木材等丰富物产被源源不断输往日本，这就需要大量的华工苦力从事卸车、装船的工作。起初，这些苦力由分散的封建把头招募管控，但由于争权夺利的原因，封建把头间钩心斗角、矛盾不断，严重影响了大连港的装卸效率，这让满铁很是苦恼。为了解决这一

· 寺儿沟劳工收容所，日本人称“碧山庄”，中国工人称“红房子”

问题，也为了抢夺封建把头码头装卸工作的劳务利润，满铁决定成立日本人把控的码头苦力收容所。在满铁的大力支持下，原大连埠头事务所所长相生由太郎辞掉职务，成立了"福昌公司人夫配给所"（简称"福昌公司"，1926年改称"福昌华工株式会社"），开始垄断码头、车站的货物装卸工作。

1909年，东北地区发生鼠疫。因人员流动十分密集，码头劳工大量染病并有许多人病死，于是殖民公司产生了建一所劳工收容所的想法，不仅极大程度上可以阻止鼠疫疫情的进一步扩大，使劳工的工作效率提高，而且也能使殖民公司对劳工的监管进一步加强，保持劳工数量和熟练程度。于是，在满铁的资助下，福昌公司在距离大连码头1 000米外的大连寺儿沟一带征收了1 447平方米土地，建造了一座收容所，并美其名曰"碧山庄"。由于当时中国人居住的房屋多为灰色，而收容所是红砖砌成的，故而劳工给碧山庄起了一个更贴切的名字叫"红房子"。红房子从1911年开工建设，1912年建成使用，仅用了一年时间。红房子总面积53 508平方米，建筑面积40 000平方米。1925年进行了一次扩建，建筑面积达48 000平方米。红房子东边的围墙上布满了铁丝网，剩余的西南北三个方向都是砖砌而成的围墙，北面墙中间是红房子的正门，正门两边就是办公的场所，每天清晨劳工都会穿过大门去码头上工。东边和西边在早期是留有小门的，但是在后期侵略者为了方便对劳工进行管理就把小门关了。北边的正门外面就是日本警察派出所，东边布满铁丝网的围墙外就是劳工把头们的住所，西边围墙的外侧有一条水沟，穿过这条水沟就是当时日伪警察居住的地方。从布局上可以看出，红房子里的劳工实际上处于殖民公司、日伪警察、封建把头的严密监管之下，形同一座集中营。

红房子区域内大约有100栋房子，这些房屋基本呈东西走向，其中有一些是平房，有一些是楼房。1918年的统计显示：劳工居住的红房子一共有77栋，其中平房有47栋，楼房有30栋。在劳工居住的红房子内共有四层铺位，呈上下铺的排列，每层铺位非常狭窄，仅容一人平躺，连坐起来都非常困难。伴随大连港的扩大与发展，大连码头的运输和装卸量与日俱增，这也导致劳

· 福昌公司本部，左上角为创办人相生由太郎

· 红房子院内部

工数量急剧增加，也使得原来只能容纳 1.6 万人的红房子劳工宿舍在最多时居然住了 3 万多人。劳工们的居住条件非常恶劣，很多劳工晚上睡不好觉，床铺上人挤着人，中间没有一点空隙。有的劳工晚上起夜上厕所，再回宿舍后便没了容身之处。尤其是到了夏天，屋内空气污浊、臭气熏天、蚊蝇扑面、臭虫满墙，传染病肆虐。红房子内配套设施似乎很全，有浴池、医务室、病房、消毒室和商店等，但是这些配套设施都是极其简陋的，只能勉强使用。当然，这些公共设施、公共服务不能白白使用，是要收取费用的；只能在碧山庄里面的商店购买电灯；需要洗澡时只能按照规定去固定的澡堂，而且还需收取费用，劳工 3 分、把头 6 分。另外，红房子内虽设有医务室，但医生水平十分有限，医疗设施都很简单，医生也只能治疗一些小伤或者是非常轻微的疾病。假如有劳工身患重病，为了避免被生病的劳工们拖累，把头们一定会毫不犹豫地将劳工解雇并且赶出宿舍，以防他们影响工期。1927 年，殖民公司为麻痹工人思想，在红房子内建了一座寺庙，取名“天德寺”；又在寺内挂起了一口大钟，每天早晨四点多钟劳工把头准时击钟鸣时，催促劳工上工。这口钟让劳工们深恶痛绝，大家就给它起了个绰号，叫“催命钟”。

大连码头劳工的装卸工作主要在大连港各码头之间进行，劳工有时还会被派到车站、煤矿、建筑工地等处。劳工们不仅工作强度大，而且工作环境也非常恶劣，这在全世界范围内都十分罕见。当时留下来的劳工工作照显示，每位码头劳工在工作时需要扛豆饼，每块豆饼的重量大约是 23~25 千克，每位劳工至少要扛 4 块豆饼，有的时候要扛 6~8 块，更有甚者居然同时扛 10 块豆饼。劳工每天都进行着繁重的体力劳动，而且没有任何的劳动保障措施。劳工每天至少要工作 12 小时，有时需要工作 16 小时，这样高强度的体力劳动是常人难以想象的。超强的劳动强度与超长的劳动时间使得劳工的受伤与死亡事故经常发生。码头作业现场环境的恶劣还体现在卫生设施、休息处所的极度缺乏。劳工空闲时实在没有休息之处，就只能露天躺卧在地上：夏天像火烤，冬天冷透骨，生病现象时有发生。为了赶工，劳工的午饭也只能在作业现场吃。到处都是灰尘，到处都是秽物污水，根本不能正常吃饭。日本

· 搬运豆饼的中国劳工

· 催命钟

监工和中国把头只顾催活儿，劳工们一点人格尊严也没有，完全就是会喘气的机器、会说话的牲口。

福昌公司对劳工的无情摧残和压迫终于遭到了劳工们的反抗。早期的劳工反抗集中在工资的纠纷上，劳工们的反抗形式主要有集体罢工、消极怠工等，这种反抗形式相对被动也比较温和。码头劳工在自发的反抗监工的斗争中有时也毫不妥协，这为他们争取了一些权益，如夜班加餐、小幅涨薪、

• 劳工们在大连港装煤

改善工作条件等。但我们也应看到，劳工自发的斗争还处于低级阶段，并没有形成一定的规模，也没有明确的斗争目标，更没有形成具有爱国性质的反抗精神。

1926 年 1 月，中共大连地方组织正式建立，从此劳工的斗争即在党的领导下开展进行。1929 年 10 月，码头劳工在党的领导下，团结起来开展斗争，劳工们互相帮助、团结一致，纷纷加入工会。1932 年 12 月，大连码头劳工积极响应当时上海的抵制日货运动，组织并成立了一支足球队——群友足球队，把一些喜欢踢足球的青年劳工们组织起来，进行抵制日货的活动。在抵制日货运动期间，工会还向劳工们宣传爱国思想，还在工作现场鼓动码头劳工反抗日本侵略者的压迫；晚上，这些劳工还会在码头秘密张贴爱国反日标语，并散发反满抗日传单。其中最具影响力的反抗运动是 1935 年的大罢工。当时劳工们在中共大连党组织的带领下，进行了一场声势浩大的罢工运动，以此来反抗日本侵略者的非法行为。通过劳工的不懈斗争，小岗子警察署最终同意了劳工的请求并向劳工道歉，罢工取得完全的胜利。1934 年 5 月，苏联参谋部在中国成立了“国际情报组”（又称抗日放火团），其任务是对日本占领区的军事设施和战略物资进行破坏。而这时的大连是日本经营的重镇，港口堆积如山的物资成为抗日放火团的重要活动目标，劳工们利用工作的便利条件而实施的放火行动烧毁了大量的日本物资，沉重打击了殖民者的嚣张气焰。日本殖民者为了取缔大连抗日放火团，曾经一次性逮捕 2000 余名大连码头劳工。然而，这种高压政策并没有使劳工们屈服，反而使得劳工们的放火行为越来越频繁，直至大连彻底解放，这体现了大连工人阶级顽强的斗争精神。

亓　悦

满铁沙河口铁道工场的钻床、磨床

“近代大连”第四单元“日俄战争与日本殖民统治”展线上陈列着满铁沙河口铁道工场的钻床、磨床，它们犹如两位历经沧桑的老人，站在那里回忆并讲述满铁沙河口铁道工场的历史。钻床是20世纪30年代日本平尾铁工所制造的工业设备，通高210厘米；磨床是20世纪30年代日本合名会社菊川铁工所制造的工业设备，通高165厘米。它们主要用于铁路机车配件、小型机械设备等的加工。2007年，该两台设备由中国北车集团大连机车车辆有限公司（今中车大连机车车辆有限公司）捐赠给大连博物馆。2018年11月9日，在馆藏文物定级过程中，两台设备因文物价值突出而被评定为国家三级文物。

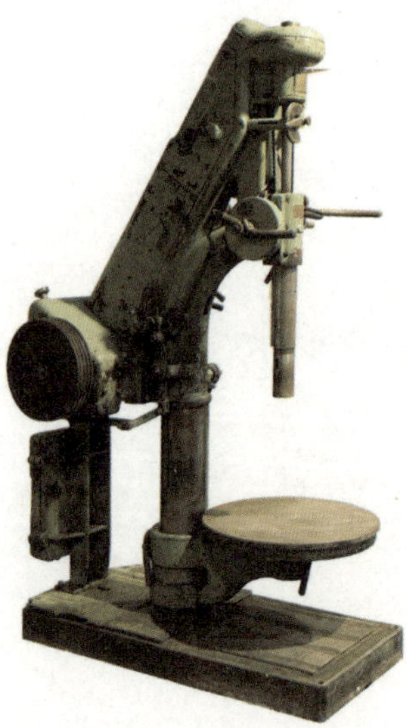

· 满铁沙河口铁道工场的钻床

满铁沙河口铁道工场的前身为俄国侵占时期建立的东省铁道机车制造所（又称东清铁道机车制造所），与大连城市同龄。1899年9月28日，俄国政府在大连开建第一批工程时，东省铁道机车制造所即开工兴建。新建的东省铁道机车制造所位于大连胜利桥附近的青泥洼火车站内（今大连团结街和民主街一带），主要业务是修理铁路机车。1901 年 7 月，哈尔滨至旅顺、大连的东省铁路南满支线建成，东省铁道机车制造所也基本同时完工。

• 满铁沙河口铁道工场的磨床

日俄战争爆发后，日本军队在 1904 年 5 月 28 日占领了大连港，东省铁道机车制造所由日军野战铁道提理部接管，并被更名为大连铁道工场。1906 年 6 月 7 日，南满洲铁道株式会社正式成立，代行日本政府经营满洲。1907 年 4 月 1 日，满铁本社迁往大连，在大连儿玉町（今大连团结街）选建社址并开始办公，同时接管大连铁道工场。随着日本侵略不断扩张，大连铁道工场不断引进大型机械设备，但原有的工厂厂区面积狭小，无法扩建和安装这些大型设备，满铁遂决定重选厂址。在经过一番勘察后，最后在大连西部的沙河口一带征集了 1778136 平方米的土地，并于 1908 年 7 月 8 日开工建设新的大连铁道工场。1909 年 12 月 27 日，工厂搬迁正式开始；至 1911 年 8 月 9 日，工厂全部迁至新址，大连铁道工场更名为满铁沙河口铁道工场。1945 年 8 月 15 日，日本天皇宣布无条件投降，满铁沙河口铁道工场根据《中苏友好同盟条约》及附件《中苏关于大连之协定》《中苏关于旅顺口之协定》由苏军接管，易名为中长铁路大连铁路工厂。

从 1908 年开建新厂到 1945 年日本殖民统治结束，满铁沙河口铁道工场在近 40 年间共建设了 49 栋类似德国工厂的红砖厂房；从建厂初期机械设备简陋缺乏，主要业务局限于进口机车修理，到 1934 年能自行生产亚细亚号特快旅客列车（当时是世界上最快的列车之一，测速高达 130 千米 / 小时），满铁沙河口铁道工场在侵略的轨道上疯狂扩张发展。工厂中中国工人的劳动强

· 满铁沙河口铁道工场厂房

度也因之不断加重，劳动时间每天普遍在 12 小时左右，有时长达 14 至 18 小时。满铁沙河口铁道工场的日方资本家还执行了种族歧视政策，区别对待中日两国的工人，使得他们同工不同酬，且工资差额巨大。据资料记载，当时中国工人的平均工资仅为日本工人平均工资的 1/4 至 1/7，且中国工人的工作、生活条件异常艰苦，因此中国工人苦不堪言，抱怨“人在家中坐，祸从天上来，你要打个盹，上山火烧埋”。

九一八事变后，关东军迅速占领整个东北，并从 1932 年起开展以军事目的为主的铁路新线建设。满铁沙河口铁道工场的生产任务骤然增多，从以修理机车车辆为主改为以制造机车车辆为主。1938 年，工厂生产能力已达到年组装新造蒸汽机车 40 余台、修理蒸汽机车 200 余台的规模。日本工厂主为了追求利润，不断扩大生产，从山东、河北等关内各地骗来了大批劳工，迫使他们每天从事繁重的体力劳动。为加强对中国劳工的管理，工厂内部增设了防卫系、劳务系专门机构，用以镇压反满抗日活动和监视中国工人。1943 年，满铁沙河口铁道工场的全厂职工已增至 9 000 多人，生产能力也大幅度提高，年组装新造蒸汽机车 47 台、客车 12 辆、货车 311 辆，修理蒸汽机车 241 台、客车 614 辆、货车 3 739 辆。

随着工厂的发展及中国工人队伍的不断壮大，一批如傅景阳一样的年轻工人，接受了罗章龙、邓中夏等共产党人传播的马克思主义思想教育，成为大连地区党组织的早期骨干力量。1923年12月2日，在傅景阳等人的努力下，成立了沙河口工场华人工学会，会址位于沙河口黄金町107号（今大连黄河路658号）。工学会的门旁挂着“沙河口工场华人工学会”和“工人业余学校”两块牌子。在工学会成立大会上，傅景阳慷慨激昂地说：“我们为什么以工学会的名义还要组织夜校呢？这里有提高我们工人文化知识的目的，但这不是我们组织工学会、办夜校的唯一目的。提高工人阶级的觉悟，认清帝国主义侵略中国的本质，把帝国主义赶出中国的土地，建立我们自己的祖国，这才是我们的真实目的。”1924年12月2日，沙河口工场华人工学会改名大连中华工学会，这是大连地区最早出现的现代工会组织。

1945年8月15日，日本天皇宣布无条件投降。投降前，满铁沙河口铁道工场的设备已经长期处在超期和超负荷运转的状态。日本殖民者烧掉了工厂全部的管路、设备图纸和技术资料，工厂的设备也遭到了严重破坏，整个工厂处于停产状态。日本资本家在逃离时扬言：“沙河口工场这块土地只能种高粱和草。”苏军接管后，满铁沙河口铁道工场改名为中长铁路大连铁路工厂。可由于当时厂内中国工人的技术力量非常薄弱，大连铁路工厂的生产能力大不如前，只能开展简单的机车车辆修理工作。1946年3月，铁路工厂党组织征得苏军的同意，以工会的名义开展增加中国工人工资的斗争和重新评定工资工作，以实现中国工人与日本留用工人同工同酬；同时还成立了中长铁路大连铁路工厂青年技术学校，开始培养中国自己的管理人员和技术工人。到1948年，工厂有各种设备2 006台，能使用的1 151台，实

· 满铁沙河口铁道工场车间

际使用的仅为583台。也是从这一年开始，工厂重新制造铁路运输用的货车。修好的蒸汽机车源源不断地开往东北解放战争前线，大连铁路工厂还动员了200多名优秀工人支援全国解放战争。

杨　莹

满洲化学工业株式会社的压缩机

大连博物馆北广场露天展出了满洲化学工业株式会社日本神户制钢所20世纪30年代生产的合成氨压缩机和德国20世纪30年代生产的往复式空气压缩机。它们的规格依次为：日本神户制钢所的合成氨压缩机长870厘米、宽430厘米、通高435厘米；德国产的往复式空气压缩机长1 060厘米、宽550厘米、通高455厘米。这两台压缩机是大化集团整体搬迁改造时2012年捐赠入馆的，它们牵系着数万大化职工对企业的情感，见证了大连化学工业的成长经历，因而历史价值重大。在2018年博物馆组织文物定级时，日本神户制钢所产合成氨压缩机和德国产往复式空气压缩机因其重大的文物价值被定级专家评为国家三级文物。

大连化学集团简称“大化”，其前身是成立于20世纪30年代的满洲化学工业株式会社（简称“满化”）、满洲曹达株式会社（简称“满曹”）。

1905年日俄战争后，大连沦陷为日本的殖民地。日本殖民统治者为加紧对我国的经济掠夺，1927年开始谋划在大连建一座以生产合成氨为主的化学工厂。后由南满洲铁道株式会社（简称“满铁”）总裁山本条太郎发起，筹集资金2 650万日元，于1933年5月30日在大连甘井子建立了满化，主要股东为满铁、日本全购联株式会社、东洋窒素工业株式会社。同年8月，满化动工兴建。兴建期间，日本以100万马克的高价，购买了当时世界上最先进的生产技术——伍德法制造合成氨专利权，并聘请德国工程师、技师与日本工

· 大连博物馆露天展出的大化合成车间的压缩机

作人员一起进行厂房设计和设备安装。满化的燃料煤主要来自本溪、抚顺和开原，原料硫铁矿则由日本和朝鲜提供。1935 年，满化有职工 1 823 人，其中日本人 868 人。1941 年太平洋战争爆发后，满化原料供应不足、动力紧张，生产陷于停滞，产量开始急剧下降，至 1944 年，合成氨的年产量仅为 1.9 万吨。

1932 年，日本殖民统治者开始筹划建设一座生产纯碱的工厂。1936 年 5 月 22 日，由满铁、满化、日本昌光株式会社、日本旭硝子株式会社共同出资 800 万日元，建立了满曹。满曹的厂址选在满化的南海岸，生产设备全部由日本旭硝子株式会社提供，采用索尔维法（氨碱法）生产纯碱。满曹的主要原料固体盐掠自我国辽南地区的复州盐场，石灰石取自大连甘井子采矿所（今大连石灰石矿），焦炭和氨由满化供给。1936 年，满曹有职工 202 人，其中日本人 101 人。

满化、满曹营业后，日本殖民统治者设立了宪兵驻在所、防谍委员会等特务组织，对中国工人进行监视，对工人的反抗斗争进行残酷的镇压，两厂工人处于水深火热之中。由于中毒、设备爆炸等事故频繁发生，许多工人受伤致残，甚至被夺去了生命。日本帝国主义残酷的剥削与压迫，激起了工人们的反抗。1936 年 2 月，在满化秘密成立了中国共产党领导下的地下小组，工人们开始有组织地开展怠工、捣毁器材、破坏生产和罢工等斗争。

1945 年 8 月 15 日，日本投降，满化和满曹宣告停产。从 1935 年到 1944

年的10年间，日本殖民统治者共掠夺两厂生产的合成氨371 960吨、硫酸580 163吨、硫铵1 152 929吨、硝酸50 667吨、硝铵56 260吨、纯碱409 058吨、烧碱8 024吨。

苏联红军进驻旅大后，苏联关东工业管理局于1945年10月2日接管了满化，以旧存的原料和半成品、旧有设备及临时改装的小型设备开展小规模生产。10月底，关东工业管理局又开始有计划地将工厂60%的机械设备和20%—60%的化工成套装置拆走，前后历时一年。满化留给大连人民的只是一个残缺凌乱、杂草丛生的烂摊子。

1946年，为了发展兵工生产，支援全国的解放战争，根据党中央的指示，胶东军区、华东局、华中分局、晋察冀中央局、东北局派了一批干部先后来到大连，开始筹划建设一座大型兵工生产基地。同年10月，胶东军区兵工总厂副厂长刘振和研究室副主任秦仲达等人抵连考察，以搞工会工作的名义到苏军管辖的满化了解工厂情况，为兵工厂的建设做准备。1947年，在中共

· 搬迁前的大化合成车间

旅大地委具体组织下，利用旅大原有工业基础，汇集解放区派来的干部，创建了我党领导下的第一个大型兵工生产联合企业——建新工业股份有限公司（简称“建新工业公司”）。1947 年 6 月 10 日，卢素平受大连县政府委派，以大连化学厂厂长的名义，与苏联关东工业管理局化学工厂厂长顾利耶夫办理满化的移交手续，将其改名为大连化学工厂，隶属建新工业公司领导。接着，成立了由卢素平、宁致远、林华、秦仲达、姜一平 5 人组成的工厂管理委员会。根据建新工业公司指示，刚刚成立的大连化学工厂立即着手恢复化工生产和无烟火药生产，以配合建新工业公司制造后膛炮弹。7 月初，经上级批准，大连化学厂修复了硝酸、硫酸工厂并确定了新建乙醚厂、无烟火药厂的方案，全厂职工迅速投入到兵工生产的恢复建设工作中。

从 1947 年年底到 1950 年 5 月，大连化学工厂共生产稀硝酸 3 045 吨、浓硝酸 1 885 吨、浓硫酸 5 483 吨、乙醚 222 吨。这些产品除保证建新工业公司无烟火药生产需要外，其余被运往华东、东北两个解放区的火药厂，有力地支援了兄弟单位的兵工生产。

邹瑛德

内外棉株式会社金州支店的并纱机

“近代大连”第四单元“日俄战争与日本殖民统治”展线上陈列有内外棉株式会社金州支店的并纱机。该工业遗产于2010年6月5日由金州纺织厂捐赠，系国家二级文物。并纱机侧板上有“TOYODALOOM'S WORK.LTD”（丰田织机株式会社）字样。并纱机主要用于将2股或4股纱合并成1股，卷成重1.5千克左右的纱锭，供纺织用。该机器传动简单，运行故障少，断面平齐，拉网少。并纱是捻线的准备工序，是棉纺工业流程中的重要环节。其任务是将2根或多根（一般不超过5根）单纱并合后卷绕成筒子。并纱可以保证单纱股数，均衡各单纱张力，减少股线捻不匀，提高股线强力，改善外观。

日本内外棉株式会社于1887年在日本大阪成立，该企业虽本部设在日本，但与中国市场联系密切。1910年开始乘中国国内市场动荡混乱之际在上海投资建立了第一个外埠工厂，并在中国上海、青岛等地相继建立了16个工厂——震惊中外的五卅惨案就是其上海第八厂无故开除工人引发的。1921年，该社在金州建立第一纺纱工厂。1926年更名为内外棉株式会社金州支店。1928年建立第二纺纱工厂，1935年建立第三纺纱工厂和第三织布工厂，成为大连纺织工业中最早由单纺转变成既纺又织的企业；同时新增织机1 000余台，使该厂产品客户由织布厂扩展到普通百姓，织造生产能力大大提升。1939年又建成第二织布工厂。1940年在熊岳建立熊岳加工厂（染厂），进一步涉足印染行业。

作为一种劳动密集型产业，纺织行业的技术改革在20世纪已经不像工业革命初期那样能显著提升劳动力，因此对人工劳动的压榨成为纺织行业资本家的首要选择。日本工厂主为了尽可能追求利润，极力降低生产成本，企业厂房简陋，有效高度一般不超过3.5米，无进排气设备，夏天细纱车间气温高达40℃以上，织布车间为了减少断头，遍地泼水以增加湿度。工人每天工作11小时左右，白夜两班倒。工资方面，纺织工人的工资在当时社会各个工种当中处于末端，且中日工资相差悬殊。据统计，30年代中期日本纺织男工平均工资为每月3.03元，女工为每月1.6元；而中国男工平均工资仅为每月0.55元，女工0.42元。纺织工人还经常遭到日本监工的打骂搜身，当地城镇居民一般不愿进纺织厂，日本厂主就从附近农村，尤其是山区、海岛招收劳动力。1931年内外棉株式会社4 291名工人中，14岁以下的童工超过1/3。工厂对工人的保障和教育极度不重视，超过半数的工人是文盲。由于不堪忍受剥削和压迫，纺织工人的流动性很大，据统计，1939年内外棉金州支店和满洲福岛纺绩株式会社（简称“福纺”）工人中，工龄在一年半以下的占47%。由此造成单个工人的产量并不高，据统计，1939年细纱车间工人平均看锭量（每个工人负责的棉锭数量）仅为141锭，而同一批设备在1956年的人均看锭量增加到200枚。

虽然大连地区有较为便宜的劳动力，但整个东北地区棉产量都不高。据统计，1928年产籽棉24万担，仅够4万枚纱锭使用，而内外棉株式会社金州支店一家的纱锭就有8万余枚，因此建厂初期的原料主要购自美国和印度。后来日本炮制伪满洲国，原材料输入受到限制，日本统治当局为使辽宁成为其纺织工业的原料基地，对棉农进行技术指导，培养及推广良种，并用发放补贴、高价收购等手段，刺激棉花种植业的发展。但到1937年，大连地区棉纺用原棉中，东北棉的占地仍不到总用量的20%，印度棉、美国棉仍占总量的70%以上，这些棉花通过从日本转口到大连的方式，绕开了西方国家漫不经心的所谓“制裁”。1937年日本侵占华北后，大肆掠夺华北棉花。1938年内外棉株式会社金州支店和满洲福岛纺绩株式会社所用原料中，来自华北的

· 内外棉株式会社金州支店办公楼

棉花占近40%。由于原材料日渐短缺，1938年后采取化纤与棉混纺的工艺，但由此生产出来的织物价格高，而且织物强度低，不受消费者欢迎。1941年，随着美日正式开战，美国棉花全部断供，日本军需品生产也无法保障，造成企业大规模停产。

1945年年底到1947年6月，苏军接管企业后，从苏联运来一批棉花，开动小部分设备，为苏联生产军需纺织品。1946年7月起，大连地区被国民党军队封锁，与产棉区的陆上交通被阻隔，企业依靠从山东解放区和朝鲜北方购进棉花维持部分生产，据不完全统计，1947年12月到1948年11月间，运进大连港的棉花近65万公斤。

大连解放前，其棉纺行业的主要企业有内外棉株式会社金州支店和满洲福岛纺绩株式会社，二者在棉织物细分市场上各有侧重，福纺以生产粗布、绒布使用的粗纱，斜纹布使用的中支纱为主，产品商标有福助、扇面和双喜；内外棉金州支店生产初期以粗纱为主，1927年改为生产细纱，产品商标有桂

· 大连博物馆收藏的内外棉株式会社金州支店的并纱机

月、彩球和五子夺魁，其中彩球牌40英支细纱为东北独家产品。1935年，该厂开始生产五子夺魁牌本色细布。1937年，日本人投资的满洲制丝株式会社建成投产，专门生产棉纱、棉布等，产品偏军需品。1941年起，由于原材料的缺乏，大连地区三家大型工厂织物产量均大幅下降，品种也基本是军需品，主要有粗布、细布、三斜纹布、四斜纹布、绒布、毛巾、绷带、药布、三角巾、细帆布等。1945—1947年，福纺和内外绵金州支店被苏军接管，为苏军生产少量的军用布和渔网线。

并纱机是日统时期被压迫的大连人民苦难生活的一种见证，内外棉株式会社金州支店也是日本对华经济殖民的一个缩影，日本占领大连后，鼓吹"王道乐土"，事实证明，等待着大连人民的不是"乐土"，而是无尽的深渊。日本人在远离棉花主产区的大连设立三个大型棉纺工厂，残酷压榨当地的中国工人，压制大连民族工业的发展，发展起远离原材料产地和产品市场的畸形殖民工业。就像曾经的满铁总裁山本条太郎曾经提出"工业日本，原料满洲"，而大连是这个供需链条上的一个齿轮，这个齿轮是否转动并不取决于它本身，而它磨损的是那些在工厂里受尽折磨、劳务所得却消费不起他们生产产品的苦难的中国同胞的血肉。列宁在《帝国主义论》中提到，资本主义国家的资本输出会导致金融资本对世界的直接瓜分，从这个意义上说，外观看上去窗明几净的模范工厂与武装到牙齿的关东军互为表里，只不过是看上去包裹着一身"文装"罢了。

王松涛

日本殖民统治时期的民族工商业

周家炉——东北民族工业的翘楚

“近代大连”基本陈列的“日本殖民统治大连时期的民族工业”版块，介绍了一家堪称东北地区民族工业起点的企业——周家炉。

1894年日本挑起中日甲午战争，1894年11月21日，制造了震惊中外的旅顺大屠杀。在这次惨绝人寰的旅顺大屠杀当中，有一对亲兄弟侥幸逃生，他们就是周文富和周文贵。

从周家到旅顺口的历史，可以追溯到清嘉庆年间，他们的祖籍是山东登州府周家大疃。如今在甘井子区和普兰店区，都有周家同根同宗的分支。在闯关东的后裔中，周文富和周文贵兄弟无疑是出色的。他们有着淳朴善良与坚韧不拔的性格，同时又在大连最早领悟了近代工业文明的先声，也许这就注定了他们会成就一番不同常人的事业。

侥幸逃过1894年那场灾难之后，周文富被俄国人招去，成了旅顺大坞上的一个铁匠，弟弟周文贵则在旅顺以赶马车谋生。1894年的中日甲午战争，阻断了旅顺口自主步入近代工业文明社会的发展道路，却又使辽东半岛南部地区成为日本和俄国两个列强争夺的宝地。那时的大连还不是一座城市，但已经有40多个自然形成的村庄，包括今天的青泥洼、香炉礁、春柳等地，都是人口相对集中的地方。1898年3月，俄国强迫清政府签订了《旅大租地条约》; 1899年的9月，大连商港一期工程开始动工，几乎同时，城市规划和建设也迅速展开，野心勃勃的掠夺者要在这里建造一座新城。

1904年，沙皇俄国的梦想还没有完全实现，日本人就打了回来，战败的俄国不得不暂时放弃了大连这座刚刚起步的城市。

日俄战争后，侵占旅大的日本人在原来的基础上，围绕他们的所谓“大东亚梦想”继续扩建城市。

日本统治大连时期，中国人兴办的工业备受当局的歧视、限制与摧残。油坊工业、铁工业是大连民族工业最有代表性的产业。大连的机械制造业一向是日本资本一统天下，在中国资本中，只有周文富、周文贵兄弟创办的顺兴铁工厂曾经卓然而立。

· 周文富

周氏兄弟出生于旅顺元宝坊。周文富于1892年在旅顺船坞厂当学徒，学习钳工技术，较早地受到了工业文明的熏陶，接触了先进的工业技术。1907年周文富从旅顺船坞厂辞职，自筹89元钱，开设家庭铁匠炉作坊。1909年，周氏兄弟从旅顺来到大连，就在当时被称作“小岗子”的地方，也就是现在的大连北京街的附近落了脚。“小岗子”是中国穷苦工人、店员和贫苦市民居住最集中的地方之一，兄弟俩在这里开了一间铁匠铺，当地人称之为“周家炉”，专事制造马蹄铁钉和马车修配业务。由于兄弟俩富于进取心，对待顾客非常热忱，承做的物件质优价廉，深受用户欢迎，生意颇为兴隆，工人很快增至20多人。

· 周文贵

到1910年，周家炉已经不是一个简单的铁匠铺，而是相当全面的大型手工业作坊了，兄弟俩把“周家炉”正式定名为“顺兴铁工厂”，希望生意一直顺利兴隆。顺兴铁工厂主要生产油坊业所用机械，他们以毅力和智慧潜心研制，制造出机械动力火油机等，使榨油的效率大大提高，从而使民族油坊业的竞争力有所增强。

虽然周家炉人已经自主开发了人力螺旋式榨油机、机械动力火油机等设备，但是出油率比不上日资的三泰油坊的榨油机。有一次，日资的三泰油坊榨油机出现了故障，找遍大连无人能修。日本工厂主被迫请周家炉人去修理。聪明的周家炉人一边修理，一边记下了榨油机的构造，他们回去之后经过研制居然制造出了这种冷气榨油机（液压机），也彻底打破了日本工业对榨油机的垄断，更多的中国工厂主都向顺兴厂订购榨油机。到了 1913 年，顺兴铁工厂已有木样厂、翻砂厂、车床厂、虎钳厂、铆铁厂、打铁厂等各分厂，能制造 15 吨起重机、矿山用的卷扬机、通风机和抽水机等成套设备，并在东北最先使用电焊接和瓦斯焊接等先进技术。至 1917 年，顺兴铁工厂的技术人员和职工总数已达 1301 名之多，与日本设在大连的满铁沙河口铁道工场（今大连机车车辆厂）、川崎株式会社大连船渠（今大连造船厂）形成鼎足之势，周氏兄弟成为东北民族工业的翘楚。

1912 年，周文贵集资 20 万元，在哈尔滨建起振兴股份有限公司，使经营范围从大连扩大到东北其他城市。这时的顺兴铁工厂已经拥有了抚顺煤

· 大连顺兴铁工厂厂房

矿、哈尔滨滨江振兴铁工厂、营口振兴铁工厂、复州五湖嘴振兴煤矿等多处产业。用日本人的话说："周文贵可能造不出飞机，但他绝对能够制造出坦克，这样的人对我们日本威胁太大了。"

· 大连顺兴铁工厂制造的榨油机

顺兴铁工厂的快速发展是日本殖民者绝对不能允许的，周文贵的一个行动，让日本当局对他恨之入骨，并加快了对周家的打压。那是1915年5月，哈尔滨人民为反对"二十一条"发起了"爱国储金运动"。正逢周文贵在哈尔滨参加江轮招标，周文贵代表顺兴铁工厂在哈尔滨同乐戏院登台演讲，慷慨激昂，断指明志，血书"储金救国，勿忘国耻"八个字，以此来激励人心，并当场献金3万元，以作首倡，从而"引起大众捐献热潮，不仅男子慷慨解囊，一般妇女亦将耳环、戒指等饰物捐献"，同时掀起了爱国储金抗日运动的高潮。周文贵反日储金救国的义举，令哈尔滨父老乡亲称道不已。

就在周家产业兴盛之时，1914年、1920年和1925年，旅顺地区连遭自然灾害，加上日本殖民当局横征暴敛、草菅人命，一时间路见饿殍、民不聊生。周氏兄弟又出资10余万元大洋，从东北腹地购买苞米、高粱等粮食，由铁路运到旅顺，赈济同胞。所以旅顺老一辈人都知道感谢周家的恩德，并告诉后人，永远不忘周家炉。

1918年，站稳脚跟的日本殖民当局开始对中国的民族工业加紧打压和扼杀，尤其对顺兴铁工厂进行了百般破坏和摧残。日本殖民当局禁止日商轮船装运周家煤矿的煤。为了抵制禁运，周氏兄弟购置四艘轮船自采自运。日本殖民者的打压更加露骨，不但不准顺兴铁工厂迁入新建工厂，不准修建船坞，不发给轮船制造业许可证，而且禁止日商轮船到顺兴铁工厂去修理。

1928年，52岁的周文贵在自大连乘舢板船去复州湾煤矿，路过金州城北三十里堡西海时，遭遇狂风，不幸遇难。周文贵的葬礼十分隆重，出殡当天万人空巷，到小岗子周家大院前来送葬的有 2 万多人，大连到旅顺道路两旁聚集着许多送葬的人，旅顺街道都被阻塞，痛哭声从大连传到旅顺。

周文贵离世后，各债权人纷纷上门索债，周文富实在难以应付，只能在困境中勉强维持，日本商人乘人之危，想以低价收购周家厂矿。周文富以民族大义为重，毅然决定将振兴煤矿及其所属各矿矿权全部捐献给张学良主持的中国奉天省（今辽宁）政府。

1929 年，日商方面奸计未遂，便恼羞成怒，强行扣留顺兴铁工厂的产品和设备，自行折价抵偿或拍卖。在日本殖民当局的打压下，顺兴铁工厂宣告破产。至此，由一个小小的周家炉发展成的东北一流的千人以上的打铁工厂，瞬间烟消云散。

1931 年，周文富抑郁而终，享年 57 岁。自此，爱国兴邦的梦想被埋葬在波涛汹涌的海浪中，东北最大的民族企业——顺兴铁工厂，也像一叶轻舟，淹没在殖民统治的狂涛浊浪中。

位于旅顺口区的周家老宅，经过世纪风雨的洗礼，虽然鼎盛繁华早已不在，但它仍然向人们诉说着周氏兄弟的铮铮铁骨和忧国忧民的民族气节。而周家为当地百姓修葺的水井，依然清漪粼粼、泽被苍生。如果说近代殖民时期形成的工业体系是大连现代工业的源流，那么散落在城市角落的民族工业就是大连现代工业体系的精神根脉，是“海南丢”民族精神的化身。由周文富、周文贵兄弟创办的赫赫有名的“周家炉”堪称大连民族工业的源头，被誉为东北地区民族工业的起点之一。

• 大连顺兴铁工厂发明的制风机

姜　晔

西岗商会会长庞睦堂

“近代大连”第四单元“日俄战争与日本殖民统治”展墙上展出了一组民族企业家的照片，其中一张为近代大连西岗商会会长庞睦堂，他是当年有名的大连八大富商之一，也是大连仅有的三个华人商民组织之一——西岗商会最有名气的老会长。在庞睦堂任职西岗商会会长的17年间（1923—1940），他尽职尽责，热心服务，为华人商民做了很多善事，深受华人商民的拥护，庞睦堂至今仍被大连人念念不忘。

一、庞睦堂其人

庞睦堂（1882—1940），名志顺，字睦堂，生于大连湾柳树屯（今大连市甘井子区大连湾街道大房身村）一个较富裕的农家。他排行老四，双眼高度近视，当地人大多称他“庞老四”或“庞瞎子”。庞睦堂自幼聪颖，深得父亲的宠爱，很小就被送进私塾读书，10多年的私塾教育使他成为当地的文化人。庞睦堂兄弟四人，他排行老小，大哥务农，二哥、三哥除务农外还兼做一些小买卖，只有他被父亲安排帮办家务。庞睦堂为人热忱，平时爱行侠仗义，爱结交朋友，因而在当地有极好的人缘，是年轻人中小有影响的人物。

1898年沙俄侵占旅大，俄军需要大量的饲料（羊草）喂养军马，庞氏兄弟看准机会，其二哥、三哥开始从事购运羊草的生意，所获利润相当可观。在这桩买卖中，庞睦堂因有文化、善交际而负责羊草购运的对外联络工作，因为他为人真诚热情、办事认真、重信用、讲义气，赢得了各方的好评，庞家的生意越做越大，并在这一时期打下了殷实的基础。

1905 年日俄战争后，日本殖民者把青泥洼开发成大连的商业区，取代了当时的经济中心柳树屯，柳树屯的商铺纷纷迁往青泥洼，庞家也在这一时期把积累的资金转移到大连市区，并在伊势町（今大连中山区民康街）开了一家名为“福顺恒”的杂货代理店，从此正式步入大连工商界。庞睦堂在代理店里掌管店务，由于他善于应酬，办事热心，为福顺恒代理店的发展做出了相当大的贡献。庞氏三兄弟（庞家大哥早亡）同心协力创业，庞家的产业迅速发展起来。

日本帝国主义侵占大连初期，市面上流通的货币种类繁多，比价也不一，彼此交换或与外地贸易等都极不方便。特别是日本殖民当局宣布大连为自由贸易港后，来大连的外商日益增多，中外货币流通量进一步扩大。与此同时，内地商人携带大批现银来大连，大家都感觉大连货币流通不便，因此作为货

• 庞睦堂（前排左六）

币交换和通汇机构的钱庄、银号应运而生。庞家为扩大经济范围，壮大经济实力，经兄弟三人商定，决定由老二和老三主持代理店的业务，而庞睦堂则跻身于新兴的钱庄业。1907 年夏，庞睦堂出资 20 万日元，在西岗久寿街附近开设了“福顺义”钱庄，自任经理。到福顺义钱庄贷款，利息虽比大银行略高一些，但手续极其简便，故而小岗子商户都愿与福顺义钱庄往来。在开业不到两年的时间里，福顺义钱庄就从中小业户发展成为大连钱庄业中的一流企业。由于庞睦堂在商界交际面广，为人宽宏大量、平易近人、恪守信用，因此福顺义钱庄每天都顾客盈门，他在小岗子工商界中也更有声望。

庞睦堂创立钱庄时年仅 25 岁，已显示出非凡的经商才能。随后，他又在东乡町（今大连修竹街一带）增设了福顺义钱庄分号，规模与西岗福顺义钱庄相当。此时，庞睦堂已成为全市工商界的“后起之秀”。1919 年，庞家兄弟在小岗子西部刘家屯（今大连五一广场民权街道）开设了一处福顺义油坊，资金为 5 万日元，每年产豆饼 50 万片左右，获利甚丰，超过其投资额的数倍。不久，庞家兄弟分家，开始各自经营，庞睦堂分得西岗和东乡町两处钱庄。20 年代初，庞睦堂又在寺儿沟开设了一处福顺义油坊。至此，以庞睦堂为代表的庞家兄弟已成为当时大连华人八大富商之一。

二、庞睦堂逸事

1924 年小岗子华商公议会换届，与会代表一致推举张翺臣为会长，周善亭、徐香圃为副会长，但选举完毕后，却产生了一段波折，因新选会长张翺臣是大连市华商公议会（即当时大连东部，今中山区）副会长张本政之长子，张翺臣有感于“父乃东大连商会之副、子为西大连商会之正”，实属“子居父上”，有违礼法。因而会务停顿数日而无人领导，后经殖民当局民政署指示，以选举时得票次于张翺臣者补任会长，庞睦堂因此走马上任，开始出任小岗子华商公议会会长。庞睦堂接任会长后，热心为小岗子华人商民服务。因其才识过人，举措得宜，深得全区商民的信赖。

1924 年 6 月，为振兴民族工商业，会长庞睦堂亲率大连华商实业考察团赴日本各地考察。考察期间，凡有助于开发大连民族实业者，他无不悉心研究。回到大连后，鉴于大连没有民族造纸行业，所有民用和工业用纸全为日商垄断，庞睦堂毅然集资创办了"睦堂造纸厂"，因而对民族造纸业的发展也有开创之功。

庞睦堂对小岗子华商公议会传统的社会办学之风给予继承并加以重视，针对当时华商各业从业人员文化素质普遍不高、工作效率低下的问题，庞睦堂以会长的名义委托华东信托会社负责人阎之汝开办实业补习学校，招集华商从业人员利用业余时间学习，从基础知识到商业业务和外语等，都有专业教师悉心讲授，这大大提高了小岗子商民的文化素养和商业素质。这种办学之风在庞睦堂主持商会期间被长期推行，并收到了良好的教育效果。

1926 年，小岗子华商公议会换届，庞睦堂连任会长，周子扬、阎之汝为副会长。该时期小岗子工商业已日趋繁荣，但大连市役所（即大连市政府）所征的市税却过重。经全区商民的请求，庞睦堂代表小岗子商户与殖民当局一再交涉，最终修订了税率，减轻了小岗子华人商民的负担。与此同时，庞睦堂还带领商民为全区贫民发放冬季棉衣，开展慈善施粥；与慈善机构宏济善堂合作，免费为贫民治病。在这期间，本届顾问周善亭还将其经营的顺兴铁工厂车间的空房腾了出来，作为贫民庇寒之所，所需的费用，他也慷慨捐款，从不间断。当时许多商民死后的灵柩无处安放，设奠发丧也是极其不方便，为解决这一问题，庞睦堂带领小岗子华商公议会与当时的大连市商会共同发起捐款，在宏济善堂前面的空地上建起了一处寄柩所和祭奠大礼堂，并为商民办理了公共墓地。庞睦堂带领的小岗子公议会还经常资助天后宫、松山寺等庙宇的修缮，每年都筹办天后宫庙会等。凡此善举，均得到全市华人商民的交口称赞。

1929 年商会换届时，庞睦堂再次当选会长，周子扬、周作之为副会长。本届庞睦堂再次连任会长，已与会章规定的会长任期只能连任一次相违，怎奈庞睦堂声望极高，又深受全区商民的爱戴，于是大会专门为他讨论并修订了会章，规定今后会长人选及任期改为"无任期之限制"。

· 小岗子街景

1932年小岗子华商公议会代表全区商民要求改名，认为“小岗子”是俗名，而非正名。经殖民当局批准，“小岗子华商公议会”改称为“大连西岗商会”。同年9月换届选举，庞睦堂第四次连任会长，周子扬、王文川任副会长。30年代初，西岗地区中国住民已达10余万人，市面已经非常热闹，全区商民有感于东大连（当时主要为日本人的商住区）的繁荣，强烈要求在西岗也建设一条繁华的大街，铺柏油路、安电灯、设夜市。应商民的要求，庞睦堂多次奔走殖民当局，要求开筑一条新马路，只是殖民当局根本没有热情。最后华商集资，才得以建成了新开大街（今大连新开路）。新开大街不但道路宽阔平整，而且两旁楼宇林立，灯火通明，成为西岗地区的中心地带。西岗商会又在新开大街上开办了夜市，每当华灯初上，夜市游人如织，一片繁荣景象。

1932年伪满洲国成立后，因大连新订的关税过高，大连商户深感负担太重。后西岗商会在庞睦堂的组织下与大连市商会一起亲赴新京（今吉林长春），与伪满洲国当局协商关税。几经奔走，终于降低了关税税率。这不仅对西岗的商民有好处，更有利于大连民族工商业的发展。

30年代的大连，全市总人口已超过40万，却没有一处华人子弟就读的中等学校。为解决华人子弟的升学问题，西岗商会在庞睦堂的带领下协同大连市其他商会开始筹建“协和实业学校”（中学）。在筹建期间，庞睦堂除了慷慨捐款外，还以西岗商会的名义向全区商民募捐集资，“协和实业学校”终于在 1934 年正式开学。它的创办，不单单解决了华人子弟的就学问题，更为民族教育事业的发展贡献了力量。

1935 年西岗商会换届，庞睦堂第五次出任会长，周子扬、徐宪斋任副会长。此时的西岗地区已有华商 1 700 多家，势力很大，而西岗商会在商民中又有很大的威望，这引起了日本殖民当局的警觉。为控制中国人，殖民当局在商会中增设书记长一名，由原旅顺日本警察署特高刑事程国庆担任，并把持西岗商会的大权，从此庞睦堂少有作为。

1940 年，西岗商会会长庞睦堂因患痈症（化脓性疾病）不治离世。庞睦堂去世后，西岗商会会长一职，由长期担任副会长的周子扬接任，直至 1945 年大连解放。

王欣欣

小岗子市场、露天市场、新开大街——东关街的大市场

“近代大连”第五单元“多元文化的交流与融合”展线上，有一组景观陈列——东关街，为整个“近代大连”展线重点打造的内容。在这组景观陈列里，设计人员按比例复原了大连解放前华人商住两用区东关街一带的热闹街景，包括德记药局、华春照相馆、益记笔店、钟表维修行、徐利兴杂货号、东关理发社、三合盛粮栈、和祥当铺、罗斯马利咖啡厅、福聚盛绸缎庄等。场面很是热闹，景观也写实逼真，再现了20世纪二三十年代大连华人商住区的繁荣景象。其实，在提及大连华人商住区东关街时，老大连人念念不忘、印象深刻的是位于这一带的三个大市场——小岗子市场、露天市场、新开大街，它们更能勾起老大连人对过往生活的回忆……

一、小岗子市场

小岗子市场位于现在的大连西岗，在1931年以前称为“小岗子”，是中国人主要的居住区域。小岗子最繁华的地方在大龙街的中段，此处居民密集，各大商号汇聚于此。1909年3月，小岗子华商公议会在大龙街与平和街交会地带开设了一家市场——小岗子市场（西岗市场前身）。

小岗子市场占地面积6 000平方米，市场内有店铺40余家，周边各种食杂小店160余家，其余空地作为临时堆存货物和车辆等使用。该市场主要供应对象是西岗地区的中国商民，经营品种有蔬菜、水果、鱼类、禽蛋肉类、

烟酒、调味品以及日用杂货，此外还兼营百货业中的绸缎、布匹、服装、化妆品、钟表等，因而既是副食品市场，也是综合性的大市场。因为经营得法，各地土特产品种类繁多，质优价廉，在很短的时间里，小岗子市场一跃成为全市独领风骚的大市场。

小岗子市场售卖关内各地的土特产品，可谓包罗万象、琳琅满目。小岗子市场不仅是西岗一带华人的大市场，其持续火热的场面也吸引了很多日本人的光顾。

1920 年小岗子市场发生了一场严重的火灾，整个市场虽被大火烧毁，却没有燃尽华商的心气，大家集资建起了临时简易板房，很快又恢复营业，市场的繁荣并没有受到影响。相反，当年的销售额居然奇迹般地超过了以往所有的年份，甚至是 1911 年的 8 倍。小岗子市场的兴旺带动了小岗子一带的民族工商业发展，起到了积极的作用。

进入 40 年代，因为日本发动了太平洋战争，大连的经济状况受到了严重影响，小岗子市场一度处于"无货可卖"的半停业状态。大连解放以后，在民主政府的一系列政策促进下，小岗子市场才慢慢恢复了往日的生机，这时的小岗子市场也改名为西岗市场。

二、露天市场

1912 年肃亲王善耆全家在日本浪人川岛浪速的帮助下，从北京逃到了旅顺口。1918 年前后，为保障肃亲王全家生活所需和"宗社党"骨干的日常开销，川岛筹划在大连市内开办一个商业市场，并把它的盈余拿出来，用来供养肃亲王家人及其党羽。

1921 年，殖民当局把西岗桥立町空地（今大连西岗区大同街与北京街之间）批给了肃亲王作为开办市场用地。共分 8 号、10 号、12 号、14 号四个地段，总面积近 4 万平方米。

新市场位于桥立町地段，被划分为四个区域。市场的四周用木板和简易砖房做围墙，上无场棚。除少数建筑物外，大部分为露天空地，小商贩设摊出售旧货，因此市场被称为露天市场或破烂市场。

· 善耆

露天市场的一区，位于桥立町 8 号靠北的地段，区内有小街小巷，中间有一条小街横贯东西，固定建筑物 22 栋。区内以中下级的饭馆、烟馆和剧场为主，是中国平民吃喝玩乐的汇集区，也是露天市场最繁华的区域。

露天市场的二区，位于桥立町 10 号中间靠北的地段，露天市场办公室设在此区，区内有固定建筑物 22 栋，医院 1 所。二区以经营废旧物品和化妆品为主，还有各种类型的赌场。因区内的当铺有很多，赌场的生意甚是兴旺。

露天市场的三区，位于桥立町 12 号中间靠南地带，固定建筑物 19 栋，

· 露天市场

大都为简易建筑物。这里主要经营旧货，商品大部分是生活必需品，价格非常便宜，品种也很多，“破烂市场”的名号由此区而来。

露天市场的四区，位于桥立町 14 号，在市场的最南端，区内除有简易木板房外，大部分是空场地。该区主营房屋修建业、空地出租和货物寄存等业务。还有些零散的店铺，主要售卖旧五金、陶器、建筑材料等杂货。四区的面积虽很大，但较其他三区的顾客要少很多。

露天市场在当时既是娱乐场所，又是生活用品的大卖场，是商业和生活的一体化区域。随着这一区域名声越来越大，市内有钱人、日本人、国外旅客及军政要员来大连或经由大连去往别处者，都要亲临市场观赏一番，露天市场成为当时来连旅游者的打卡地。

市场在运营的前几年收益还是比较可观的，除了按月拨给肃亲王府外，其余收入由川岛支配。1937 年日本发动全面侵华战争后，时局日趋紧张，到 1940 年年初，战局对日本越来越不利，川岛担心市场营业受到影响，开始准备出售露天市场，希望变现后逃回日本。1943 年，川岛急于套现，将市场的

· 露天布匹市场

· 露天市场一角

出售价格由原定的200万日元降至150万日元，当时大连华商许亿年、周子扬、刘子翱等人有意买下。为了能把这件事促成，大连华商就拉了有政治背景的大连市商会会长张本政、邵慎亭入伙，最后以张本政的名义，以125万日元的价格买下了露天市场。大连露天市场更名为乐天公司，从此市场与日本浪人、肃亲王家属再无关联。

1945年大连解放后，乐天公司照常营业。1946年大连市人民政府开始禁止烟、赌、娼，乐天公司的营业受到了影响。但因为当时日侨大量归国，他们抛售的大量旧货以及各大敌伪仓库流散出的大量物资，使得摊贩业仍然十分兴旺，故露天市场仍能对外营业。

1949年乐天公司宣布停业。桥立町改叫博爱街，露天市场也从此改叫博爱市场，但仍是一个卖旧货的市场。2004年，此地被动迁改造，露天市场也成为历史。

三、新开大街

自桥立町露天市场兴起后，此地区的人流日渐增多，进出街巷也变得拥挤不堪。到了 30 年代，小岗子人口已经占全市人口的一半以上，工商业的繁荣也不次于当时东大连（今大连中山区）的日本商业街。

小岗子的商业不断繁荣，城区内的交通状况却非常糟糕，连一条像样的柏油马路都没有，街道是用石子和石板铺成的。而东大连自开港筑路以来，山县通（今大连人民路）、大山通（今大连上海路）、浪速町（今大连天津街）、常盘桥（今大连青泥洼桥）这些日本商业街区都已经铺上了柏油马路。同在一个城市，日本殖民当局对中国人、中国区绝对是歧视的。

1928 年，西岗商会会长庞睦堂多次代表西岗商民向殖民当局申请拨地、拨款，希望在西岗的中心地段开辟一条现代化的大马路，以改善小岗子的破败形象。当时，西岗工商业向殖民当局上交的税款占了财政收入的一大半，但真让他们把钱用在中国商民的身上，简直比登天还难，中国人修建新路一事简直就是白日做梦！于是此事一拖再拖，最后被搁置了。

经过长期申请都没有回复，最终西岗商会决定向各大商号募集专款，自己花钱辟路造街。但因为西岗是殖民区，即便是华商自掏腰包，也需要得到殖民当局的批准才可以进行。修路一事又拖了两年，最后请来了大连市商会会长、亲日派大资本家张本政出面说情，最终在 1931 年日本殖民当局批准可以辟路造街。

西岗新开辟的大马路自 1931 年夏天开始动工，1933 年夏天竣工。这条新马路位于西岗最热闹的中心点，南北走向。南起长者广场（今大连人民广场）越过电车道至北岗铁路线，两旁原有商户、居民限期动迁，由商会给予适当补助。

这条街道开通后，中国人开的大商号纷纷迁入，万商云集，成为小岗子唯一的商业大街，老百姓给它起名“新开大街”。大连解放后其改名新开路，一直沿用至今。

新开大街上有最繁华的大龙街，由横的方向穿越，右侧是最热闹的露天市场，左侧是大连市有名的小岗子市场；往东是西岗街、东关街等工商业集中区；往北一带是大烟馆、妓院、赌场区域。各娱乐场所围绕在新开大街四周。随着新开大街立起电线杆，通上路灯，这条大街成为名副其实的“不夜大街”。

新开大街的热闹，一直持续到40年代初。自日本发动太平洋战争后，大连的经济受到了牵连，新开大街夜市就此消失，就连路上的行人也很少。与此同时，日本对大连的殖民统治也在走向灭亡。

如今，小岗子市场、露天市场、新开大街这三个印着老大连烙印的市场已物是人非，但仍能唤起老一辈大连人的回忆。

张　妍

德记药局——大连的中华老字号

“近代大连”的东关街展区，以景观陈列手法复原了大连的中华老字号——德记药局。它是百年老店金州康德记药房的大连分号，位于大连市西岗区日新街道东关街一带，由康家第二代传承人康德富于光绪二十六年（1900）创办。德记药局景观占地面积虽不大，却承载着近代大连中医药业辉煌的发展历史。曾经繁华一时的东关街现在虽已破旧不堪，但这些老建筑无一不是历史留给我们的最好印迹，德记药局就是其中最典型的代表。

“济世正德、康健民众”，这是康德记药房百余年来一直坚守的经营理念。正是在这一理念的支撑下，康德记药房在康家几代人的努力下，由金州南街的一家不知名的小店发展成近代大连中药业的翘楚。这里面有许多生动感人的故事。

据《大连日报》此前的采访报道，目前康德记药房的经营者是康家第五代传承人康长春。据康长春介绍，康德记药房最初创办于清咸丰二年（1852）。当时身居山东福山康家庄的康公精通医理、熟悉药性，后闯关东来到了辽南的金州城。为谋生计，他在金州城的南街买下一座面积80多平方米的临街店铺，开始给当地百姓看病拿药。康公为人忠厚善良，一直坚持“济世正德、康健民众”的行医原则，也因此，药房取名为德记号。随着德记号药房坐堂医生康公的声名远播，金州的老百姓都习惯把这药房称为康德记药房。康德记药房在康家几代人的努力下不断发展壮大。1925年，时任奉天省

· 大连小岗子街景

长的王永江曾因德记号行医济世，亲笔为其书写了一副对联——“德兼和缓活人术，记取黄农济世心”。以“德”“记”为字头，意义深远：高尚的医德兼具高超的救人之术，汲取黄帝和神农济世的救人之心；用来赞颂德记号救济大众的崇高医德，对此后人一直牢记，未曾失去初心。

德记号药房的第一代为创办期，第二代开始发展壮大，其发展主要靠售卖药材。第二代康家兄弟五人分别经营着康德记药房的老号或分号，其中老二在大连小岗子（今大连西岗区）成立了德记西栈，旧址位于今平和街；后又创建德记药房，旧址位于今西岗市场东门对面。老大康德方经营德记药局，老五康德财经营金州德记号中药房。康德记药房在第三代步入辉煌期。据1931年出版的《东北人物志》记载，康家第三代有9人经营康德记药房老号或分号，康家药房的员工达160多人，日出售中药材千斤左右，还兼做批发生意。德记号的康家成为金州古城最早的中医药世家。

德记号曾有过颇多的家传秘方，如“女界福”“生肌珍珠散”“林则徐戒

·“近代大连”展——东关街德记药局

烟方”“海参丸”“小儿牛黄太极丸”等，都是被民众交口称赞的良药。不只药好，康家祖祖辈辈传下来的家训也让德记号的历代掌门人心有德性。20 世纪的 30 年代，德记号在大连曾有过一个分号，名为德记全栈，当时可说是首屈一指的大药房。德记全栈的主人是康忠全，是康长春爷爷的亲兄弟，他曾把“女界福”卖到了新加坡、马来西亚、印度尼西亚等国。据《东北人物志》中记载，康忠全在开药房以前曾经是时任奉天省长王永江的商务秘书，后因一场战争，他辞去了秘书一职，回到大连开起了药房，并利用以前工作上的渠道，将祖传妇科良药“女界福”推销到南洋。他还请来了当时上海滩曾红极一时的电影明星阮玲玉为“女界福”做广告，并将“美女抱书图”月份牌随“女界福”一同免费赠予顾客，此举也大大提高了药品的知名度和销售量。

1941 年太平洋战争爆发后，日本的国内和其殖民统治下的大连走向战时经济体制，大连各行各业的经济日益凋敝。中药业也不例外，康德记药房及各地分号不再荣光，大多无药可卖，也因此纷纷破产。1945 年大连解放后不久，普兰店、瓦房店两家分号也相继停业关门，仅剩金州总店还在康忠国的苦心经营下勉强支撑。随着康忠国的去世，金州康德记药房由其儿子即第四代传人康洪源接手，成为昔日辉煌发展、分号遍及辽南的康德记药房唯一的单传老字号。

康德记药房160年的起起伏伏与中国近现代史的发展密不可分，其历经晚清、民国、中华人民共和国等重要历史时期且五代相传：其第一代为创办期，第二代为辉煌发展期，第三代为衰落期。20世纪50年代，社会主义改造开始，20多岁的第四代传人康洪源经过深思熟虑，带领家人将德记号的全部资产交给国家，连股息和分红也一分不留，成为一名自力更生的社会主义新人。正因如此，他担任了金县县委委员、金县青年联合会的副主任。1958年，康洪源作为大连市的县区代表，被选去北京参加全国工商界青年代表大会，并有幸见到了多位国家领导人。康洪源曾幸福地回忆说："那时，毛泽东等领袖们还与我们一起合影，六七百人站在一起，照片长达一米，我就站在了毛主席身后的第三排……"

时间又过去了30多年。1988年一次偶然的机会，康洪源母亲（当时已过世）珍藏了多年的德记号老牌匾被康家人发现。这件事引起了金州政协领导

· 德记号牌匾

的重视。在金州政协、人大领导的鼓励下，20 世纪 80 年代，康德记联合诊所在金州城的南街路东正式重新开业，书写了百年老字号发展的新篇章。

重新开业的德记号，不仅继承了百余年来祖传的经营理念，还聘请了有名望的老中医在店坐诊，对经济上有困难的患者采取赊账或减免医药费的措施，受到了广大市民的好评。20 世纪 90 年代末，康德记联合诊所还被认定为中华老字号单位。在非典时期，康家的第五代传承人康长春与其父亲康洪源商量后，煎煮了价值 2 万多元预防非典的中药，将其包装成袋，免费发放给失业者、贫困户等。在 2009 年，德记号成为省级非物质文化遗产。

这些年来，康长春依然投身于中医药文化的挖掘和整理中，将中医理论运用到临床实践当中去。康德记联合诊所秉承"济世正德、康健民众"的百年老店经营理念，在第五代传承人康长春的执着追求下，一定能够不断发扬光大。

陶　晶

东关街的钱庄

“近代大连”第五单元“多元文化的交流与融合”展厅里，复原了大连解放前东关街的一段街景，反映了大连解放前华人居住区的繁荣景象。这里店铺林立，游人如织，有绸缎庄、咖啡馆、杂货铺、典当行、钟表店、老药铺、理发馆、文具店等。一提到东关街的民族工商业，我们不得不讲讲这里的一种重要业态——钱庄。这是老大连最早的金融服务业之一，在东关街的民族工商业中占有重要地位，老大连人对此印象深刻。

一、东关街钱庄的产生

说起老大连的钱庄，还得从 1905 年日本殖民统治大连初期讲起。当时，大连市面上流通的货币种类繁多，有中国的大洋（清廷发行之龙洋、带有孙中山头像的银圆、带有袁世凯头像的银圆等）、小洋（银角，原系 10 进位，10 角等于大洋 1 元；后因各地滥造，成色降低而贬值，需 11 角、12 角方能兑换现大洋 1 元）以及铜圆；还有日本殖民当局发行的很多货币，如帝国银行的钞票、横滨正金银行的牛庄票、朝鲜银行券（又称“金票”）等。这些货币比值不一且时常变化，给商品交换及对外贸易带来诸多不便，于是银钱兑换业应运而生。1905 年，在浪速町（今大连天津街）一带出现了三四家小商号。这些小商号在柜台上摆上几个柳条筐或在店门前放上一张桌子，开始兼营货币兑换业务，这就是大连钱庄业的雏形。如华商安慈民开设的商店就兼营货币兑换业务，且营业额不断增加；又如爱岩町（今大连同兴街）的五元储蓄公司，在销售宏济彩票局发行彩票的同时，也兼营货币兑换业务。后来大连外商逐渐增多，中外货币流通量不断增大，加之内陆地区的商人携带大批现银来到大连，需要货币交换和通汇的机构，五元储蓄公司便在原先业务的基础上扩大业务范围，开始办理大连与各地的货币汇兑。

二、东关街钱庄的发展

1907 年以后，随着大连城市经济的发展，开设钱庄的华商日渐增多。这些钱庄在经营货币兑换业务的同时，不断扩大业务范围，开始收取存款、放出贷款，并兼营粮食和杂货交易等。至 1911 年，大连市有这种性质的钱庄有 10 余户，并迅速成长。至 1920 年，大连的华人钱庄发展到 51 家，在这 50 多家钱庄中，比较有名的有益发和、天和盛、厚记钱庄、东聚公、益丰顺、和顺盛、双聚福、同和钱庄等。

钱庄以吸收往来客商活动存款和居民个人存款为主，筹集来的资金又被店主高利放贷出去，从而获取高额利润。钱庄的放贷与日本人办的银行不一样，没有固定的利率，也没有长远的经营计划，往往看人办事，有信誉者用电话联系就能办成，手续极其简便。大连钱庄的业务对象主要是中国商民。当时日本人经营的正规银行的贷款利息为每千元 0.21 元，而钱庄的贷款利息则高出很多，有时超出一倍以上；有些小钱庄的放贷利息甚至高达每千元 0.6 元左右，简直就是高利贷（大连的老百姓称之为“放印子钱”）。但仍然有很多的华人商民来此贷款，其主要原因是外商经营的银行不但贷款手续繁杂，而且很多华商在种族歧视的情况下没法通过贷款审核，因此这批华商宁愿多付利息也要在华人开办的钱庄办理贷款，故而钱庄的生意一直很兴隆。

大连的钱庄最初只有华商经营，他们为了交换信息，成立了钱业公会，后于 1914 年 2 月又建立了钱业公所。所有银钱业都在钱业公所内进行，营业额度相当可观，这让日本人艳羡不已。为了捞取利益，也为了控制大连的金融市场，日本殖民当局于 1917 年 6 月 1 日成立了钱钞交易所（官办），公开

·“近代大连”东关街贤信钱庄景区复原

进行敲诈勒索、投机倒把。钱钞交易所规定：不管交易双方是赔是赚，一律收取手续费，每万元收 2.5 元。如此，买卖双方每万元借贷需向殖民当局缴纳 5 元手续费，日本人大获其利。据资料记载，钱钞交易所收取的手续费最少时每天有两三千元；最多时一天高达万元左右，简直是无本万利。

三、东关街钱庄业的繁荣

20 世纪 20 年代以后，随着大连国内贸易和国际贸易的发展，商业间的汇兑业务开始兴办。大连与上海之间的汇水业务（钱庄开始搞大连与上海之间的汇兑、套金子买卖等业务，这种业务又名“汇水”），其规模远远超过与其他各地的汇水业务。当时的上海港经常是入超，即进口货额超过出口货额，外流资金除日本不通过外汇直接调回本国外，英、美等西方国家完全依赖外汇。上海银行卖出这种外汇，需要相抵补进。而为了补进方便，上海银行便在上海买进朝鲜券汇往日本换取外汇，但上海与日本间的汇兑较之大连与日本间的汇兑麻烦太多，故而与大连钱庄业主协商，由大连钱庄汇给上海朝鲜券，上海再按照牌价付给大连钱庄相应的银子。此种经营方式，看似双方互相买卖、公平交易，但究其实质，却是日本殖民统治者以大连各钱庄为媒介，顺利回调资金，以不兑现的纸币攫取我国内地银圆硬币的一种手段。

20世纪20年代至30年代初，是大连钱庄业兴旺发达时期。至1931年，大连钱庄较具规模的有32家，其中资金30万元以上的有3家，20万元以上的有2家，10万元以上的有12家。九一八事变后，伪满洲国建立初期，日本殖民当局在大连执行比较宽松的金融政策，该时期钱庄业继续发展，至1935年，又有19户华商钱庄开业。

四、东关街钱庄业的衰落

1936年秋，日本帝国主义为了发动全面侵华战争，下令取消在大连流通的各种钞票及其他货币，并命令正金银行兑换各种钞票，中国的大小洋、银圆、铜圆等一律禁止通用。同时还将中国人手中存有的银质通货，以每一元小洋折合日本金票7角8分的比价，在三个月全部收兑，只准使用朝鲜银行券和伪满票。这一金融政策使大连的银钱业大为亏累，损失总额达数百万元。殖民当局为压制华商钱庄业的发展，强行规定钱庄数"只准减少，不得增加"，逼迫各钱庄停业破产。从此，大连的钱庄业由盛转衰，江河日下。至1944年日本投降前夕，大连的华人钱庄仅剩8家。

1945年8月15日日本投降，苏军进驻旅大，实行军管。1946年春，旅大地区受到国民党军的军事和经济封锁，工商业处于停产或半停产的凋敝状态，钱庄业并没有恢复发展。1947年夏秋以后，经过多次金融业调整，大连的工商业开始恢复，原私营钱庄业也陆续复业。原正仁、协昶、裕昌恒三家钱庄先后开始营业。1948年，又增设了永合、信孚、中大等银号和信托公司8家。至该年年底，大连私营钱庄业已发展到14家。

大连解放初期，其钱庄业以存款利率高于银行利率的优惠条件招揽生意，存款额度一度高达8亿苏军通用币。钱庄贷款虽为发展大连工商业、加速国民经济恢复起到了一定的积极作用，但由于钱庄贷款不分对象、不问用途、有借就贷，一定程度上也助长了部分商人的投机倒把行为，扰乱了大连市场。

1949 年中华人民共和国成立后，大连金融业完全由国家银行掌握，存在于大连市达 40 多年之久的私营钱庄退出了历史舞台。

腾超男

华春照相馆——大连街头的第一家华人照相馆

“近代大连”东关街场景复原展区里，有一座创办于1908年的老照相馆，这是大连街头华人创办的第一家照相馆，承载着日本殖民统治时期大连民族工商业发展的荣耀，见证了大连最大的华人居住区东关街的荣辱兴衰。

一、华春照相馆选址

大连人没有不知道东关街的，但很少有人真正了解东关街。大连的近代历史是伴随着俄国、日本两个帝国主义的入侵而开始的。1899年8月11日，俄国沙皇下达敕谕宣布成立达里尼市，修建自由港，由著名的筑港工程师萨哈洛夫为市长，开始筑港建市。萨哈洛夫便以法国首都巴黎为样板，要在东亚的一角实施“星光四射”的广场城建计划，市中心设在尼古拉斯卡娅广场（今大连中山广场）。“达里尼”含有遥远的地方、远方的港口的意思。从黑嘴子到海港向南逐步扩展，建成一些街区，冠上与俄国相关的称谓，如欧罗巴区、阿列基耶夫路等。1904年5月，日本侵占达里尼市（后改称大连），对大连城市规划与建设的定位仍然以俄国的城市规划方案为主，但是更改了俄国侵占时期命名的街区，改为日本惯用的带“町”字的街区名，如藤井少佐横町、八幡町等。1905年4月，日本占领者公布了一个《大连专管地区设定规则》（第13号令），将大连城区划分为军用地区、日本人居住区、中国人居住区，延续了俄国侵占时期种族隔离、民族歧视的城市规划思想。中国人的居住区有一部分在西岗区、沙河口区一带，皆冠以“街”名，与“町”名有所区别，如东关街、不老街等。东关街老城区东起英华街、西止繁荣街、南为宏济街、北为鞍山路，中间为长江路，合围区的面积约 7.6 万平方米。这里是当时中国人居住区的一部分，日本的房屋设计师设计出了一种集合式院落的中国房。传统的中国文化与西方文化相结合，使这里有了中西合璧的建筑风格。建成于日本殖民统治时期的东关街成为当时大连最大的中国人聚居区，东关街之名始于日本侵占时期，在大连解放后沿用至今。今天大连人所说的东关街，常常泛指今东关市场至西岗市场一带。20 世纪二三十年代，这里曾是大连最繁华的商业街，这片街区见证了大连民族工商业从无到有、从兴至衰的历程，其中最值得一说的就包含了华春照相馆。

华春照相馆位于今西岗街 31 — 33 号，现今走到东关街街头就能找到位于大龙街与西岗街交会处贴着白色瓷砖的三层小洋楼，经考证这里就是华春照相馆的旧址。据居住在此的老人说，与三层小洋楼相连的二层红砖建筑为当时华春照相馆邱老板家的住宅，工作地点与居住地在一起。这座联排的建筑，说明当时邱老板所创建的华春照相馆生意红火，否则也不能拥有如此雄厚的实力，购置这么一大片产业。

二、华春照相馆拉开了大连照相业的序幕

1906 年，金州人邱玉阶不甘心大连的照相业为日商所独霸，决心自己开个照相馆。在当时那个年代摄影还不普及，有关摄影方面的资料少得可怜，要想掌握一套与摄影有关的拍摄和暗房技术非常不容易。为了学习摄影，经人介绍，他以现大洋 200 元（银圆）作为酬金，拜当时大连地区摄影技术最高的张某为师。在师傅的悉习传授下，他专心学艺，在半年的时间里，就掌握了摄影的理论和技术。为了进一步通过实践来提高自己的摄影技术水平，又经人介绍到东大连（今大连中山区一带）的土田写真馆（今新新照相馆的前身）当助手，苦心学习两年。为了掌握摄影本领，他千方百计寻找学习机会，以掌握摄影技巧；一点点学，在点滴中积累经验，不知道有多少个日夜

在暗室里钻研摸索，投身到心爱的摄影事业中。

1908年小岗子已是大连地区华商的集聚中心，邱玉阶选定了其中最繁华的地段——平和街六番地（今大连西岗街31－33号）开办了大连第一家华人照相馆，取名华春照相馆，寓意“华人的春天来临了”。

当时社会观念保守，守旧分子比比皆是。特别是老年人，对于新生事物难以接受。他们认为照相会把人的魂魄勾去，有损人的寿命等，故而在心理和行为上都很排斥。此时照相馆对民众的影响还仅仅停留在勾起人们的好奇心上，并没有像其他百年行业那样红红火火。在这种情况下，来照相馆照相的人寥寥无几，主要以好奇心特别强、思想观念超前的青年男女为主。为招揽生意、破除人们的旧观念，华春照相馆在门口的大橱窗内陈列着当时著名京剧演员王芸芳，电影明星周曼华、李丽华、顾兰君、周璇，滑稽演员韩兰根、殷秀岑、关宏达等人放大的照片，以吸引过往行人的注意。而当这么美的照片在人们眼前呈现时，大连老百姓对照相的旧观念也逐渐改变，开始纷纷尝试着在这里留下青春的记忆，或给牵挂的人送上一张自己的照片，或收藏一张自己亲人的照片——照相渐渐成为一种时尚。不得不说的是，妓女也为华春照相馆的照相业务推广做出了贡献。当时东关街一带店铺林立，烟馆、酒馆、药铺、书局、澡堂、钱庄、杂货铺、油坊等林林总总，大量的华人商民在这里

· 华春照相馆

繁衍生息，这就为妓院的发展创造了条件。据资料记载，东关街一带妓院数量很大，不但有中国人妓院，还有日本人妓院、朝鲜人妓院，且妓院根据条件的不同还分出了三六九等。这些妓院里的妓女为招揽生意，酬谢嫖客并加深与嫖客的“感情”，都争相去华春照相馆拍摄照片，并把这些照片作为“相思”纪念品赠送“知己”。此风一开，北京街、沈阳路等处的妓女也纷纷效仿，也都前来华春照相馆留下靓丽的身影。华春照相馆因妓女照相的推动而生意渐火。为抓住这一商机，邱老板适时更换了店面的橱窗，把那些姿色姣好的妓女照片着色放大，悬挂于橱窗之内，并常常加以更换，还冠以“本市名媛闺秀玉照”的美名，这不是为了宣传妓女的知名度，纯粹是借美女的吸引力来扩大华春照相馆的社会影响。

三、大连照相业的竞争与发展

日本殖民统治下的大连照相业，和其他民族工商业的处境一样，深受殖民者的民族歧视和政策压迫。为寻求发展，华春照相馆想尽一切办法和日本人开设的照相馆展开竞争，如不断提高照相技术、降低照相价格、改进照相布景等，使得华春照相馆拍摄的照片民族风格浓郁，迎合了同胞的审美需求，深得华人的喜爱与欢迎。华春照相馆在邱老板的钻研努力下生意越来越红火，一度出现顾客盈门、排长队叫号照相的现象，这在西岗其他各业中很少见。大连博物馆藏有华春照相馆拍摄的照片，从中可以清晰地看到上面印有当年照相馆的地址和电话，还有华春照相馆的图章。以此照片推断，当时的华春照相馆已安装了电话，足见其业务的繁忙。

· 华春照相馆的地址和电话

华春照相馆的繁荣给日商开设的照相馆带来了危机。为了打败华春照相馆，日商千方百计从国外购来新的设备，学习西方先进的照相技术。邱玉阶也意识到了这一点，他把儿子邱凤仪送到日本东京东洋写真学校学习摄影技术。邱凤仪没有辜负父亲的期望，在异国他乡刻苦

· 华春照相馆图章

深造。学成回国后，他接替父亲，以新的理念主持店务，并不断扩大规模，华春照相馆的生意更加红火。

1931 年九一八事变后，日本帝国主义靠对中国东北的侵略和掠夺，刺激了国内的生产，使经济危机从 1931 年起有了转机，并加紧了扩军备战。大连地区经济在这样的历史背景下，虽受到世界经济危机的影响，但总的趋势还是不断向前发展的，大连华人工商业也得到了进一步发展。1932 年，华人出资开辟的新开大街建成，形成华商聚居的商业大街。大街两侧，大商店鳞次栉比，生意兴隆。为了便于华人商贩和居民夜间购物，西岗商会又开设了新开大街夜市。原有的露天市场、小岗子市场，在 20 世纪 30 年代固定店铺逐年增加，各类摊贩有增无减，也达到了其鼎盛时期。西岗地区工商业迎来了新的发展和繁荣，在此地的照相业也走进了黄金时代。这个行业本轻利重，属于消费性的服务行业，对社会整个经济没有多大影响，与其他行业比较，能相对稳定。所以一般家长都愿意把子女送到照相馆学艺，希望学成后自立门户开店营业；而华春照相馆技艺、威信高，照相设备全，其学徒便逐渐增多，培养出了新年轻一代的摄影技术人才。特别是摄影艺术由日光发展到灯光技术时，这在当时也只有华春照相馆能担负起这项技术的传授。到 1945 年日本投降前夕，华春照相馆培养出来的摄影专业人才就多达 50 余人。此后，这些人在东关街开了很多家的照相馆，比如平和街上的永春照相馆、西岗街与庆胜街交会处的物华照相馆、长江路上的岐山照相馆等，各家照相馆如雨后春笋般纷纷拔地而起，大连街头的照相馆开始竞相开放。西岗以至全市开设的照相馆，大部分由这些人合股开设。还有少数人到东北和关内各地发展照相业。

1941 年 12 月，太平洋战争爆发后，日本帝国主义者为了维持其侵略战争的需要，实行战时经济体制，使大连经济百业凋零，经济恶化。1941 年 7 月颁布"七二五"物价冻结令，制定照相业收费标准，华春照相馆有一次收费超过了"限令"，殖民当局就据此定其"故意违法物价罪"处以巨额罚款。从此，华春照相馆开始没落。大连解放后，华春照相馆复苏。据《西岗史话》

记述，1956 年公私合营时，全市照相业清产核资股金总额为 11.12 万元，而西岗华春照相馆一家就占了 4 万多元，为西岗的工商业发展做出了重大贡献。

西岗照相业的繁荣，反映了殖民时期西岗民族工商业的兴盛，平民百姓对摄影也有了新的认识，人们对照相艺术的欣赏水平和需求在不断提高。华春照相馆为西岗、大连以至东北的照相业发展做出了重大贡献。在和日商的竞争中，打破了日商对大连照相业的垄断，是各行各业中与日商较量的民族企业不可缺少的一部分。

斗转星移，大连街头再也找不到昔日繁华的华春照相馆，但照相业却一直伴随着人们的生活。从干板、大木架子到数码相机，从顾客规规矩矩坐着，看摄影师手中的“皮球”在手里捏一下才笑一下，到现在随时可以看着手中

· 华春照相馆拍摄的老照片

握着的轻便可美颜照相的手机来自拍，人们的思想观念一天天转变着，居住在城市或乡村里的人们，都用手中的相机记录着生活中的点点滴滴，从点滴中捕捉着时代的变迁，留下美好的回忆。时间的车轮推动着历史前进的脚步。当一件新奇的事物出现在大家的视野之中，从陌生到熟悉，从熟悉到习惯，走走停停间改变了人的思想观念。起起伏伏的照相业折射出大连的屈侮与抗争，这座城市的历史变迁值得人们静下心来去认真感受，回忆以前的美好与衰败，感受现在的浪漫与奋进。改变不重要，重要的是用光影所留下的那些记忆，让心绪变得平静而温暖。

武艳飞

日本殖民统治时期的文化

日本殖民统治时期的大连老报纸

“近代大连”第五单元“多元文化的交流与融合”展柜中陈列有多份大连解放前本地的老报纸，如日文版的《满洲日日新闻》《满洲日报》《满洲报》《满洲商业新报》《大连新闻》《大连时报》及三份中文报纸《泰东日报》《满洲报》《关东报》。这些老报纸均在日本殖民统治大连时期创办，受日本殖民当局的新闻管控，当时出现了许多歪曲事实的报道，资料价值需要甄别，但这些老报纸也从另一个侧面揭示了大连报业的发展史，文物价值非常重要。据大连博物馆藏品档案记载，该批报纸征集于大连新闻界资深高级编辑和集报家张挺先生。这是他多年来积攒的珍贵“家底”，也是他开展大连百年报业史研究的珍贵资料。

据张挺先生的研究，大连的第一份报纸在俄国殖民统治旅大时期创办，为 1899 年 8 月俄国太平洋舰队军人所办的《新边疆报》，有俄文、中文两个版本，距今已有 120 多年的历史，也是东北地区的第一份报纸。这份报纸创办后，受编辑、印刷条件的限制，并没有大量发行，每期只印刷 500 份左右，且又因办报时间较短（日俄战争爆发后停办），故而大连的老百姓并没有太深印象。就是因为发行量少且时间久远的关系，《新边疆报》至今也没有发现一份遗存，这不能不说是一个很大的遗憾。

日俄战争后，战胜国日本取代了俄国，对旅大地区开始了长达 40 年的殖民统治。40 年来，为了宣传殖民主义思想，奴化大连人民，为了服务殖民统治的政治、经济、文化和社会政策，日本殖民当局管控下的大连先后创办了近50种报纸，这些报纸必须经过殖民统治者设立的关东局出版物检阅事务所的严格审查才能发行，因而带有深刻的殖民主义文化烙印。

日本殖民统治者在大连创办的第一份报纸叫《辽东新报》，由辽东守备军司令部批准，日本人末永纯一郎于1905年10月25日创办，为日文报纸，面向日本人发行。创刊当时，报纸为对开4版隔日刊，后改为对开4版日文、对开2版中文日报。《辽东新报》是日本殖民统治旅大初期，军政合一的统治机关关东总督府公开认可的御用报，因而报纸发行者“荣耀”地宣称，该报是关东总督府的“唯一机关报”，是“满洲舆论界的一个先驱”等。

《辽东新报》的创办，带动了日本人的办报热情，在随后的40年时间里，各有侧重的日文、中文报纸纷纷创办，按时间顺序，约略如下：

1. 日文版《关东总督府府报》于1906年初创办，为日本在大连的最高殖民统治机关关东总督府主办，是不定期出版的官报，随《辽东新报》公开发行。其主要内容为刊发关东总督府发布的命令、告示、规则和官员任免的信息等。1919年4月12日，日本政府废除关东总督官制，改关东总督为关东厅长官（同时将关东总督辖下的陆军部改为关东军），《关东总督府府报》遂改为《关东厅厅报》。九一八事变后，日本政府又在1934年12月26日宣布废除大连的关东厅，而改名为关东州厅，受关东局统辖，《关东厅厅报》又改名为《关东局局报》。

2. 日文版《满洲日日新闻》报于1907年11月3日创刊。满铁对这家报社拥有大半股份，因而该报纸被划归为“满铁系”。创刊初期，日刊（日报）对开4版、夕刊（晚报）对开4版。因报社得到满铁的财力支持，设

遼東新報
通信版
州内めぐり
關東州の鹽に就て
御銀婚奉祝に賑つた
公會堂請負決定
線路内に飛込む

· 日文版《辽东新报》

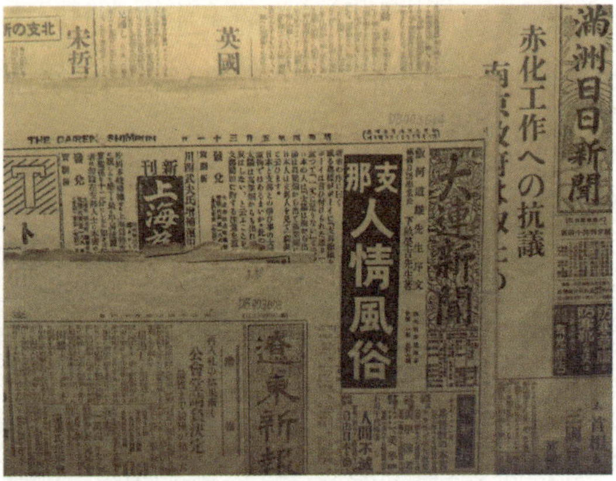

· 日文版《大连新闻》《满洲日日新闻》

备完善、资金雄厚，仅高速轮转印刷机就有 4 台。该报是日本帝国主义推行侵略政策、侵略思想的重要工具，不但反动色彩明显，而且影响极其广泛，鼎盛时期每天出版的报纸版面甚至高达对开 14 版。1940 年，在大连出版发行的《满洲日日新闻》改为《大连日日新闻》。

3. 中文版《泰东日报》。1908 年 11 月 3 日，大连华商公议会出资买断了《辽东新报》的中文版，改名为《泰东日报》，这是日本殖民统治旅大时期创办最早、办报时间最长的一份中文报纸，被称为大连地区中文报纸的鼻祖。首任社长为刘肇亿，以后都为日本人，有金子平吉、阿部真言、高柳保太郎、井口陆造等。在金子平吉任社长期间，由于其观念开明，曾聘任同盟会会员、爱国知识分子傅立鱼为编辑长，报纸一度十分进步，报道了许多反帝反封建的内容，宣传了革命进步思想，但很快被殖民统治者镇压，傅立鱼也被驱逐出大连。

· 中文版《泰东日报》

4. 日文版《大连民政署署报》。1908 年 11 月 10 日，关东总督府修改官制，决定在大连、旅顺设立民政署，在金州设民政支署。同月，由大连民政署创办《大连民政署署报》（日文，同时译成中文），每周出版一期，八开四版，发布大连民政署命令、告示、规则等内容，随《满洲日日新闻》报发行。

5. 日文版《大连商工会议所所报》。创刊于1915年8月15日，由大连商工会议所主办，每月1日、15日出版，为工业、商业行业性报纸。

6. 日文版《大连商业会议所所报》。创刊于1915年9月，由大连商业会议所主办，8开20版，月报。主要刊载大连商业会议所录事、全国联会记事、财界概况、经济统计和贸易等方面内容，是一种行业性报纸。

7. 日文版《大连经济日报》。1917年12月4日创刊，日报，每期对开4版到8版，节假日增至20版左右。《大连经济日报》以经济新闻为主要报道内容，包括工厂企业、金融贸易、商业服务等，是一种行业报纸。

8. 日文版《大连新闻》。创刊于1920年5月5日，由小泽太兵卫等人集资办成的股份制报纸。《大连新闻》出版日刊（日报）、夕刊（晚报），都为对开4版，后增为12版。《大连新闻》以市政报道为主要内容，创刊时，大连已有《辽东新报》《满洲日日新闻》两大日文报纸，为增加竞争、拓展市场，该报不惜重金聘请日本名家松井柏轩为主笔，同时还提出了“代表中间、不偏不倚、力主公平”的办报原则，似乎为时代的进步报刊，可从其实际刊出的内容来看，仍然是殖民统治者的御用媒体，为日本的殖民统治政策服务。

9. 日文版《大连株式商品日报》。创刊于1920年5月，由大连株式商品取引所主办，日报，每期8开4版。编辑为藤田寿夫，印刷者为末木仪太郎，发行者为澄川友敬，是一种行业性报纸。

10. 中文版《关东报》。创刊于1920年9月1日。社长为前日本海军政务次长永田善三郎，编辑为王子衡。这份中文报纸开始为对开6

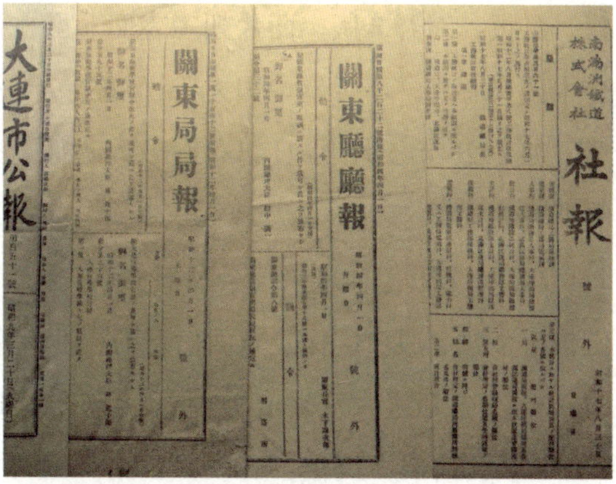

· 行业性报纸——《南满洲铁道株式会社社报》《关东厅厅报》《关东局局报》《大连市公报》

版日报，后逐步增加为12版。20世纪20年代，大连出现股票市场，《关东报》以所谓“银本位派”刊登股票标准价格行情，许多粮商因此获利颇丰，报纸身价迅速抬高。后来，银本位价格低落，报纸身价又迅速跌落，进入“不甚兴旺时期”。中文版《关东报》相对其他日文报纸而言，有一定的进步性，如及时报道大连中华工学会倡导发起的声援五卅惨案事件、福纺大罢工等，且有时站在工人的立场之上，如《关东报》在1926年4月30日的报道中写道：“此次罢工（即福纺大罢工）表面上是食宿问题，其实则不然，闻系内部专横，已至极点，其专务取缔役角野久造，视工人为草芥，故皆恨入骨髓，结果如斯爆发……”九一八事变后，《关东报》的政治立场发生大转变，开始追随日本殖民统治者。

11. 日文版《满洲商业新报》。创刊于1921年4月15日，日报，4开4版。编辑为长谷川良之助，印刷者为长阁源次兵卫，发行者为山口忠三。《满洲商业新报》主要报道商业、金融业，是一种行业性的报纸，迎合了近代大连商业、金融业的发展需要。

12. 日文版《极东周刊》。创刊于1922年6月12日，由极东周报社主办，是一份纪实性新闻周报。《极东周刊》4开8版，双色彩印，图文并茂，主要面向中青年读者。

13. 中文版《满洲报》。创刊于1922年7月24日，由日本人西片朝三经营，日报，对开8版。西片朝三表面上虽主张“《满洲报》是中文报纸，要迎合中国人心理，不得骂中国人”，但实际上该报仍坚持日本帝国主义的侵略立场。如1926年5月31日纪念五卅运动时，报纸的评论文章多次出现“赤化”等诋毁性词语。

14. 日文版《泰东兴信公所日报》。创刊于1924年2月，4开4版，是一份报道金融、股市、保险方面信息的行业性报纸。

15. 日文版《大众兴信所内报》。创刊于1925年5月，由大众兴信所主办，8开4版，前期为周报，后改为日报。编辑为清水宽一，印刷者为小泽征四郎，发行者为大町登佐。

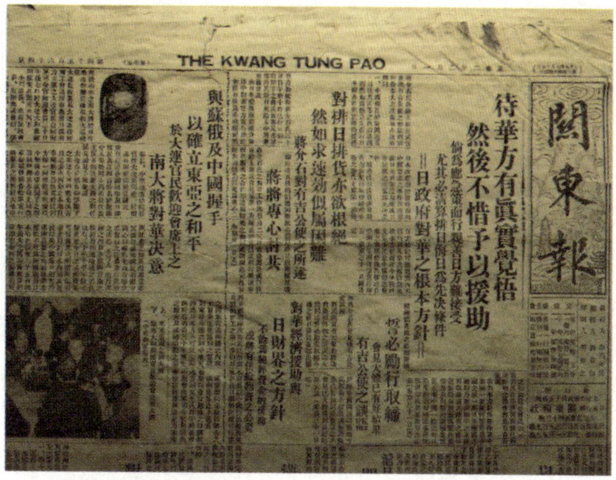
關東報
THE KWANG TUNG PAO
待華方有眞實覺悟 然後不惜予以援助
——日政府對華之根本方針——
對排日排貨亦欲根絕 然如求速効似屬困難
蔣專心討共
對華經濟援助與日財界之方針
與蘇俄及中國握手 以確立東亞之和平
南大將對華決意

· 中文版《关东报》

16. 日文版《辽东时报》。创刊于 1925 年 8 月，日报，对开 4 版。

17. 日文版《大连市公报》。创刊于 1926 年 4 月 1 日，是由大连市役所（即大连市政府）主办的官报。8 开版，版数不定，每月 1 日、10 日、20 日出版，随《满洲日日新闻》发行，内容为公布大连市役所的命令、规则、告示等官方信息。

18. 日文版《满洲日报》。1927 年 11 月，《辽东新报》被南满洲铁道株式会社收购，同《满洲日日新闻》合并，改名为《满洲日报》，成为关东厅和南满洲铁道株式会社直接操纵的机关报。《满洲日报》每天出对开 12 版新闻，其中日刊（日报）8 版、夕刊（晚报）4 版。《满洲日报》第一至第三版，主要刊登世界、东亚和本市要闻，第四版设有《满洲日报地方版》，主要报道东北各地新闻，还有其他一些专版、副刊及广告版。

19. 日文版《大连海事日报》。创刊于 1928 年 8 月 20 日，日报，每期 4 开 4 版。编辑为浦岛英一，印刷者为竹下要，发行者为古名藤四郎。《大连海事日报》是报道港口、贸易和海运方面内容的行业性报纸。

20. 日文版《书香》。创刊于 1929 年 6 月，是满铁各图书馆的月报，每月 10 日出版。

21. 日文版《大连时报》。创刊于 1930 年 6 月 1 日，8 开版，每期 30 版左右，是时事政治理论性半月刊。

22. 日文版《国际帝国兴信日报》。创刊于 1932 年 6 月 9 日，由大连国际兴信所主办。编辑为小出喜一，印刷者为儿山定五郎，发行者为高桥德夫，为金融方面的行业性报纸。

23. 日文版《小学生新闻》。20 世纪 30 年代，为了推行殖民教育、奴化教育，大连几家主要报纸如《满洲日报》《大连新闻》《泰东日报》等都先后办起了小学生报纸，作为附录随主报一同发行。如《大连新闻》主办的《小学生新闻》为 4 开 4 版，每日随日刊一同发行。

24. 中文版《新亚报》。创刊于 1939 年 4 月，由泰东日报社主办,4 开 4 版，是一份面向普通市民的小报，宣传日本的大东亚政策以及日满亲善、共存共荣等皇国思想，实为日本殖民统治的服务工具。

25. 日文版《南满洲铁道株式会社社报》。创刊于 1939 年 11 月，由满铁会社主办，为日刊（日报）,8 开版，版面数目不定，分为《社会》《示达》《通达》《辞令》等栏目。

26. 日文版《满洲兴信经济日报》。创刊于 1941 年 6 月 25 日，由满洲兴信所主办，对开 4 版，日报，是一种行业性报纸。

27. 日文版《大陆商工新闻》。创刊于 1941 年 12 月 25 日,4 开 4 版，日报，是一份以报道工商业信息为主的行业性报纸。1943 年 12 月 1 日,《大陆商工新闻》改名为《大陆经济新闻》，仍为 4 开 4 版，由大连日日新闻社发行所发行。

28. 日文版《邮海》。创刊于 1944 年 6 月，是由大连日华邮票研究会主办的一份集邮报，8 开 8 版，不定期出版，是一份行业性小报。

…………

总之，日俄殖民统治时期的报纸，大多由殖民者创办，其创办目的都是为了宣传殖民思想、殖民政策，服务殖民统治、殖民经济，因而具有极大的欺骗性、愚弄性。即便少数的报纸，如《泰东日报》《关东报》等一度曾经进步过，但在殖民者的严格新闻管控、严厉政治打压下最终还是走向平庸，成为殖民统治者的喉舌与服务工具。日俄殖民统治时期创办的报纸与其建立的殖民体系一样，随着日本的战败投降而轰然倒塌。报社解体、报纸停办，取而代之的是新生民主政权与人民团体创办的《新生时报》《人民呼声》《大众报》《职工报》《农民报》等新报纸。

在谈及日本殖民统治时期的报纸时，我们还不能忘记在中国共产党领导下，抗日组织创办的油印小报。中国共产党自 1921 年成立后，就十分重视大连的工农运动。自 1923 年共产党员李震瀛、陈为人来到大连开展工作以来，就从未间断反抗斗争。这个时期，南满地区办过不少油印的抗日报刊，如《南满抗日联合报》等。大连的地下党组织和工会为揭露殖民者的反动本质，宣传党的政策思想，发动工人运动等，也创办了许多油印小报，如《大连人民》《大连工人》《曙光》《店员之声》等。这些红色小报虽在殖民统治的压迫之下艰难发展，却如航海明灯，为大连人民指明了方向，照亮了前程。

于孝东

《泰东日报》往事点滴

"近代大连"第五单元"多元文化的交流与融合"展区里，陈列有《泰东日报》老报纸。这份报纸是日本殖民统治大连时期创办的第一份中文报纸，也是近代大连办报时间最长的老报纸之一。更重要的是，《泰东日报》在金子平吉任社长、傅立鱼任编辑期间，一度非常积极，是近代大连罕见的进步报刊，因而可以说弥足珍贵，具有重要的文物价值。

日本在大连创办报纸，始于日本殖民统治大连初期。日俄战争结束后，日本按照与俄国签订的《朴次茅斯和约》，继承了俄国在旅大地区的殖民权益。为迅速推行日本的殖民政策、殖民文化，殖民统治者在大连地区开始创办报纸。1905 年 10 月 25 日，第一份日文报纸《辽东新报》诞生。《辽东新报》在其发刊词中厚颜无耻地宣称："战争已经结束，和平的舞台已拉开帷幕。以同胞（指日军）之鲜血换来的辽东半岛大地，再也不能让它回到故主（俄国）的手里。"公然露骨地喊出日本将辽东半岛攫为己有的心声。日文版《辽东新报》发行后不久，其中文版也随之印行。1908 年 11 月 3 日，大连华商公议会在会长刘肇亿等人的主张下出资买断了《辽东新报》的中文版，改名为《泰东日报》，这成为日本殖民统治时期华人主办的第一份中文报纸。

大连华商公议会会长刘肇亿、副会长郭学纯等人之所以主张创办华人报纸，其原因是"为华商开展业务、了解市场行情、传达中国信息"提供一个媒体平台。报社的最初地址设在大连南山，后来迁至奥町 85 号（今大连民生街），最后搬到了飞弹町 67 号（今大连新生街 62 号）。《泰东日报》的首任董事会会长、报社社长由刘肇亿兼任。

刘肇亿（1851—1936），字子衡，又名恒源、兆伊，山东登州人。刘肇亿自幼习商，因其聪慧能干，很快在商界崭露头角。1878 年，刘肇亿被推举为芝罘市（今山东烟台芝罘区）商会议董，在烟台工商界声望显赫。1898 年，为扩展事业，刘肇亿渡海来到旅顺，在旅顺开设了一家瑞祥木行。在旅顺期间，刘肇亿结识了工商界头面人物纪凤台，并在他的帮助下不断拓展业务，成为旅顺有名的商户。1900 年，大连开始建港立市，刘肇亿抓住时机，在山东、河北、河南一带大量招募劳工，参与大连港城建设，劳工人数有时高达 10 万多人，这为他带来了滚滚财源，刘肇亿成为俄国租借旅大时期有名的华人富豪，据说在大连八大华人富豪中排名第二。1900 年前后，俄国殖民当局

·《泰东日报》社址

泰東日報

·《泰东日报》

责令华商巨富们筹建商民自治自卫的群团组织，取名洼口公议会（大连最早的民间商会），刘肇亿因其地位显赫、声名远扬而当选公议会的协理（即副会长）。随着时间的推移，公议会的权力越来越大，已不再是单纯的商民自治组织，而开始代行地方行政管理事务，继而演变为俄国殖民统治的组成机构，刘肇亿因在公议会中的重要地位而成为大连华人的风云人物。

日俄战争结束后，日本取代俄国成为大连新的殖民统治者，洼口公议会改名为大连公议会，刘肇亿被大连华人推举为首任总理（会长）。但日本殖民当局并不满意刘肇亿的当选，最后编造了一个“通俄罪”的罪名将其逮捕，这极大震惊了全市华人工商界。为营救刘肇亿，全市商民一致向殖民当局陈情保释，殖民当局为免引起哗变，不得不释放刘肇亿。在全市商民的拥戴下，刘肇亿继续担任大连公议会总理，并在总理的位置上为大连的华人尽心竭力：如 1908 年，刘肇亿利用发行彩票的方式获取的利润，在东关街一带创办大连宏济善堂慈善机构，面向华人抚恤孤寡、扶贫济困；在东关街华人聚集区创办了一家较具规模的宏济医院，为看不起病的贫民免费施诊、免费送药；在东关街开设永善茶园产业，为其慈善事业的开展筹集资金等。刘肇亿还经常为商民排忧解难，如代表商民与殖民当局议定税率，以减轻商民苛捐杂税的负担；出资创办西岗公学堂，解决华人子女无书可读的教育问题；在他的家乡捐资助学，建立彭城国民小学等。与此同时，刘肇亿还看到了报纸的重要作用，决意在日本殖民统治下的大连创办一份中文报纸。最后几经努力，以华商筹集的 20 万元资金买断了日本人创办的《辽东新报》中文版，于 1908 年 11 月 3 日创办了《泰东日报》。

《泰东日报》创办初期，报社的股东、理事、社长及各部门长等都由中国人担任。刘肇亿深知殖民统治下华人办报将面临的困难，为更好地与殖民当局打交道，他煞费苦心，聘请了《辽东新报》中文专栏编辑、日本友人金子平吉为副社长，但仍然没有走出华人办报的困境。最后，刘肇亿与郭学纯等不得不将报纸的全部股份转让给副社长金子平吉，并由他出任报社的新社长。

金子平吉是牧野平左卫门之子，因过继给金子氏为嗣而改名金子平吉。他从小就喜欢读中国经史，17 岁开始赴东京双柱精舍埋头苦研中国儒学，并得到中国著名的儒学家王治本的悉心教诲，因而汉学造诣很深。

1894 年中日甲午战争爆发后，金子平吉因精通汉语而被征为随军翻译，战后奔赴台湾，供职于台湾总督府，为民政长官后藤新平的翻译官。数年之后，金子平吉辞职归国，在东京创办振东学会，开始讲授中国文史。其间，他广交日本在野志士和文人墨客，渐渐滋生了不屑为官的平民意识和反抗权威的社会心理，也形成了匡时济世、豪荡不羁的“国士风格”。

1904 年，日俄战争爆发，金子平吉再度被征为随军翻译。1905 年，当日本外务省安排金子平吉进驻北京专事情报工作时，他称病婉拒。不久后，他以日籍百姓的身份定居大连，并在大连开办了振东学社。办学之余，金子平吉与友人末永纯一郎共同创办了大连的第一家日文报纸《辽东新报》，在《辽东新报》发行中文版后亲自担任中文栏目编辑。金子平吉为人正直，对中国人民也有一定的情义，因此，当刘肇亿代表大连华商公议会邀请其参与筹办中文报纸时，他被大连华商跨越国籍的信任、诚意和博大胸襟所感动，一口应允下来，并出任报社的副社长兼编辑长。正是在金子平吉的主持下，当时中国人不敢讲、不能讲的事情，均能报道出来。金子平吉主持的《泰东日报》立论公允，充满儒学的“仁政”“忠恕”，因而颇受中国民众的欢迎，报纸发行量迅速增加，这也在一定程度上遭到了日本殖民当局的敌视和责难。

《泰东日报》创办之初，印刷设备有轮转机 1 台、平盘 2 台，使用 9 磅活铅字。报纸为对开 2 版，后扩展为 4 版，1909 年增为 6 版，1911 年增为 8 版，节日还有增刊。主要刊登国内外新闻、市场引情、金融动态等，为华商开展

· 金子平吉于 1925 年 7 月于大连光明台（今大连胜利路）留影

业务提供了有益参考。1913 年至 1928 年 7 月，金子平吉聘请傅立鱼出任报社主编。在傅立鱼的主持下，该时期报纸更加积极进步，发表了一些有利于中国人的言论，宣传了新文化、新思想，报道了大连人民的爱国活动等。这些报道内容客观上起到了伸张正义、维护弱小的作用。因此有研究者评价该时期的《泰东日报》时说："(《泰东日报》) 成为辽东租借地时期大连本土的爱国爱乡、广纳创新、自强不息、勇立潮头的城市精神同日本妄图以殖民文化关住大连城市精神博弈的缩影。"但这里值得注意的是，该时期的《泰东日报》虽有时代的进步性，但也不能过于"拔高"，其对日本殖民当局的"抨击""攻讦"仍以不触动日本大陆政策的根本利益为前提，其报道的初衷还是为了缓和殖民地人民与殖民者之间的矛盾，也唯有如此，《泰东日报》才能生存下去。

1913 年 8 月，金子平吉收到一件署名为"笠渔"的来稿，文章立论新颖，笔锋犀利，为针砭时弊之精品。"笠渔"被金子平吉视为奇才，遂托付友人从中牵线邀其见面，才知作者就是傅立鱼。傅立鱼在后来的记述中也曾提到，经"仓谷箕藏之介绍，往访金子于《泰东日报》之二阶"。

傅立鱼（1882—1945），字新德，号西河，安徽英山人。1899 年考取秀才，1900 年于安徽大学堂肄业，以官费赴日本留学，在明治大学学习法律。留学日本期间，傅立鱼结识了孙中山、黄兴、汪精卫、张继、邵力子、陈独秀等人，接受了资产阶级民主革命思想的影响，并加入孙中山创立的同盟会。武昌起义后，傅立鱼参加安徽、江苏等地的军事行动。中华民国临时政府成立时，傅立鱼出任外交部参事。后来，因不满袁世凯的独裁专制而弃官赴天津，

· 傅立鱼

并在天津创办了《新春秋报》，刊登反对袁世凯的文章。因屡屡发表讨袁言论，傅立鱼本人曾遭到袁世凯政府的通缉。1912 年 8 月，为躲避袁世凯手下特务的追捕，最终逃亡大连。

金子平吉与傅立鱼见面后，了解了傅立鱼曾有留学日本的经历，见其不仅日语流利，而且学识渊博、才华横溢，且富有办报的经验，因而对他极为赏识，遂邀请傅立鱼加盟《泰东日报》，出任编辑长一职。傅立鱼当时虽有穷途知遇之感，但因大连为租借地，环境特殊，且报社又为日本人主宰，心想立论必定艰难，所以顾虑重重。金子平吉看出了傅立鱼的心思，一再向傅立鱼保证言论的自由。最后傅立鱼向金子平吉提出了三条要求：1.《泰东日报》系中文报章，读者面向中国人，因此办报者只能站在中国人的立场上发声；2. 遇有中日两国争端及民间纠纷，是非曲直均服从真理正义，平等对待；3. 待一有讨伐袁世凯的机会，报社须按傅立鱼的意愿，做到立即放行。金子平吉全盘接受了傅立鱼提出的三个条件，并表示："正义者吾人之生命也，亦吾报之生命也，望君善体此意。"傅立鱼在金子平吉的盛情邀请和诚意感召下，最终加入《泰东日报》。

傅立鱼到《泰东日报》就职后，利用金子平吉对他的信任和殖民当局所标榜的"言论自由"，团结报社内的爱国知识分子，以《泰东日报》为阵地，发表了许多反帝爱国的文章，从而使该时期的《泰东日报》呈现出一定程度的进步色彩。

1915 年 1 月 18 日，日本驻华公使日置益向袁世凯提出了灭亡中国的"二十一条"，强迫北洋政府接受，引起了中国人民的极大愤慨。针对此事，《泰东日报》社长金子平吉也很气愤，认为"该怎样发社论就怎样写"，毅然支持傅立鱼撰写文章抨击日本的强盗行为。当中国人民齐心合力掀起大规模的排日和抵制日货运动时，金子平吉公开地表明自己的立场和看法，认为中国人此举完全是不得已而为之的做法，日本才是侵略者或侵略主义。金子平吉的人格和气节，此时此刻已经冲破了国家、民族的界限，因而赢得了无数中国人的尊敬。同年1月22日，《泰东日报》刊载文章，报道大连境内及南满铁路沿线集聚了大量的无业游民。这些无业游民处境艰难，仅一周时间就有1 200多人被冻死、3 000多人被冻伤。正是殖民当局苛捐杂税的盘剥，使许多人衣衫褴褛、流浪街头，挣扎在严冬酷寒之下，倒毙者随处可见。

1919年五四运动爆发后，在金子平吉的默许下，傅立鱼利用《泰东日报》这块阵地，刊登介绍俄国十月革命的文章，第一次把十月革命介绍给大连人民。傅立鱼在其所撰述的文章中，还介绍了欧洲各国人民对俄国建立工农政府的态度，如言："今日之德、奥、法、英、比、意诸国之平民，皆艳羡俄匈之成功，而思有对待自国之贵族政府。"在傅立鱼的《六个月的李宁（即列宁）》一文中，更是深情地赞扬列宁的革命业绩与革命理论，尊称列宁是"群众的活佛""福星""救世主"等，期盼国人能够以列宁为榜样，开创"我们中国的将来"；他认为"不论是政治革命、社会革命，不可不先有李宁（列宁）的行事精神、态度、方法""我们若希望中国的安宁富强，人民的幸福快乐，是不可不学李宁（列宁）的做法"等。该时期的《泰东日报》还非常关注苏俄新政府的对华政策，及时刊载列宁领导下的苏维埃政权声明废弃俄国政府与中国签订的一系列不平等条约等大事。

1920年3月，在金州三十里堡发生了日本资本家和田笃郎强行霸占当地农民3 000亩水田的事情。失去了生存依靠的农民被迫联名告状，但是殖民当局法院却徇私枉法，袒护日本人的强抢行为，判决告状农民败诉。在农民投诉无门的情况下，许多人来到泰东日报社，恳请《泰东日报》出面主持公道。傅立鱼接待了这些农民，并随农民冒雨来到三十里堡，展开实情调查。最后仗义执言，以《金州民政署暴行》为题在《泰东日报》刊发文章，揭露事实真相，抨击日本殖民者的强盗行为。同年11月，失去土地的农民结队到大连请愿游行，要求日本资本家归还强抢的土地。为声援农民的请愿游行，傅立鱼又在《泰东日报》上发文，对农民兄弟的处境给予同情和支持。在这篇文章中，傅立鱼写道：“聚有百余名，扶老携幼，鸠形鹄面，情令可怜。哀嚎（号）之声震天动地，惨不忍闻。一时道途围观者数百人，无不为之泪下……”傅立鱼还亲自到旅顺面见关东厅要员，代表农民与殖民统治者进行交涉，并转递农民的请愿书。最终，殖民当局迫于舆论的压力，被迫做出了让步，给失地农民一定的补偿金。这一事件在社会上引起了极大的反响，《泰东日报》及傅立鱼为中国农民鸣不平的声名因之远播。

1923 年 3 月，全国各地陆续爆发了声势浩大的要求废除“二十一条”和收回旅大租借地的运动，《泰东日报》身居事件的中心，面临着极大的立场考验。在金子平吉和傅立鱼的主持下，《泰东日报》连续刊载 60 多篇文章报道全国各地的运动，鲜明地表明了报纸的立场和态度，引起大连殖民当局的极大不满。

1925 年，上海爆发了声势浩大的五卅反帝爱国运动。《泰东日报》在 6 月 16 日以《举国愤激之上海，外人无理枪杀华人的事件》为题，揭露五卅惨案的真相，直接把矛头指向了帝国主义列强。文中说：“我神州禹城黄帝之子孙，反以主人资格作被统治之民族。试问公共租界何人土地，非我中国土地耶？何处人居多，非我国人居多耶？纳税又何人居多，亦非我中国人居最耶？……吾人非仅痛心于今日莘莘学子之横遭无辜，尸横原野，而实痛心列强之得陇望蜀，宰割日甚，压迫我民族，虐待我同胞。深耻大辱，不能不雪……”

北伐战争期间，在金子平吉和傅立鱼的授意下，《泰东日报》连续报道了革命军北伐的进程；刊登了大量的文章，揭露军阀混战给人民及国家带来的危害和中国政治的弊病，反对军阀的割据政权，强烈主张国家统一。

1926 年 4 月，大连周水子福纺纱厂（即满洲福岛纺绩株式会社，简称“福纺”）工人因不堪忍受日本资本家的剥削压榨而举行了福纺大罢工，《泰东日报》进行了全程的跟踪报道，并详细分析了福纺纱厂工人罢工的原因，同情工人的不幸遭遇，给罢工工人以舆论上的支持。

金子平吉自1905年定居大连后，始终以民间人士立身处世。在大连期间，上至达官显贵，下至平民百姓，均与之交往，且感情甚笃。这引起了殖民统治者的恐慌。在殖民者看来，金子平吉身为日本人，却站在日本殖民者的对立面，以《泰东日报》为载体，常常发表不利于殖民统治的文章，给殖民当局带来了极大的困扰，这实在令其不能容忍。于是在经过周密的筹划后，殖民当局买通了金子平吉的佣人，在他的水杯中下了毒药。1925年8月28日中午，金子平吉被毒死在他创办的振东学社，时年仅61岁。金子平吉死后，按其遗愿，葬于大连岭前墓地。

金子平吉死后，《泰东日报》的处境更为艰难，傅立鱼的反日爱国言论和行动受到殖民当局的密切监视。他被殖民当局认定为“中日亲善之敌”“毒害中日亲善的猖狂者”。尤其是傅立鱼组织创建大连中华青年会后，他的行动更是处处受到严密的监视和严格的限制。1928年7月22日，日本殖民当局终于恼羞成怒，以傅立鱼秘密结社、策划种种阴谋扰乱东三省为由，将傅立鱼逮捕并关押。半个月后，在未经审判的前提下，强行将傅立鱼驱逐出大连。傅立鱼离开大连后，先后在京、津两地出任《益世报》《新中华报》《大公报》的主编，仍在新闻战线上与各种反动势力进行着不屈不挠的斗争。1945年春，傅立鱼病逝于天津，享年63岁。

在金子平吉无病暴卒，傅立鱼被逐出大连以后，接任泰东日报社社长的均为日本人，先后为阿部真言、风见章、柳町营一、高柳保太郎、宫畑襄二、井口陆造等。其中高柳保太郎为日本陆军退役中将，宫畑襄二为日本陆军退役大佐，井口陆造也是退役的军人。在这些军人的管控下，《泰东日报》逐渐右倾，成为日本殖民统治、侵华战争的宣传服务工具。如1931年九一八事变后，报社加派了日本人的编辑力量，《泰东日报》加紧宣传军国主义、日满亲善、王道乐土、东亚共荣等内容，另外还按照关东军的旨意，假造民意，营造伪满洲国的“建国”气氛。1932年3月1日，大汉奸张景惠发表了《满洲国建国宣言》后，《泰东日报》甚至拿出几个整版的篇幅刊载报道了伪满洲国的政府机构、“建国”宣言、政府要员及溥仪的“生平事迹”等。1937年卢沟桥事变爆发后，面对中国人民的抗日高潮，《泰东日报》刊发了题为《论中国之排外运动为自速灭之谋》的奇文，妄图愚弄中国人民；指出中国近代以来的丧失国土之辱“皆出自中国排外运动之结果”，甚至指出中国的“抗日争斗之举动，诚为逆于时流扰乱东洋之和平，陷中国于危殆之最愚之策”，因而报纸认为“中国国民而果真爱国，当先不使抗日政权之存在……”此时的《泰东日报》已完全堕落，成为日本殖民当局的御用工具和鼓吹殖民侵略的号手。

《泰东日报》在日本殖民当局的管控和扶持下进一步发展壮大，成为大连少有的几份有影响力的报纸。如1938年，《泰东日报》发展到10多个版面，分为政治、经济、社会、地方、少儿等专栏与副刊，发行量也高达3万多份，其中的2万份甚至外销东北各地。此时的《泰东日报》已不单单是大连的地方性报纸，其关注面极其广泛，在北平（今北京）、天津、青岛、烟台、济南和日本东京都设有分社。1941年末，太平洋战争爆发。随着日军在太平洋战场的节节败退，日本的经济陷入危机，其海外殖民地大连也呈现一派颓废的景象。《泰东日报》的发行量开始减少，但反动本质不变，仍然声嘶力竭地鼓噪“日满一心共战共胜”“进行最后的决战”等。1945年8月22日大连解放，《泰东日报》走到了它的历史尽头，终于在同年10月退出了历史舞台。

张　欣

大连解放前的私塾、公学堂、蒙学堂、私立小学

"近代大连"第五单元"多元文化的交流与融合"展柜中，陈列着几本日本殖民统治时期使用过的教科书。这几本教科书分别为：1913 年的民国高等学校《学生尺牍》课本；1937 年的东京外国语学院最新《支那语》教科书的《会话篇》，以及 1943 年的伪满洲国国民优级学校《满语算术·下卷》。

岁月不语，看似平平常常的教科书却反映了日本对关东州的殖民奴化教育。在日本殖民统治大连的40年间，殖民统治者建立了一套完整的教育体系，却很少接纳中国学生就读；因此，当时的大连产生了私塾、公学堂、蒙学堂、私立小学等不同学制的学校。那么，这些不同学制的学校有什么区别呢?

一、关东州殖民奴化教育建立的历史背景

1905 年 4 月，日本占领旅大地区后，驻辽东守备军军政长官神尾光臣发布通牒，指出"目前各军在军事上需要做好的工作虽然很多，但同时致力于疏导清国官民勤于职守和生产也是当务之急。其中首要的任务应是教育事业"，并"要求各军政署在每一中心城镇，因陋就简建立学堂，作为疏导当地军民的首要任务"。满铁第一任总裁后藤新平也把兴办教育，磨灭中国人民的民族意识、国家观念和反抗侵略的精神称作"殖民地政治家的秘诀韬略"。在他们看来，教育是殖民统治非常重要的手段之一。所以，在关东州掌管学务的关屋贞二郎当时曾说："新领土的教育方针，也就是统治方针。"

· 公学堂的中国学生

从 1905 年到 1945 年，日本帝国主义在关东州实行了长达 40 年的殖民统治，同时也在此进行了 40 年的殖民奴化教育。日本对关东州地区的教育侵略是其整体侵略政策的重要组成部分，它是服务于日本制定的整体侵略方针的。殖民奴化教育与政治统治、经济掠夺相比，虽然形式较温和，但方式更为隐蔽，影响更为久远，后果也更为严重。因为奴化教育的根本目的是泯灭中国人的民族意识，让中国人民彻底丧失反抗的斗志，彻底沦为日本统治之下的顺民。

二、初等教育的学制及特点

私塾、公学堂、蒙学堂、私立小学都是一种初等教育的学制。而在当时的关东州，初等教育形式以公学堂和蒙学堂为主，此外还包括少量的私立学校和私塾。关东州的学制主要参考了当时的日本学制以及清朝原有的学制。

（一）私塾

私塾是我国古代社会一种开设于家庭、宗族或乡村内部的民间幼儿教育机构。它是旧时私人所办的学校，以儒家思想为中心，是私学的重要组成部分。在日本殖民统治之初主要分布在农村，有专馆、散馆和义学三种形式。

20 世纪初，旅大地区约有 1 万名儿童就读于 600 余所私塾中，其中金州最为集中，有 300 余所。据日本殖民统治初期关东都督府 1907 年的统计，关东州共有私塾 561 处，学生 11 807 人。而在 6 所官立公学堂就读的学生同年仅有 348 人，其中还有不少不满教学内容而进私塾补课的。

在私塾，年幼儿童先识方块字（书写在一寸多见方纸上的楷书字），识至千字左右后，教读《三字经》《百家姓》《千字文》。亦有直接教读四书的。教法大多为先教学生熟读背诵，然后在适当的时候由教师逐句讲解。除读书背诵外，有习字课，从教师扶手润字开始，再描红，再写映本，进而临帖。学童粗解字义后，则教以作对，为作诗做准备。四书读完后，即读五经，兼读古文，如《东莱博议》《古文观止》等，并开始学习作文。在清末兴学堂过程中私塾当然也在"改良"之列，但在殖民统治条件下，私塾教育使学生潜移默化地受到中华历史文化的影响，对启迪中国人的民族意识是有一定的作用。私塾教师中以隐晦曲折的方式教育学生爱国，做一个有民族气节的中国人者不在少数。

在日本殖民统治大连时期，私塾数量很少，而且没有统一的学制。此外，由于私塾散办在村落加之殖民统治当局不好控制，私塾的学制灵活而不统一。随着日本殖民统治当局的不断侵略，私塾在很短的时间便纷纷遭到取缔或被迫停办。据 1907—1942 年关东州私塾变动基本状况表显示：1907 年私塾数为 561 所，教员数为 561 人，学生数为 11 807 人；1916 年私塾数为 52 所，教员数为 57 人，学生数为 866 人；1917 年私塾数为 47 所，教员数为 42 人，学生数为 882 人。

（二）公学堂

公学堂的学制，按照《关东州公学堂规则》的规定是 6 年，后日本殖民

· 公学堂的上课场景

统治当局根据具体需要把修业年限缩短了 2 年，变成了 4 年。1915 年又恢复了6年制，把6年分成初等科4年和高等科2年。1923年公学堂又有了新规定，增设了预科和实习科，预科和实习科的修业年限都为 1 年。

这些公学堂虽然打着“准据清国制度”的幌子，本质上都是为殖民统治所开办的。如把日语作为主要的课程学习，每周可多达 10 课时，并且把日本学校的一些节假日安排在学校的日程上，并利用中国的封建伦理道德，训练、培养安分守己、驯服于日本殖民统治的顺民。大连公学堂《学生条规》规定：学生“不得做有伤礼教之事”“不得传布谣言、搬弄是非……”“不得为外物所诱”等。旅顺三涧堡公学堂作为训练大纲的《堂训》十则，更有详细的规定：“一、孝者百行之本也，可不勉哉，古语曰：忠臣出于孝子之门；二、诚者人之道也，无诚者不能自立矣；三、人不可无礼，诗云：人而无礼，胡不遄死；四、博爱之谓仁，仁者人之达德也；五、人己之物同尊重之，谓之公德；六、宜尚清洁，清洁者养生之第一义也；七、师弟之间勤勉力行，玉不琢不成器也；八、宜重正义，勿以恶小而为之，勿以善小而不为；九、尽

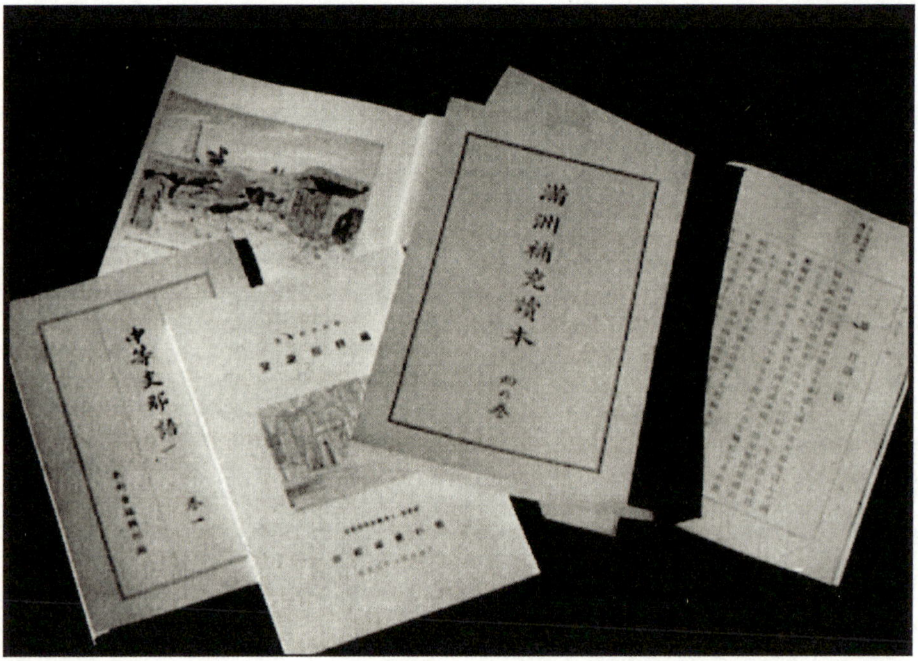

· 公学堂使用的教材

瘁职务，力行义务，不行义务者无毫权利；十、不可忘恩，禽兽尚能报一日之恩。"

这一类的"规条""堂训"一味强调温良恭俭让，其目的是使中国青少年学生以顺从的态度面对侵略者。这些由日本人掌管的推行殖民奴化教育的学校，表面上看似尊重中国传统的伦理道德、生活习俗，本质上则是为殖民统治服务。

（三）蒙学堂

1910 年，殖民当局自金州开始，撤并和改造私塾。到 1915 年，据官方统计，关东州全境仅余私塾 91 处，学生 1 857 人。同年，蒙学堂、小学堂发展到 106 所，在校学生 10 955 人，占小学生总数的 85.5%，私塾在初等教育中已不再占据主要位置。

金州民政支署公布的《蒙学堂成立宗旨的告谕》中说，蒙学堂办学目的是使中国人学得“新知识”，以“求得教育的普及”，并取得升入公学堂的学力。告谕号召公私百姓富者出钱，贫者出力，同心协力共同办学。

蒙学堂是在农村和渔村设立的小学。按照《蒙学堂规则》的规定，蒙学堂的修业年限为 3 年，课程有修身、日语、汉语、算数和体操 5 科。在形式上，蒙学堂用的是清政府颁布的《奏定蒙学堂章程》《奏定小学堂章程》中规定的名称，有确定的学制，增加了“新知识”，教学方法、学校管理等方面更现代化了。

1915 年，殖民当局下令把蒙学堂的修业年限改为 4 年，同年 6 月，关东都督府下令把关东州内所有蒙学堂及其他小学堂全部改为普通学堂，并颁布了《关东州普通学堂规则》，规定普通学堂的修业年限为 4 年。1923 年普通学堂内增设了学制为 1 年的实习科，招收普通学堂的毕业生或同等学力者。

（四）私立小学

当时的私立小学一般是由中国的进步知识分子创办的。在 20 世纪 20 年代中期前后，中国进步知识分子在旅大自办过 10 多所学校。他们按照我国的

· 大连中华三一学校学生

教育制度及理念办学，进行爱国主义教育。其中有的学校还是中国共产党大连地下党组织进行宣传马克思主义、党的主张和开展革命活动的重要阵地。虽然多数学校在之后难逃停办或取缔的命运，但它的影响是深远的，作用是积极的。

这些学校有大连中华青年会立小学校，1921 年 10 月 10 日由大连中华青年会会长傅立鱼创办；大连中华增智学校，1922 年 6 月 4 日由毛仪庭、李仲刚、林升亭创办；大连中华三一学校，1922 年 12 月由北京大学原马克思主义学说研究会成员、大连《泰东日报》记者刘恂躬与夫人石三一创办；大连中华觉民学校，1924 年 6 月 10 日创办于码头工人和城市贫民聚居的寺儿沟；旅顺林沟民众学校，该校是 1929 年 9 月由林升亭在私塾的基础上创办的一所完全小学。

刘玉秀

画僧喜禅与画竹

“近代大连”第五单元的书画展柜中，展出了喜禅大师的绘画作品——《喜禅墨竹“风晴雨露”四条屏》。该四条屏绘有墨竹，竹竿苍劲有力，枝节挺拔，竹叶繁密交错，好似随风而动，画出了竹之风骨，竹之动态，给人一种平和的美感。《喜禅墨竹“风晴雨露”四条屏》2012 年被征集购买，藏于大连博物馆，2018 年底被评为国家三级文物，是一件不可多得的近代藏品。

大连博物馆近年来收藏了多幅辽南地区画僧喜禅的作品。大师一生酷爱画竹。他笔下多姿多彩的竹，别开生面，独树一帜。他用心去画，用笔来谱写传奇的人生。他的慈悲济世、乐善好施、与人为善、惠利众生的真情事迹在辽南大地广为传颂。

一、喜禅简介

喜禅（1881—1953），僧人，原名延维明，又名培基，字天循，在同父异母兄弟中排行老四，出家后的法号为昌庆，在民国十一年（1922）又添“喜禅”称号。在画竹落款时常见的有佛子昌庆、青龙山僧、绿涛僧、邮罗、伯庄、东阁、寿镝、古乐安人、漾溪、莲阶等。其本居于山东省乐安县（今东营市广饶县），光绪十六年（1890）洪水肆虐，民不聊生，延维明一家背井离乡，从龙口走水路来到了大连，经过几天几夜的奔波后在庄河县鲍马屯（今庄河市石山乡鲍马村）海边上了岸，此后便定居于鲍马屯。因家境贫困，光绪二十年（1894）九月，14 岁的延维明在庄河兴隆寺出家为僧，当了小和尚，壮年后为大营子双泉寺主持。

出家后他在寺庙里接受了启蒙教育，学会了少林拳及吹奏乐器，特别是单管。单管这种乐器是庄河、瓦房店一带民间的乐器绝活。他刻苦演练，无论是音准、音色还是吹奏技巧都可以说非常出色。在 16 岁时，他的师傅把他托付给了师叔悟三，他从此开启了绘画之路。

二、喜禅画竹

受师叔悟三影响喜禅习书作画，他毕生精研墨竹。在喜禅初画竹时，他的师叔悟三请来王修共同教喜禅学画竹。王修（1861—1926），字六皆，庄河

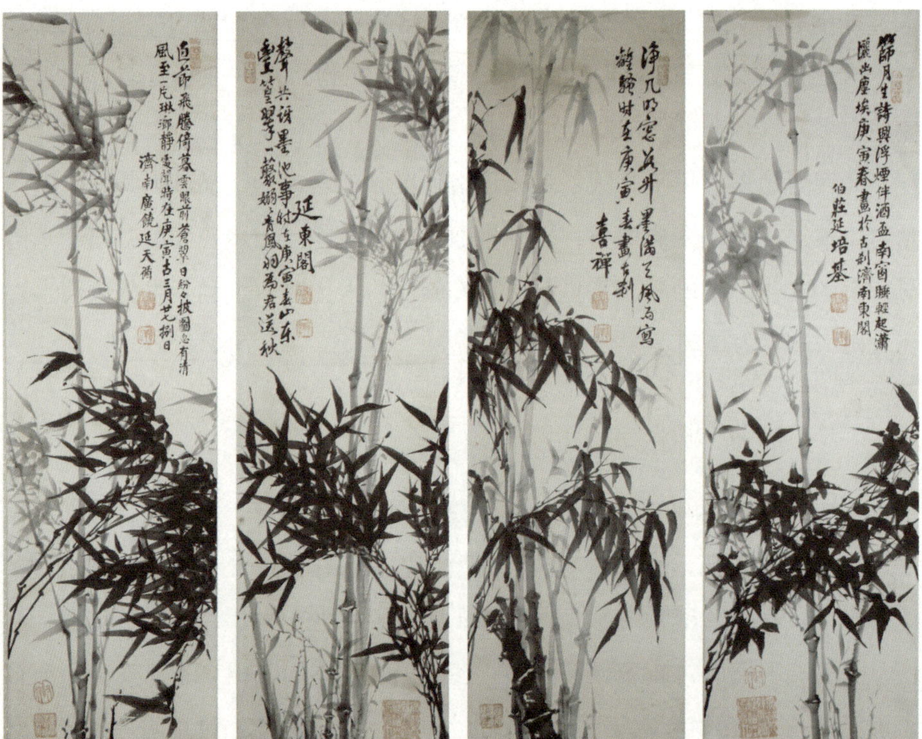

•《喜禅墨竹"风晴雨露"四条屏》

人，民间书画家，擅画山水、花卉，尤擅墨竹。

中国水墨画讲究的是用墨，墨浓淡的处理对于绘画来说特别重要，墨分焦、浓、重、淡、清五色，此五色由调入水分多少而产生，有“笔精墨妙，人生一乐”之语。画竹首先要学会用墨，墨越稠竹越黑，淡墨是调水越多越淡，含水越少则越干，反之越湿。所画要用墨丰富，要浓中有淡，淡中有浓，灵活掌握。他从基础学起，临摹颜真卿书体，认真地观察《颜勤礼》《颜家庙》和《多宝塔》字帖的每一个字，揣度其用笔的过程、方法、用墨浓淡、字的结构与布局。王修教导他在临摹过程中，要感悟字的点画、结构、章法的匠心，通过字的神采与风格，感受其气质、心境与情感；在画竹过程中，要注意竹子的整体造型，画竿、画枝、画叶、画节的方法和着墨的深浅，下笔的轻重、浓淡粗细，要能画出竹子的繁茂与荣枯。竹子的仰叶、俯叶、底梢、旁梢、顶梢，整个画面上竹子的聚与散（聚、散就是竹枝叶的密集与疏散），都要处理得得体形象。可是，他绘画时泼墨太浓，画得太过了，干、枝、叶画得没有力道，看起来软绵绵的。喜禅按着王修师傅的指点，改正自己的错处，用心去画。

喜禅画竹，首先是胸中有竹，用竹子来看人的性格。竹子坚强，不管风吹雨打都挺直身板；竹子空心，不管山野丛竹还是房前青枝都始终如一；竹子有节，经得起磨难而不“变节”。竹子有着千磨万击不动摇的品格，给人以奋进的力量。北宋时期，文同教苏轼如何画竹，苏轼《文与可画筼筜谷偃竹记》中云：“竹之始生，一寸之萌耳，而节叶具焉。自蜩腹蛇，蚹以至于剑拔十寻者，生而有之也。今画者乃节节而为之，叶叶而累之，岂复有竹乎？故画竹必先得成竹于胸中，执笔熟视，乃见其所欲画者，急起从之，振笔直遂，以追其所见，如兔起鹘落，少纵则逝矣。与可之教予如此，予不能然也，而心识其所以然……”这些话表明了心对于画竹的关键作用。心的“一寸之萌”，是成竹在胸、下笔出神入化的关键。清代以画竹著称的画家郑板桥，一生画兰、竹、石，自称“四时不谢之兰，百节长青之竹，万古不败之石，千秋不变之人”。他曾作诗写竹：“一节复一节，千枝攒万叶。我自不开花，免撩蜂与蝶。”郑板桥画竹也是必先得成竹于胸中，若是“节节而为之，叶叶而累之”就没有竹了。喜禅从前人画竹的经验中领悟和吸取经验，从中观察前人画竹的笔法与意境。他认可画竹意在笔先、神在法外的创作方法。在具体画法技巧上，其叶浓淡相间，所谓“深墨为面，淡墨为背”。画竹时需静观默察、把握其神貌和实质。构思时屏气凝神，反复酝酿，直到了然于胸，层次、脉络辅排就绪，表现形式考虑成熟，落笔才能了然于心。

三、喜禅南方写生

为了提高自己的画竹技巧，喜禅于 1918 年、1928 年两次云游南方竹乡，先后到鲁、皖、苏、湘、鄂、川数省的著名竹乡，观察竹林，揣摩画竹之法。他仔细地观察竹子一年四季的成长，风、晴、雨、露、雾、雪、霜、冰气候下竹子的形态。在薄雾中看着雨后的竹笋，他认真地观察竹笋生长的细微形态变化。在雨后竹笋快速生长的动和静中寻找感觉，他揣摩着它的神韵和灵气。在竹海里连续多天观察雨天、大风天竹子的自然形态，苦苦思索自己怎样才能画出竹子的灵性来。栉风沐雨在此处居住了一年，他静心观察竹子在春、夏、秋、冬四季的变化和风、晴、雨、露中的不同姿态。他用心去观察，用心去聆听竹子的声音，画着自己一生挚爱的竹。喜禅两次南下画竹，终得其法，成竹于胸，形成自己画竹的风格。在这期间他经历了许多磨难，但是痴心不改，画艺逐渐提高。他沿途的写生作品很快被人抢购一空并引众人索画，从此声名鹊起，卖画鬻书，成为远近闻名的半僧半职业画家。

四、喜禅的大爱情怀

“佛在自性中，顿悟便成佛”的禅宗观点，是他所认同的。心中有佛，所见是佛。心中有佛，大概就是有一颗仁义之心、慈爱之心、善良之心、感恩之心、包容之心，用这样的心去看世界、看生活、看人生，才会看到世界的美好：天空的蔚蓝、花鸟的可人、人间的真情。心中有快乐，所见皆快乐；心中有幸福，所见皆幸福。喜禅大师始终没有改变自己对禅的认识，仍然做他该做的事情，不为别人的指责而放弃行善的初衷、对画竹与书法的爱好，我行我素，修我本心。

作为僧人，他普济众生，为庄河地区反封建和抗日斗争献计献策，出钱出力，帮助贫苦百姓，尽自己的绵薄之力。做人做事，善字当头。他用一颗善良、包容的心去对待自己身边的人和身边所发生的事，用自己的仁爱之心感染着当地的百姓。他的大爱情怀、乐善好施的品格影响着当地人，为他传奇的一生画上了圆满的句号。

五、画竹风格与成就

喜禅擅画墨竹，其墨竹即吸取了历代墨竹画大家文同、苏轼、郑板桥等人的优点，又通过大量写生逐渐形成个人风格。其特点是竹子灵动洒脱，笔墨淋漓、变幻多姿：竹干雅逸挺拔，刚柔相济；画竹枝多用中锋起笔，使竹枝有弹力感而又不雷同；竹叶沉着有力、灵活自然、飘逸流畅。喜禅画竹很注重墨色变化，或浓或淡、或温或干、或枯或润，挥洒自如，对墨有很高的驾驭能力；墨色丰富，变化自然生动，进一步增强了作品的欣赏内涵和视觉感染力，让人在墨色的变化中产生更多的对竹子的遐想。在立意、构图、技法等诸多方面都具有自己的特点。他博采众家之长，而不因袭其他画家。他所画的“通天笋”“半截塔”自辟蹊径，新颖别致，寓含太极图意，俏似佛塔，禅意无穷，给人以奋发向上的感染力，使人感到画面空间是有限的，但其所包含的寓意是无限的。这种独特的风格和意境，使其作品深受社会各阶层人的喜爱。

《喜禅墨竹“风晴雨露”四条屏》涵盖通景四条屏、墨竹图、通天笋、半截塔等要素，再加上潇洒的行书题款，使其墨竹画达到了一定高度。他晚年功力深厚，有时一天作画能达到 40 余幅；一生中共画竹 2 万余幅，成为近代画墨竹的大家。他不仅擅画墨竹，而且书法也很精妙，据说可左右手开弓，擅左右握管；字迹飞逸秀丽，流畅飘逸，笔力深厚、豪迈，颇有狂草韵味。

喜禅圆寂于 1953 年，享年 72 岁，传奇的一生永留在辽南的大地上。他是大连地区乃至东北地区近代史上负有盛名的民间僧侣画家，对辽南地区的绘画、书法艺术都具有一定的影响，为庄河地区的历史文化写下了浓重的一笔。

武艳飞

寓意吉祥的民间绣品

“近代大连”第五单元“多元文化的交流与融合”展区，陈列着多件辽南刺绣品，包括服装、枕顶、肚兜、荷包、绣鞋、桌帷等。这些绣品的年代为清末与民国时期，多有吉祥寓意，反映了辽南民间的艺术审美情趣和价值取向。

中国刺绣历史悠久，最早起源于文身习俗。在远古时代，各个氏族部落成员将尊崇的图纹刻在皮肤上，称为文身。这种做法既有美化装饰的功能，也推动了氏族图腾雏形的形成。随着生产力的发展，丝麻织品出现以后，人们就将图腾纹样绣在衣服上，这就是服饰史上的“画缋之工”。古人创造的这些或古朴或华丽的图案纹饰，是中华民族热爱生活、追求美好的体现，也是审美价值观的反映，它综合了民俗、历史、宗教、传说等方方面面的东西，可以说是我国民间工艺的一个缩影。

中国地域广阔、民族众多、文化灿烂，长期以来，各地区民族的刺绣代代传承并不断创新发展，产生了诸多特色绣种，如苏绣、湘绣、粤绣、蜀绣、京绣、鲁绣等。这些绣种都与当地的文化相融合，带有浓郁的乡土气息、民俗特点、技术技法，都形成了独具特色的文化内涵和艺术体系。

辽南民间绣品朴实无华，其特点是造型夸张、纹样题材丰富、色彩明亮艳丽，具有浓厚的北方民族特点。从纹样题材上看，辽南民间绣品主要包括植物类、动物类、戏曲神话故事类、诗词书联类、几何类、博古类几个大的品种。这些纹样题材反映了民间艺人的审美情趣和价值取向，寄托了刺绣人的朴素情感，同时也应和了“图必有意，意必吉祥”的中国传统审美价值观。

明清时期，戏曲人物故事在刺绣纹样中较为常见。神话传说与传统剧目众多，为民间刺绣选样提供了丰富素材。常见的纹样多取材于《白蛇传》《三国演义》《红楼梦》《西厢记》《八仙过海》《刘海戏金蟾》《三娘教子》《杨家将》《麻姑献寿》《吹箫引凤》等，蕴含着爱情、忠孝、侠义等寓意，反映出这一时期百姓心中的价值追求与审美向往。

《白蛇传》是中国家喻户晓的传说故事，在织绣品中是最常出现的戏曲故事题材。“许仙借伞”纹样源于《白蛇传》中一个浪漫又风趣的情节，讲述白素贞与许仙之间通过借伞还伞互生情愫，这也为后面爱情故事的发展埋下了伏笔。

“刘海戏金蟾”在吉祥纹样中有求财求富的寓意。图案由刘海、金蟾、钱串组成。刘海常是一位蓬头赤脚、喜笑颜开的孩童形象，手持穿有金钱的绳索，戏耍一只三足的金蟾。民间有“刘海戏金蟾，步步钓金钱”之说。金蟾为三足蛙，口吐金钱，传说其被刘海降服后，跟随刘海四处济贫。

“独占鳌头”纹样为一人立于巨鳌头上。古代科举考试后，一甲前三名要接受皇帝召见，但也唯有状元一人可站在刻着巨鳌的陛石之上。所以“独占鳌头”暗喻高中状元，后来逐渐演变为在各种比赛中获得第一名。

“麒麟吐书”纹样。麒麟是我国古代的一种吉祥瑞兽，外形融合了牛、马、鹿等的特征。麒麟非常仁慈，“五常”中代表着信、礼，民间则认为麒麟有送子的功能。“麟吐玉书”“麒麟送子”两种吉祥图常张贴在新婚的房门上，也在新婚的枕顶纹样中大量出现，以祈盼早生贵子。晋代王嘉《拾遗记》中说孔子在未生之时，有麒麟口吐玉书降于孔家的院中，“麟吐玉书”由此得来。麒麟也便成为孔子的化身，旧时此题材纹样也被用来装饰学堂。

“吹箫引凤”纹样出自《列仙传》。这原本是一个寻仙问道的故事，不过在老百姓看来，萧史和弄玉因共同的爱好而结合并过着笙箫和鸣的婚姻生活。该纹样多含祈愿美好婚姻的寓意，其设计常为萧史骑龙吹箫、弄玉跨凤吹笙，两人笙箫和鸣，翱翔于天空祥云之间，浪漫美好、仙气十足。

刺绣中还大量出现动物、植物、文字、符号等纹样，通过谐音、比喻等方式赋予它们特定的吉祥含义，如寓意长寿的“松鹤延年”，石榴与石榴籽组成寓意多子多福的“榴开百子”，莲花、桂花与笙组成寓意子孙繁衍的“连生贵子”等。这些图案，通过物与物之间的组合，表达刺绣人对福禄、寿禧、富贵的向往，对美好生活的憧憬与追求。

在表达吉祥祝福类的图案中，动物组合纹样也占有重要的地位。动物图案主要包括龙、凤、孔雀、鹤、鹊、羊、马、鱼、鸳鸯、蝙蝠、蜘蛛、鹭等，常与植物组合搭配，表达多层寓意。

凤在中国古代神话中为百鸟之王，头似锦鸡，身如鸳鸯，有大鹏的翅膀、仙鹤的腿。凤纹历史悠久，早在氏族时期便作为氏族部落的图腾而出现。在民间，凤不仅是女性尊权的象征，还象征着美好、吉祥、喜庆。宋代以后凤纹多与牡丹组合，形成“凤衔牡丹”“凤穿牡丹”等纹样。牡丹为花中之王，花形富丽、雍容，与凤相结合有大富大贵之意。凤纹还与其他纹样组合寓意爱情，如龙、凤组合的“龙凤呈祥”，凤、鸾鸟组合的“鸾凤和鸣”，均寓意着夫妻和谐美满。

蝴蝶在中国传统文化中被视为一种吉祥之物，代表的是祈望民族昌盛、子孙满堂的吉祥寓意。我国有梁山伯与祝英台化蝶成双的爱情故事，因而蝴蝶也成为美好爱情最具代表性的纹样之一；另外，在表达“寿”的图案中常见一只猫与一只蝴蝶嬉戏玩耍的情景，因“猫”与“耄”谐音，“蝶”与“耋”谐音，取意“耄耋”之年，有祝愿年长者健康长寿的意思；此外还常见蝴蝶与瓜藤组成“瓜蝶”纹，因瓜多籽，繁殖力强，取“瓜瓞绵绵”之意，寓子孙连绵不断、家族昌盛。

鱼纹在刺绣纹样中较为常见，往往与荷花、莲子组合在一起，取题为“鱼戏莲”，隐喻男女双方对爱情的专一，也有连（莲）生贵子之意。在封建社会，官员认为升官就意味着发财，因此寓意“纳财”的图案比比皆是。“金玉满堂”纹即指财富充盈，由池塘与金鱼组合而成。金鱼与“金玉”谐音，金玉又泛指财富。“金玉满堂”实际有三种寓意：一是指财富丰盈，二是寓意有才学的人，三是寓意儿孙满堂、家庭幸福。所以“金玉满堂”图案在织绣中被大量使用。

“喜鹊登梅”也是人们喜爱的吉祥图案，以喜鹊立在梅枝上为图案主体。“梅”与“眉”谐音，因此也叫“喜上眉梢”图。古人认为鹊有预知天气的能力，同时也是喜兆及对爱情忠诚的象征。“喜鹊登梅”预示着有好事到来。另外，在刺绣纹样中也常见到两只喜鹊嬉戏，则是寓意双喜临门；若是喜鹊从天空飞下，则是“报喜图”。这些图样都表达了织绣者对“喜”的期盼与渴望。

绣品纹样中植物与果实题材更多，常见牡丹、莲花、海棠、梅花、菊花、兰花、桃花、水仙、鸡冠花、萱草、松树等树木和花卉，以及石榴、佛手瓜、桃子、葡萄、荔枝、葫芦、莲藕等瓜果。这些植物与果实既可单独构成图案，也可采用组合的形式与其他花卉、瓜果结合，通过谐音、比喻、联

“鸾凤和鸣”图枕顶

“一路清廉”图枕顶

“一路连科”图枕顶

“安居乐业”图枕顶

“瓜瓞绵绵”荷包

“洗砚”图枕顶

想等表现方式表达深层含义。

古人常借用花卉来言明志向，如“四君子”梅、兰、竹、菊与“岁寒三友”梅、松、竹都有这层含义。梅花代表着高洁，兰花被誉为花中君子，竹有着坚挺、谦虚的精神，菊用来比喻人的高洁情操，它们代表着人们的品格、品性与追求。梅、松、竹三种植物在冬天也不会枯萎凋零，富有顽强的生命力，所以古代人对三者都特别钟爱，称其为“岁寒三友”。这些植物是文人诗词、绘画的重要题材，也是民间刺绣最常见的主题纹样，有顽强、忠贞、长寿的寓意。

莲花出淤泥而不染，是花中的君子，因而也常常被刺绣人选用。莲花除单独出现外，也常与其他动物纹相组合。如一枝莲花构成“一品清廉”图；一鹭鸶一莲花喻“一路清廉”，隐喻为官清廉；与鱼纹组合，则代表“连（莲）年有余（鱼）”，有求富求财的寓意。

吉祥图案中，人们也常选用多籽的果实为纹样，如石榴、葫芦、莲子等，以“榴开百子”“连生贵子”为主要代表。民间寿帐、门帘、肚兜上，还常见佛手、桃、石榴三果。“佛”通“福”；“桃”在民间有避邪纳福的寓意，也是长寿的象征；石榴多籽，“籽”与“子”谐音，因而含有多子多福之意。将佛手、桃、石榴组合在一起，则寓意多福、多寿、多子，俗称“三多”纹。“三多”纹因其寓意多出现在给老人贺寿的寿帐上，有祈愿老人多福、多寿、子孙满堂的意思。

佛手瓜俗称佛手柑，形如人手，原产于佛教圣地印度。佛手与“佛”“福”谐音，被人们视为吉祥物，因而在刺绣纹样中常常出现，有多福之意，但一般成对出现。以佛手、仙桃、石榴组成的“福寿三多图”，寓意多福、多寿、多子；也称“华封三祝”，在织绣纹样中也很常见。

几何纹在装饰纹样中出现最早，在新石器时代的彩陶中就已出现。民间绣品纹样中出现较多的几何纹包括回形纹、盘长纹、菱形纹、卍（万）字纹、如意纹等。“卍”（万）字符号是佛教的标志，在释迦牟尼塑像胸前常有此字，音为“万”，是好运的象征。刺绣中常利用“卍”组成方形，象征着连绵不断；也常与“寿”字一同出现，寓意富贵长寿。

织绣纹样中除了有传统的图案纹样外，还将表达吉祥寓意的字词绣在物品上，直接表达出人们的理想、愿望。如单“喜”字、双“喜”字、“福”字、“寿”字、“万”字、“吉庆富贵”“福如东海，寿比南山”等。

明清时期织绣纹样中还存在一种博古图，这种将古器物以组合方式绣出来的做法，在汉代时就已出现。图像中汇集青铜器、瓷器、玉器、卷轴、玉雕、印玺等器物，有时还用带有花卉、蔬果的图案加以装饰。博古图体现了一种文化追求，书香门第、官宦世家常常用以表达博古通今、崇儒尚雅的志趣。

民间刺绣被广泛地运用在百姓生活的各个方面，如迎婚嫁娶、节日庆典、装饰家居、服饰美化等，每一件绣品都可称得上是民族的艺术品。纹样尽管很古朴，但寓意深远、内涵丰富，体现了劳动妇女对美的追求和对未来生活的一种积极、乐观的心态。

张　艳

庄谐并作　意趣横生——匠心独运的辽南皮影造型

"近代大连"第五单元"多元文化的交流与融合"展区陈列着一组辽南皮影文物。这组文物是大连博物馆特色收藏的重要代表，也是大连非物质文化遗产中最具地域特色的民俗文化项目之一。其造型具有极大的可观赏性，体现了辽南民间文化庄谐并作、意趣横生的特点。

辽南皮影在清末、民国时期异常活跃，是辽南民间娱乐最重要的方式之一，甚至可以说是一种生活方式。但随着时代的进步，人们的娱乐方式不断增加，皮影这门古老的民间艺术逐渐走向没落，乃至如今少有人知。这不仅仅是辽南皮影一家的尴尬处境，全国各地的皮影艺术都同样面临着失传的危机。为保护类似皮影这种古老的非物质文化遗产，国家在2006年公布了第一批国家级非物质文化遗产名录，指定了非物质文化遗产传承人，辽南皮影中的复州皮影和辽西凌源皮影有幸入列。继而，国务院又在2008年公布了第二批国家级非物质文化遗产名录，辽南的岫岩皮影、盖州皮影入选。至此，辽宁省四个入列国家级非物质文化遗产项目的皮影戏，有三个在辽南。之所以如此，原因是辽南皮影具有重要的艺术价值，其匠心独运的造型便是集中体现。

辽南皮影的造型艺术体现在影偶和砌末两部分。影偶是影戏的角色行当，由头茬和影身两个独立部分配插而成。头茬为影偶的头面部，是影偶性别年龄、品性好坏、身份地位、职业出身、风度气质等最明显的外在表征，是皮

· 辽南皮影——影身

· 辽南皮影——头茬（图一）

· 辽南皮影——头茬（图二）

影的角色信息最丰富的部分，其本身又可分为帽饰、脸谱两部分。影身是影偶的身段，皮影行话称"戳子"，是影戏角色的"穿衣"与"打扮"，也暗示了角色的某些特征。在实际的影戏班社里，独立保存的头茬、影身数量差异很大，往往一棚皮影有200至500个头茬，而影身却只有50至100个。在影戏演出时，艺人根据需要，把不同的头茬与影身互为配插，进而形成不同品貌特征的影偶来演绎剧情。头身的配插并不随意，而是有严格的规定，即皮影艺人所说的"宁穿破，不穿错"，指的就是头身配插时，要充分注意男女之别、长幼之分、地位之差等，绝对不能张冠李戴、似是而非。

砌末是影戏表演时的道具和场片，种类极其丰富，有外景场片、内景场片、交通工具、生活用具、兵器、动物等各个类别，其作用是交代剧情发生的时间地点、烘托气氛、渲染环境，从而辅助角色形象的塑造，丰富影戏的视觉效果等。砌末是影戏表演中不可或缺的辅助手段，是影戏效果的重要组成部分，其造型与影偶协调一致，寓意十分丰富，因而也体现了辽南皮影造型的艺术成就。以下分门别类加以说明。

一、辽南皮影的头茬造型

辽南皮影的头茬由帽饰、脸谱两部分组

成，帽饰包括头帽、装饰、发饰三部分，整体被设计成立体感较强的俯视效果。脸谱则和传统戏剧一样，分生、旦、净、丑四大行当，有程式化的造型特点。脸谱有五分侧面、七分侧面之分，被设计成二维的平面正视图。如此，一个完整的头茬包括俯视效果的帽饰和平视效果的脸谱两部分，这种俯视与平视的结合虽然不符合视觉的原理，不是物象的客观反映，却有极强的艺术观赏效果。皮影头茬的这种构图手法借鉴了传统中国画散点透视（也叫移动视点）的构图法，体现了皮影造型艺术的民族特点。正是皮影头茬在设计上的用心用意，才使得皮影头茬成为辽南皮影造型艺术最重要的代表，它是区分皮影角色善恶忠奸、智愚清浊、老幼尊卑等品性特点、年龄特点最重要的部分。以下我们从辽南皮影头茬的构成要素——帽饰、脸谱两个方面分别解读。

· 辽南皮影——场片（图一）

· 辽南皮影——场片（图二）

（一）头茬的帽饰

辽南皮影头茬的帽饰包括头帽、装饰、发饰三部分内容，多用于体现皮影人物的身份、地位、年龄差异，采用去线留皮的阴刻手法雕簇而成。头帽种类十分丰富，有王帽、凤冠、帅盔、纱帽、僧帽、扎巾、罗帽、草圈、神头等，但一般情况下，武将戴盔、文官戴帽、百姓扎巾是普遍规律。头茬的装饰也较丰富，与头帽一样，也用于标识皮影人物的身份地位，如“龙凤纹”装饰表明角色为帝王后妃，“武记”“茨菰”装饰表明角色为习武之人、武行出身，“狐尾”（也称“番尾”“反尾”）装饰表明角色为辽、金等番邦人物，“莲花聚顶”“头顶树叶”“八卦纹”“太极图”等装饰表明角色为仙道人物等。皮影的发饰种类繁多，多为皮影人物性别、年龄的标识，有头帘、散发、抓髻、辫子、挽发、甩发之分。一般情况下，梳子状头帘为年轻女性的发饰，平齐头帘为男性青年的发饰，散发为少年儿童的发饰，抓髻为少女、书童的发饰，辫子为未婚姑娘的发饰，挽发为婚后中老年妇女的发饰，甩发为丢盔弃甲的败将发饰等。

以上我们总结了辽南皮影头帽、装饰、发饰的一般特点，若要准确把握辽南皮影头茬的帽饰，还需要把三者结合起来看。由以上要素组合而成的辽南皮影帽饰大体上包括以下类别。

1. 皇帝帽：帝王之帽，多为金色，其特征为前低后高造型，帽上饰有龙纹（有的雕有九龙，称“九龙冠”），嵌珠串，缀两颗绒球，有的后有两个朝天翅。

2. 平天冠：帝王之帽，其特征为冠顶为一长方形平板，前后垂旒，左右挂大穗。多为神话传说中天堂、地狱统治者的冠戴，如玉皇大帝、阎王等。

3. 紫金冠：又名太子盔。其造型特点是前扇为额子，后扇在圆形头盔顶端加垛子头，左右挂长穗，后饰一排短穗（又叫“后遮根”），为太子、王子冠戴。

4. 凤冠：是帝后的帽饰，形如展开的折扇，最明显的特征是饰有凤凰或凤眼，缀串珠、绒球，刀工斑斓，富丽堂皇。依凤眼多寡，分为三眼正宫娘娘冠、两眼东宫娘娘冠、一眼西宫娘娘冠等类别。

5. 侯帽：封侯的文臣武将冠戴，平顶方形，两旁有微微上翘的宽翅掩着双耳（也称“耳不闻”）。武将的侯帽顶端加戟头，称为台顶，标明角色握有兵权。

6. 帅盔：形如覆钟，顶端有戟头、红缨、冲天翅，饰有绒球、武记，后面有小披风（也称“后兜”），为军中主帅专用。其帽式有平顶盔、尖顶盔、夫子盔、中军盔之别。

7. 纱帽：也称乌纱帽，即官帽，是文官的冠戴，黑颜色。造型上前低后高，有帽翅。帽翅有方翅、圆翅、尖翅之分。方翅纱帽为公正廉洁的清官冠戴，圆翅纱帽为滑稽幽默之丑官冠戴，尖翅纱帽为骄横奸邪的坏官冠戴。另外纱帽中还有一种帽饰为丞相专用，即相纱，其造型特点是帽形近方，插有长长的帽翅。

8. 扎巾：为平民的冠戴，有软扎巾、硬扎巾之分。软扎巾的文生公子巾有如意头硬边，帽后饰有两根飘带；武生公子巾则没有飘带，而在如意头两边挂穗子，前饰武记或茨菰；员外巾外形斜方，似坡屋顶，有时绣有寿字，饰飘带，为乡绅、员外冠戴；八卦巾与员外巾相似，只是绣有八卦图、太极图等图案，标明角色的仙道身份。硬扎巾也称包巾、扎巾盔，后面竖立硬板并饰有图案，表明角色的阳刚之气，为一般武将、武士的冠戴。

9. 罗帽：有软、硬、花、素之分。一般情况下，软胎花罗帽多为英雄豪杰、侠客盗贼的冠戴，软胎素罗帽为穷酸的家院、农夫、轿夫、樵夫等冠戴，硬胎花罗帽多为都头、捕快等的冠戴。另外还有一种罗帽，即太监帽，整体为黑颜色，帽形近圆，前低后高，缀一绒球，是太监专属的冠戴。

10. 草圈：渔夫、樵夫、农民等下层劳动人民的草帽，没有顶部，套在发髻之上。此外，老生巾、穷生巾、高方巾等也常常是贫苦劳动人民的冠戴。

11. 神妖帽饰：神、佛、仙、鬼怪、精灵等的冠戴或装饰。一般仙佛头顶佛冠、莲花聚顶、八卦太极图扎巾等；仙姑头顶树叶，表明在深山老林修炼并得道成仙；鬼怪帽饰比较具象和意象，如狐狸精头顶狐狸、虾精头顶虾、鲤鱼精头顶鲤鱼、鳖精头顶王八等，造型生动形象、意趣盎然。

（二）头茬的脸谱

脸谱是中国传统戏剧独有的化妆造型艺术。中国传统戏剧脸谱的典型代表是京剧，京剧的程式化、图案化、性格化脸谱一般是指净角、丑角的化妆，略施粉黛的生、旦角“俊扮”不能称为脸谱。而辽南皮影则不同，程式化的脸谱造型扩展至每个角色行当，净角、丑角一般以变幻的线条和夸张的色彩构成图案化脸谱，这种图案化的脸谱，虽有构图与色彩的一般规定，但也有一定的造型自由度，一人一谱，不相雷同，丑角尤其明显。及至生角、旦角则千人一面——通天鼻、环眉凤眼、线性小口的镂空脸显得俊美，这不但是生旦角的固定谱式，也是辽南皮影最典型的特征。“公忠者雕以正貌，奸邪者刻以丑形”的辽南皮影脸谱造型，不但划分了角色行当，还表露了影人的性别、年龄、品德、性格、气质、情绪、心理等多方面特征，寄寓了皮影艺人对皮影角色善恶、褒贬的道德评价，从而使观众很容易辨别角色的善恶忠奸、稳重轻浮、幽默呆板、开朗沉郁、豁达拘谨等品性特征。为了更好理解辽南皮影的脸谱造型，以下我们按角色行当归纳总结。

1. 生、旦角脸谱：生、旦角脸谱最能体现辽南皮影的造型特点，其采用去皮留线的阳刻手法雕簇而成，为镂空脸。生、旦角的脸谱为五分侧面（即只体现半边脸的正侧面），脸面轮廓线被涂染成黑色，要影时影窗显现清晰；额头、鼻子的轮廓线被简化成一条直线，俗称“通天鼻”；因“眸子不能掩其善恶”的关系，辽南皮影强调眉眼的造型，且眉眼被移至面部中间最突出的位置，环眉凤眼的特点总给人以喜庆的感觉；嘴被简化成一条上翘的短线并被涂染成红色，似樱桃小口一点红。生、旦角的扮相十分俊美，俗称“白脸”“素面”“洁面”。生、旦角的这种脸谱造型特点据说参考了被奉为影戏之主的观音菩萨的妙相，源于冀东滦州影和乐亭影。生、旦角虽为影戏的两个行当，面部特征却十分相似，区别仅在于发髻形状、帽饰差异、有无耳环等。生角为影戏的男性行当，又可细分为小生、老生、文生、武生等，小生老生的区别在于胡须的有无与多寡，小生没有胡须，而老生则有三尖髯、五绺髯、丝髯、虬髯、板胡等不同形状的胡须；文生、武生的区别主要在帽饰上，有武记、茨菰装饰者为武生，为英武角色形象，而文生则冠以公子巾，显得斯文儒雅。旦角为影戏的女性行当，依发髻、发饰、帽饰的不同可分为青衣、花旦、刀马旦、武旦、老旦等，一般情况下，青衣为端庄稳重的正派妇女形象，其妆饰稳重大方；花旦为性格活泼开朗的未婚少女或大家闺秀，梳辫子头或抓髻头，妆饰华丽；刀马旦、武旦为女中豪杰，武记是其重要标志，缀缨串珠，披红戴绿，妆饰繁缛，显得英姿飒爽；老旦为老年妇女，面部镂雕出皮肤的褶皱，以体现角色的老迈。另外，老旦巾、眉勒子等头饰也是老旦的重要标识。

2. 净角脸谱：净角在影戏中为男性行当，是影戏程式化脸谱造型最典型的代表，以变幻的线条和夸张的色彩构成图案化脸谱，用以表现正直、刚毅、勇猛、豪迈、粗犷、狡诈、残暴、愚蛮等角色的性格气质，多为阴刻涂色的肉脸。另外还有一种“奸白脸”，采用去皮留线的手法镂雕而成，为镂空脸。影戏中，净角一般按面部涂染的颜色来划分，有红净、黑净、绿净、白净四大类。净角的脸谱色彩受传统戏剧的影响，正如《说唱脸谱》歌词那样：蓝脸的窦尔敦、红脸的关公、黄脸的典韦、白脸的曹操、黑脸的张飞……皮影的净角脸谱也是如此，已经形成了观众的认知定式，如红净往往代表关公一样正直忠义的角色；黑净往往代表包拯、张飞一样刚毅、无私、鲁莽、爆裂的角色；白净在皮影戏中又被称为“奸白脸”，其豹眼圆突、扫帚眉毛、满脸横纹、有压耳毛的造型特点，往往代表曹操、吕布一样阴险奸坏的角色；绿净（由于蓝色在影窗上呈现黑色，故而辽南皮影脸谱没有蓝色）往往代表反复无常、勇猛顽劣的奸臣、鬼怪。净角脸谱在影戏中的运用十分广泛，上至帝王将相，下至村野小农，不同身份地位与年龄层次的人都可扮成净角，只是体现的性格气质不同。

3. 丑角脸谱：皮影戏中的丑角一般扮演插科打诨、滑稽幽默的角色形象。丑角类型多样，有丑王、丑官、丑将、丑神等大丑；有丑书童、丑丫鬟、二流子、草圈头、丑百姓等小丑；有不会武功，表演时强调念白、表情等做工的文丑；有武艺精湛，表演时强调武打动作的武丑。辽南皮影有“泛丑角化”的倾向，丑角在辽南皮影中占有重要的地位，这是由皮影戏的乡土性、草根性特点决定的。正是由于皮影的观看群体多为中下层劳动人民，因而影戏不能过于追求唯美、高雅，而是走滑稽、幽默、热闹的取向，顺应观众的审美需求。

丑角脸谱造型的一般特征是在面部眼窝和鼻梁处勾画线条，有五分正侧面、七分半侧面、阴刻肉脸、镂雕空脸之分，都显得滑稽可笑。由于丑角类型广泛，为了寓褒贬，别善恶，不同类型的丑角脸谱除了眼窝鼻梁处化妆的共同特征外，还因人而异、自由多样，如星状眼、斗鸡眼、三角眼、翻白眼、盲人眼、蒜头鼻、朝天鼻、鹰钩鼻、八字胡、一字胡、吊胡、山羊胡、虬髯、龇牙、龅牙、豁嘴、歪嘴、噘嘴、尖下巴、方下巴、大下巴、没下巴、麻子脸、红脸颊、蝎形辫子、歪戴帽子等，丑角的脸谱设计具有很大的自由度。但刻影艺人在构思丑角脸谱时，无论怎么发挥想象，也都必须坚持一个共同的原则，即设计出来的丑角脸谱必须活泼幽默、滑稽可笑，这是由它的行当定位决定的。即便影戏中的反面人物，其嬉皮笑脸的艺术造型、滑稽幽默的说辞、阴阳怪气的唱腔，也会给观众带来丑得可怜、坏得可爱的感觉。皮影不是一种正儿八经的说唱艺术，它往往在嬉皮笑脸的打闹中传递着三纲五常，丑角活跃剧情的调剂作用十分重要。

二、辽南皮影的影身造型

辽南皮影的影身是影偶的躯干部分，也称"戳子"，一般由10个部分组成，即胸肩部、腰腹部、两上臂、两下臂、两手、两腿。这些独立的组成部分在关节处以线缀接，形成活动自如的影身；表演时，再配插不同的头茬，进而形成个性鲜明的影偶，扮演剧中的不同角色。为增强武打效果，影戏中短打人物的影身往往去掉腰腹部，而把两腿分成两大腿、两小腿，进而形成11个组成部分。由于一件影身在表演时可以和不同头茬配插，适用性很强，故而数量较头茬大为减少。

造型上，影身的构图有平视效果的五分侧面、七分侧面之分，但蟒袍、官衣等影身腰间装饰的玉带则又基本为俯视、仰视效果，这种平视、俯视、仰视造型艺术的结合，和头茬一样，属于散点透视构图技巧，借鉴了中国传统绘画的创作灵感。影身的图案虽丰富多彩，但大体上分成两大类别。一是符号性的装饰图案，如龙纹是蟒袍的符号；靠旗是将帅的符号；补子、玉带、海水江崖是官衣的符号；弓鞋是女戳子的符号等。二是寓意性的装饰图案，如梅、兰、竹、菊、松代表君子的气节；荷花出淤泥而不染，代表品质的高雅；牡丹雍容华贵，代表富贵吉祥；海水江崖图案代表福山寿海等。影身的图案虽为装饰，但也暗示了角色的身份、地位、职业、性别、雅趣等，这种托物寓意的装饰手法，寄托了刻影艺人的愿望与追求。

影身由于配插头茬，故而色彩上顺应了头茬，也分为红、黑、绿、白、黄五色。在制作上，影身多为阴刻镂雕而成，敷彩部分较大，最能体现影偶的色彩，因而是观众通过色彩辨识角色善恶忠奸、智拙迂顽等品性的重要依据。

就一件影身而言，鞋具有特别重要的符号象征意义，它是区别影身男女性别、身份地位的重要标志。男性影身的鞋为官靴、朝方或快靴：官靴为高靿厚底靴子，一般为帝王将相、文武百官、巨贾富绅穿用；朝方也叫“朝方靴”，其形制类似于官靴，只是靴底较薄，一般为下级官员或丑角、文人、公子哥等行动灵便的角色穿用；快靴为半高靿薄底鞋，显得轻盈灵巧，一般为江湖侠士、绿林好汉、衙役兵卒等穿用。女性影身的鞋为弓鞋、绣鞋：古代中国妇女以脚小为美，依脚的大小可分“金莲”“银莲”“铁莲”，弓鞋即是裹脚女人的尖头小鞋，形似高跟鞋，它不但是女性影身的符号象征，也蕴含了刻影艺人的审美观；绣鞋即绣花鞋，是大脚女人的鞋，其特征是鞋面常常缀有穗子，因当时脚大为丑的关系，穿绣鞋的常为丑婆、媒婆、恶妇等不光彩的角色。各种形式的鞋，不但区别了影偶的性别，表征了影偶的身份，也不同程度体现了影偶角色的气质，或奇伟、稳重、端庄，或纤弱、委婉、灵巧。

以上我们解析了影身的构成要素。由不同要素组成的皮影影身特征鲜明、类别多样，列举如下。

1. 蟒：也称“蟒袍”，源于明清，是身份高贵的帝王、后妃、将相的礼服。按性别，蟒可分为男蟒、女蟒，区别为鞋的不同。色彩上，蟒有黄、红、白、绿、黑五色之分，其中黄蟒也叫龙袍，为皇帝专用，其他色系为后妃、权臣穿用。蟒袍的核心图案为一上下斜穿的蟒身，腰间饰一圈玉带，袖口宽大，襟摆处饰海水江崖图案。

2. 靠：为临战状态将帅的戎装。其特征是圆领、箭袖、全身披甲、背插四面三角形靠旗（也称令旗），显得人物气宇轩昂、伟岸英武。靠有男靠、女靠之分，区别是鞋的不同。色彩上，黄靠代表金甲，白靠代表银甲，黑靠代表铁甲，实为身份地位的不同。

3. 铠：戎装的一种，一般为下等将官穿用，也叫"软靠""站堂铠"。铠与靠的区别是没有靠旗，有时上身穿黄马褂。铠甲式样多种，常见的有人字形甲、米字形甲、鱼鳞甲、锁子连环甲等。

4. 箭衣：帝王、将帅、武士的军常服，一般在狩猎、征战时穿用。其特征是小圆领、马蹄袖、紧身束腰、衣襟下部开衩、腰配一把剑。箭衣源于北方游猎民族，适于骑马射箭，有皇帝穿用的龙箭衣、中级武官穿用的花箭衣、公差衙役等穿用的素箭衣之分。

5. 抱衣：侠客、义士、绿林英雄等穿用的紧身衣服，也叫"英雄衣"。其特点是上衣下裤、对襟紧袖、腰系鸾带，像裹住身体一样，一般配插罗帽头茬，脚蹬快靴，显得角色身手敏捷、武艺高强。

6. 官衣：官员的礼服，又称"补子服"，源于明代。其特征是圆领、大襟、宽袖、胸前缀补子，补子仅象征性雕镂涂染，不分文官武将和品级。官衣一般与纱帽配插，有多种颜色，紫色、红色代表官员的等级较高，蓝色次之，黑色最低。

7. 花衫：生、旦角的常服，依鞋的不同区分性别。花衫图案丰富多样，有梅、兰、竹、菊、荷花、牡丹、团花、团寿、万字纹等，有的富丽，有的素雅，代表了角色的身份地位、富贵贫贱与情趣雅好。

8. 穷衫："乞丐""穷人""落魄人"所穿的衣服，其特征是在素雅的"黑褶子"上补缀若干"补丁"，以示衣服破烂。影戏中，穿此穷衫的人往往有金榜题名、富贵显达的结局，故而穷衫也常被雅称为"富贵衫"。

9. 法衣：影戏中仙道、僧佛、谋士角色的服饰。其特征为大襟阔袖、长袍式样，衣服上雕绘八卦、太极、万字、菱格（袈裟的艺术表现形式）等图案，依图案的不同，又可细分为"卦衣""僧衣"。

三、辽南皮影的砌末及"大师兄""二师兄"

辽南皮影造型中还有一个重要的类别——砌末。砌末一词为行业术语，金元时期出现，意思是“什物”，在戏曲中指“道具”。砌末分类细致、品类繁多、构思巧妙、制作精细，大体包括影窗装饰的彩帘，室外环境的外景场片，室内环境的内景场片，车马舟船等交通工具，刀枪剑戟等武器，文房四宝、锅碗瓢盆等小道具，各种动物，专用场片等，可以说包罗万象，应有尽有。

砌末来源于生活，以生活中的“什物”为设计原型，但也不照搬原样，而是根据影戏表演需要，适当放大或缩小、简化或美化，其造型风格与影偶和谐统一。砌末是影戏表演重要的辅助手段，其作用是交代剧情发生的时间、地点、环境，帮助塑造影戏的角色形象等。如《铡美案》中的衙门、官桌、官椅、“肃静、回避”牌、十八般兵器架等即交代了故事发生地点、场所，衬托剧情紧张肃穆的氛围。再如小道具扇子，《群英会》中的诸葛亮手挥羽扇，显得角色睿智沉稳，有抚琴退司马的气度；《艳阳楼》中的高登手执大折扇，烘托出高俅之子飞扬跋扈、欺行霸市的恶少神态。

砌末的使用与影偶一样，都是贴着影窗表演。为避免平面砌末的呆板、单调，刻影艺人大胆创新，采取散点透视、焦点透视、平视、俯视相结合的手法设计构图、雕镂敷彩，从而使多数的砌末具有三维立体效果，整体生动而形象。另外，影戏艺人在操影时，还借鉴了传统中国画的平远构图法，对一些表现环境的场片采取近景在下、中景居中、远景在上的布置规则，从而营造出平面影窗的空间感，不但视觉感受丰富，而且真实自然。

砌末在一棚皮影中占有重要的地位，有的影戏剧目甚至以砌末命名，如《桃花扇》《蝴蝶杯》《宝莲灯》《十五贯》等。砌末在影戏中的重要地位不但体现于造型美、数量多、类型丰富，还体现在使用的技巧上，人们常常用“双手对舞百万兵”来称赞操影人的熟练技巧和对砌末使用的玄妙神通，如《西游记》中神妖道具波谲云诡的变化、《火烧赤壁》中烟火效果的营造、《水漫金山》中的电闪雷鸣等，砌末的使用都有出神入化的效果，这种舞起来、动起来的砌末“检场”技术也是砌末魅力的重要体现。

为了更好地把握五花八门、包罗万象的砌末造型艺术，有必要对砌末进行分类，列举如下。

1. 彩帘：是悬挂于影窗上部或下部，贯穿于整个影窗的场景图片，如宫殿场景可悬挂二龙戏珠、凤穿牡丹图案的彩帘；衙门可悬挂狮子滚绣球图案的彩帘；书房可悬挂琴棋书画、梅兰竹菊图案的彩帘；寿堂可悬挂八仙过海、五福捧寿图案的彩帘；一些为酬神、祭祀目的上演的“愿影”，可悬挂天官赐福、天仙送子等吉祥图案的彩帘。彩帘的尺寸规格一般较大，因设计精妙、刻镂精细而成为不可多得的造型艺术精品，目前存世量极少。为加强戏班、影社的宣传推广，个别彩帘还在显要位置刻有某某戏班（影社）的班社名。

2. 外景场片：是用于表现室外景物的场片，如金銮殿、阎罗殿、庙观、洞府、龙宫、帅府、门楼、茶馆、天堂、地狱、亭台、楼榭、山石、花草等。

3. 内景场片：是用于装饰室内环境的场片，如龙书案、帅桌、官桌、仙桌、棋桌、书桌、穷桌、龙椅、虎皮椅、太师椅、扶手椅、圈椅、绣墩、石凳、床榻、梳妆台、书架、脸盆架、条案、香案、花几、盆花等。

4. 动物：包括牛、马、驴、鹿、熊、狗、狐狸、狼、象、虎、狮子、蜈蚣、毒蝎、蜘蛛、蟾蜍、蛇、仙鹤、苍鹰、鱼、鳖、龙、麒麟、凤凰、四不像、朝天犼、独角兽、九头鸟等，可以说天上飞的，水底游的，地上跑的，甚至传说中的神兽，无所不包、无奇不有。

5. 兵器：不但包括刀、枪、剑、戟、斧、钺、钩、叉等传统兵器，还包括乾坤圈、混天绫、金箍棒、照妖镜、镇妖塔、捆仙绳等仙界兵器，五花八门、不一而足。

6. 交通工具：包括龙车、凤辇、皇家仪仗，八抬轿、四抬轿、两抬轿、马拉车、象拉车、独轮车、舟船等，应有尽有。

7. 小道具：包括如意、拂尘、僧钵、茶壶、杯盏、瓶子、盘子、烛台、香炉、钟表、玺印、扇子、雨伞、烟袋、乐器、灯笼、灵幡等，林林总总，不胜枚举。

8. 专用场片：是指用于特定剧目，为特殊人物配置的场片，如阎罗殿的“五鬼分尸”“大劈”“活剥”等。

最后，我们还得提及辽南皮影中的两个特殊人物——“大师兄”“二师兄”。在辽南皮影中，有两个其貌不扬的特殊角色，一大一小，一高一矮，造型都是一只手出奇的大，状如蒲扇；另一只手出奇的小，呈拘挛状，艺人们称他们为“大师兄”“二师兄”，也有艺人称他们为“大生（gǎ）秃”“二下巴”，或者干脆以其手的特点称其“大巴掌”“小巴掌”。传说这两个特殊人物是观音菩萨的亲传弟子——慧圆、慧真，受观音菩萨的指派而在人间以演影戏的方式宣讲经文，因此受到皮影艺人的特别尊重，也被皮影艺人奉为影戏的始祖。在影戏演出时，这两个特殊人物并不担任角色，而是在中途歇场或换场时出来插科打诨，其夸张的动作、幽默诙谐的语言常常逗得观众哈哈大笑。

概之，作为北方皮影重要分支的辽南皮影，其造型与冀东滦州皮影一脉真传，继承了宋代皮影“公忠者雕以正貌，奸邪者刻以丑形”的造型手法。善恶忠奸、君子小人一目了然，有非常明显的程式化特点，并主要体现在构图、色彩、装饰三个大的方面。

构图上，由于皮影贴着影窗表演，以平面形象示人，因而多正侧面形象。为避免形式上的呆板、单调，刻影人在设计上借鉴了中国传统绘画的构图技巧，采用散点透视、焦点透视相结合的手法，进而形成“五分像”“七分像”“九分像”的差异，呈现出平视和俯视的艺术效果。皮影艺人的这种构图艺术代代相传，进而形成固定的程式，成为辽南皮影造型的重要特征。

色彩上，辽南皮影包括红、黑、黄、绿、白五种颜色。这五种颜色有不同的寓意，尤其体现在脸谱上：红脸一般代表忠义武勇；黑脸一般代表正直刚毅；绿脸代表阴险善变；白脸代表俊美（生、旦角的镂空脸）或奸猾（奸白脸）；黄脸（借用驴皮原色，不涂染）常为仙佛或一些小人物的脸，没有特殊意义。皮影的五种色彩（实际只有红、黑、绿三种颜色）相对固定，早在《武林旧事》中即有“五色妆染如影戏之法”的记载，可见皮影的五色早在宋代即已产生，可见其因袭之远与程式化的特点。

装饰上，辽南皮影的造型具有符号性、寓意性的特征，大体包括三个部分，即头帽影身饰、面饰、砌末饰。头帽影身饰一般用以体现影偶的身份、地位、职业等；面饰包括发饰、须髯、脸谱、色彩，一般用以区别性别、年龄、品德、性格、气质等；砌末饰主要体现于场片，具有丰富多彩的装饰寓意，如富贵牡丹、四季平安、福寿双全、鹿鹤同春、金玉满堂、连年有余、一路连科、平升三级、松鹤延年、吉庆有余等，且多为吉祥图案，寄寓了刻影艺人的审美观与价值追求。

于孝东

宏济大舞台

“近代大连”第五单元“多元文化的交流与融合”展出了一幅图版——宏济大舞台，它是大连解放前最热闹的去处，河北梆子、京剧等戏曲常常在此表演，宏济大舞台常常门庭若市、热闹非凡。宏济大舞台位于现今大连市中山区民生街59号，历史上最早的名字叫天福茶园，后定名为宏济大舞台。中华人民共和国成立后，其曾几易其名，但最终还是改回了原名，现在是大连京剧院排练和演出最重要的场所。

一、剧场变迁

该剧场始建于清代末期，名为天福茶园，主体为三层楼式、钢筋水泥结构建筑。前楼有一圆形顶盖，呈现出西欧的建筑风格。舞台为三面敞开式。观众厅设有方桌方凳，为典型的中国旧式茶园格局。1911年8月天福茶园改名保善茶园，后又改称永善茶园。

1931年，大连宏济善堂安落民、李瑞亭等人采取三叶洋行工程师王永生的建筑设计方案，对永善茶园进行重修改建。建筑面积为4 789平方米，将原三面敞开式舞台改建为镜框式舞台，框架呈弧形。楼上设花楼、花厢、包厢、散座，楼下设花厅、官厅正厅和散座。剧场前台老板徐佛生，后台老板赵如泉。1934年2月开业，正式命名为宏济大舞台。开业之日，艺人汪子元、赵如泉等演出京剧《彭公案》。

抗日战争胜利后，剧场由政府接管。1949 年，改名公安俱乐部，后经修缮，1952 年改名旅大评剧院。

1957 年，剧场内部进行大修，拓宽了舞台，架设灯光天桥，座席也重新修整。剧场占地面积 2 650 平方米，舞台台口高 10 米、宽 15 米、深 12 米，舞台空间高 15 米，两侧副台面积各为 20 平方米，乐池面积 20 平方米。二楼观众厅呈弧形，两侧伸向舞台灯光楼处。后台有化妆室 3 间，面积 18.5 平方米。观众休息室 480 平方米。剧场共设观众席 1350 个，演员宿舍有 120 张床位。1963 年剧场改名人民剧场，成为大连地区京剧、评剧团演出和活动的主要场所。

改革开放新时期，剧场几经变迁，最终被大连京剧院接手，定名为宏济大舞台，成为京剧团的专业排练、演出场地和重要文艺活动场所。

二、演出活动

宏济大舞台在最初建成时，就有戏曲班社依附剧场开展演出活动，同时也接纳外地戏曲班社、剧团和各类演出社团来此演出和举办活动，演出剧种主要有河北梆子、京剧，不仅成为市民休闲娱乐的重要场所，客观上也为普及和弘扬民族文化做出了贡献。

宏济大舞台在其前身为永善茶园时期，张歧官、王继官先后在此成立戏曲班社。据记载，清宣统三年（1911），大木子、小紫云、小宝翠、赵宝庆、李小庭、小月楼、徐德宝、李小宝等河北梆子、京剧艺人，在永善茶园演出了《黄鹤楼》《梅降雪》《三江口》《芦花荡》等戏。这一时期的戏曲演出，多为京剧与河北梆子合班或同台演出，有的艺人也兼演京剧和梆子，业内俗称“梆簧两下锅”，或称“两合水”。到了 20 世纪 20 年代后，梆子逐渐退出大连舞台，京剧就成为大连地区影响最大的剧种，永善茶园也逐渐成为本地和外来京剧演员以及班社在大连演出的主要场所。

1934 年，永善茶园易主，改建并更名为宏济大舞台。开幕时，邀请以京剧艺人赵如泉（文武老生）、金素琴（旦）、刘五立（武生）、陈筱穆（老生）

等为主要演员的上海三星舞台全班演出，剧目有《浔阳楼》《螺丝峪》《彭公案》《赤壁鏖兵》《八郎探母》《胡奎卖人头》等。赵如泉等人离开大连后，李祥阁承租宏济大舞台。后台管事刘三长，戏班班底有吴喜昆（丑）、刘德兆（小生）、刘淑琴（旦）、李富万（净）、樊富顺（净）、雪又琴（旦）等。

李祥阁成班期间，京、津、沪等地各种流派、各种风格的戏曲班社和演员先后来此演出，络绎不绝。主要的班社有成庆社（张文治、赵艳秋、李福友、范富喜等）、永春社（李万春、毛庆来等）、文杏社（李盛藻、陈丽芳、袁世海等）、松竹社（金少山、吴素秋、李多奎等）。主要演员有赵松樵、筱九霄、林树森、张桂轩、唐韵笙、李仲林、王又宸、胡碧兰、茹富蕙、蓉丽娟、曹艺斌、马德成、张世麟、邢威明、李香匀、李盛斌、言菊朋、小杨月楼、张云溪、谭富英、杨盛春、魏莲芳、周瑞安、陈少霖、侯喜瑞、李少春等。这里包括了属于京派的言菊朋、谭富英、金少山、侯喜瑞和海派（也称为“南派”）的汪笑侬等，还有东北的唐韵笙等。其中来自北京的班社和演员

· 宏济大舞台

演期较短，多演出传统剧目。上海、东北各地来的演员，演期较长，很多演员和班社还以连台本戏为主进行演出，如《刘海戏金蟾》《八仙得道》《后羿射日》《封神榜》《六国封相》等。20 世纪 30 年代末，李祥阁赴沈阳，宏济大舞台戏班解体。

据熟悉当时情况的老人回忆，20 世纪 30 年代中期以前的大连，经常演京剧的有两个剧场，一个是西岗新开路的同乐舞台，一个是民生街的宏济大舞台。两边的观众不一样：同乐的观众挎篮子、穿短衣服的多，宏济的观众穿皮大衣、坐汽车或马车的多。在同乐演出的角儿在这里即使唱红了，也不太敢上宏济去演出；宏济的角儿在那边红了，到了同乐这边也不一定行。

1917 年，著名京剧作家、演员汪笑侬来大连演出，在永善茶园演出他改编的《哭祖庙》一剧。当演到他扮演的蜀汉北地王刘湛感到回天无力，手刃妻儿，决心殉国时，他以极度悲愤的语调，一字一泪地念出“国破家亡，死了干净”这两句扎人心扉的台词，全场观众无不怆然涕下，很多人未等终场就掩面而去。“国破家亡，死了干净”一时成为大连市民的口头禅。

1925 年 2 月，有“南欧北梅（梅兰芳）”之称的欧阳予倩在永善茶园演出他的拿手剧目《人面桃花》《徽钦二帝》《济公活佛》《卧薪尝胆》等，引起轰动。演出一开始，以《泰东日报》为首的大连报界就对欧阳予倩独树一帜的艺术表演和见解独到的戏剧改良主张加以评论报道，给予高度赞扬。

林新柏

沉沦与抗争

大清道光二十一年铁炮

“近代大连”第一单元“旅大的开发与海防建设”展线上陈列有一门前膛铸铁炮（复制品，原件藏于旅顺博物馆），炮身铸有铭文。这门前膛铁炮实为鸦片战争时期英军侵扰旅大海疆并南下广州后，盛京将军耆英奉旨铸造的一批“攻坚御敌利器”之一。

据文献记载，这批铁炮的铸造，缘于吏部尚书奕经的奏议。道光二十一年正月（1841 年 1 月—2 月），吏部尚书奕经恭折具奏：旅顺、南北隍城岛、庙岛扼守京津门户，“凡商船往来天津等处，必由诸岛左右经过，实为南来海路要隘”，必须“预为把守，安设炮位，添加船只”。在奕经的奏议下，道光皇帝降旨盛京将军，让耆英在省城盛京（沈阳的旧称）的军库内，挑选“大而有准者”拨交旅顺各海口，针对旅顺的地形地势，或筑造炮台安设，或架设于船上施放。没想到耆英在落实皇上的这一要求时遇到了困难，原因是辽宁全省武库内存储的大炮实在太少，只有盛京、锦州两城还有库存，但总数也不过 72 尊。这 72 尊前膛铸铁炮不但不够分配，而且还存在严重的质量问题，如拨给金州的大小 10 尊炮在演练施放的过程中，即出现“一尊炸璺（wèn，裂纹的意思），一尊碎裂”的情况。为此，耆英不得不安排人员四处采办铁料以自造火炮，后来在协领恒升等人的努力筹办下，共搜集了 13 万千克铁料。在铸炮铁料备齐后，耆英奏请朝廷，让朝廷选派内务府造办局的工匠来盛京指导造炮，同时，耆英还向朝廷表达了用这批铁料铸造 20 尊“八千斤大炮”的想法。

清廷在接到了耆英的奏请后，担心“八千斤大炮”斤两过重、使用不便，于是谕令耆英只铸造4门“八千斤大炮”，其余铁料根据需要“分铸一二千斤、二三千斤炮位数十尊”，把这批新铸的火炮分拨复州、金州各海口“妥为安设，以资捍卫”，这批前膛铸铁炮因之产生。据道光二十一年八月（1841 年 9 月—10 月）《耆英又奏铸就大炮运赴海口安设片》可知，铸成的 4 尊“八千斤大炮”后来被运往金州、复州各海口安设；二千五百斤重炮 2 尊、一千五百斤重炮 2 尊被分拨给牛庄、盖州、熊岳三地海口；五千斤重炮 2 尊、四千斤重炮 1 尊、三千斤重炮 3 尊被调往锦州、宁远（今葫芦岛兴城市）要隘之地。

另外，耆英在铸造这批大炮以前，因经费短绌的关系，还先期奏请铸造了一百三十杆价廉工省、轻捷利便的抬枪。抬枪“吃药三两五钱，铅子重五钱，可装五箇（火药桶）”，施放时一人将枪架于肩上，另一人托定枪尾，瞄准目标发射，射程可达三百余步，“颇能致远”。若十杆抬枪联排施放，也“实

·“近代大连”展出的大清道光二十一年铁炮（复制）

为军中克敌利器"。此外，迫于急需，耆英还拣派协领恒升、乌尔衮泰等监造了九百八十杆鸟枪并分拨海疆各地的守军，以期"先资防御"。

耆英奉旨铸造的这批火器，确有其使用上的考虑。因为在他看来，英军"之所长在船炮，至舍舟登岸，则一无所能"，因而抵御英军的上上策是不动声色，"偃旗息鼓，诱之登岸"，再"督率弁兵，奋激痛剿"。若此，"不能及远"的抬枪、鸟枪将大派用场；连击大炮也会"远致其命""破敌摧坚"，进而实现"固要隘而卫军民"的目的。可遗憾的是，耆英悉心筹备的这批火器并没有得到实战的检验，主要有以下三点原因。一是英军自"向东南放洋"，撤离旅大海疆后就再也没有回来过。二是朝廷自英军威逼京津畿辅重地，尤其是浙东战役失利后，其对外政策已由一力主战而向主和、主抚转变。在道光皇帝"勿令（官兵）逞志""不必遂行开枪开炮""断不准与之在洋接仗"等妥协投降政策下，盛京将军耆英绝不敢率兵奋激痛剿英军。三是耆英本人就是一个标准的投降派，他在英军侵扰旅大海疆期间的做法异常谨慎，如为避免"衅自我开"，让官军撤往内陆，退避三舍排兵布阵；为避免英军猜疑，让官军化装成海岛渔民刺探情报、收集消息等。就这样一位胆小怕事、谨小慎微的懦弱将军，即便有再强大的武备和再周密的"御海"措施，我们相信耆英也绝做不出不辱国格、不辱气节的事。因此，从本质上来看，耆英制定的"豫筹海防"措施和承铸的这批火器，只是应付差事、作作秀而已。

于孝东

万忠墓与万忠墓碑

“近代大连”第二单元“中日甲午战争中的旅大”展出万忠墓相关图片、遗物与万忠墓碑。万忠墓是甲午战争期间惨遭日寇屠戮的旅顺无辜死难同胞的坟冢，万忠墓碑是为铭记这段悲惨历史，告慰死难英灵的纪念载体。

1895 年 12 月，日军撤出辽东半岛，清政府收复辽东失地。1896 年 11 月，也就是旅顺同胞殉难两周年之际，协办接收事宜的候补直隶知州顾元勋顺应民意，亲自主持为旅顺殉难同胞立碑修墓。

顾元勋首先拔掉了日军插在白玉山东麓的“清军阵亡将士之墓”木牌，修整了埋葬于此的旅顺殉难同胞坟冢，在坟冢前树立一通石碑。这通石碑高 139 厘米、宽 45 厘米、厚 16 厘米，碑阳正中镌刻顾元勋亲笔题写的双钩体大字“万忠墓”，右侧阴刻“光绪二十二年十月榖旦”，左侧阴刻“太仓顾元勋题石”。碑阴上额阴刻“永垂不朽”四字，下刻碑文：“光绪甲午十月，日本败盟，旅顺不守，官兵商民男妇被难者计一万八百余名口，忠骸火化，骨灰从葬于此。”碑文虽短短 41 个字，却揭露了日军残忍屠杀旅顺无辜同胞的事实。同时，为方便旅顺市民祭奠，顾元勋还在墓前主持修建了三间享殿。自此，万忠墓（大连本地人也称“万人坟”）得名。

白玉山东麓万忠墓的形成，其实还得追溯到 1894 年 11 月 21 日日军屠城之时。为掩盖滥杀无辜的罪行，日军在旅顺屠城的第二天即开始掩埋尸体，随后不久又正式下达了处理旅顺死尸的命令。旅顺死尸的处理，主要由旅顺平民组成的抬尸队成员完成，也包括部分日军、宪兵及承担后勤杂役事务的军夫。抬尸队成员按照日军的指令，早在旅顺屠城期间即开始搜集残缺不全的尸体，以马拉、人抬的方式集中起来，掩埋于旅顺周边的荒郊野外。为保证抬尸队成员在收尸期间不被日军误杀，八九十名抬尸队成员都按日军的要求在胳臂上裹缠了一条白布，或在帽子上钉缀了白布条，在上面写有"勿杀此人"的日文且加盖了日军善后委员会的公章。旅顺遇害同胞尸体的掩埋处理从大屠杀时即已开始，至1月18日基本结束。这段时间，尸体的处理按照日军颁布的《尸体扫除程序规定》进行，即尽量避免"因风雨造成尸体外露；尽可能选择远离村庄、道路，（掩埋在）使人不易发现的地方；防止因腐烂造成污染水源或空气，消除日后发生传染病的隐患"等。可在实际掩埋的过程中，因旅顺气候寒冷并地表多岩石的关系，深挖墓穴十分困难，故而遇害同胞尸体的处理最终大多草草应付，仅培盖了少量的沙土和冰雪。日军该时期对旅顺遇害同胞尸体的处理并非出于善心和慈悲，实则是为掩盖日军滥杀无辜的目的。为此日本第二军参谋长井上光在1895年1月14日露骨地说："应尽快消除战后的惨状，使我军不愧为文明义师。"真是不打自招、欲盖弥彰。

• 第一块万忠墓碑

由于日军第一阶段对尸体的处理过于草率，且又有很多藏匿于死角的尸体没有被发现，故而翌年天气变暖后，许多尸骨又暴露出来且散发出腐臭的气味。因此，日军善后委员会和刚刚成立的殖民机构旅顺行政署又决定对所有尸体做焚烧处理，随后旅顺遇害同胞的尸体又全部被集中起来。约在同年2月中下旬，这些重新集中起来的尸体在白玉山东麓被浇注煤油焚烧火化，焚烧后的骨灰被日军和殖民机构丛葬于此。为掩人耳目、欺世盗名，在坟前插立了一块木牌，上写“清军将士阵亡之墓”，始有旅顺被接收后顾元勋在此修墓并拔此木牌的做法。

1905 年日俄战争结束，按照日俄双方签订的《朴次茅斯和约》，日本取代俄国成为旅大地区的殖民统治者。再次侵占旅顺后，日本殖民统治者生怕旅顺人民盛大的万忠墓祭奠活动激发民族仇恨，于是安排日本浪人乘夜深人静之时将顾元勋所立万忠墓碑盗走，垒砌在旅顺医学专科学校（原为俄国人建的赤十字医院）的墙里。在日本人的破坏和阻挠下，万忠墓渐趋荒芜，但旅顺人民的祭奠活动一如既往。

1922 年，旅顺华商公议会会长陶旭亭、董事孟魁三（原为清军哨官）、旅顺天后宫住持僧心一等发起了重修万忠墓的倡议，得到了旅顺各界的积极响应。这次重修万忠墓时，鉴于第一通墓碑已经丢失，于是又立一碑。第二通万忠墓碑高 143 厘米、宽 64 厘米、厚 15 厘米，碑文由旅顺华商公议会文书金纯良题写，碑阳正中阴刻“万忠墓碑”四个大字，上额阴刻“四明公所”四字，左侧阴刻“旅顺华商公议会重建”，右侧阴刻“中华民国十一年三月十二日”。由于受日本殖民统治的压迫和管制，这次所立墓碑的碑阴没有碑文。

· 第二块万忠墓碑

即便如此，旅顺殖民当局还是疑虑重重，总是想方设法阻挠旅顺人民立碑修墓。此碑立后不久，旅顺殖民当局即安排人员对碑文进行审查，对碑额所题的“四明公所”提出了质疑。金纯良解释说，“四明”有两层意思，一是坟茔为士农工商各界死者埋葬的地方，二是东西南北四方人都知道的地方。日本人将信将疑，但还是不放心，最后责令华商公议会将四字抹掉。迫于压力，华商公议会不得不将这四个字以水泥涂抹填平。但无论日本殖民者怎样阻挠，都无法阻止旅顺人民对两万死难同胞的悼念缅怀，万忠墓的祭奠活动依然如故。

旅顺民众对万忠墓的祭奠活动使日本殖民统治者惴惴不安。1927 年，日本国内召开了东方会议，决定加快侵华的步伐，旅顺的殖民当局积极响应，也开始对旅顺人民采取高压政策。九一八事变前夕，旅顺民政署长官坂东产生了平毁万忠墓的邪恶想法，他唆使在万忠墓周围经营果园的日本人村上向万忠墓抛扔杂草和秽物并用铁丝网围挡万忠墓，试图以此阻拦旅顺人民对万忠墓的祭奠活动。继而，坂东又向旅顺华商公议会提出搬迁或平毁万忠墓的无理要求，华商公议会不得不推举潘修海会长与日本人展开交涉。潘修海质问坂东：“纳骨祠（位于旅顺白玉山日本表忠塔北，系日本为死于日俄战争的官兵所建的放置骨灰的神社）是日本人的，万忠墓是中国人的，各为其国。纳骨祠不能搬，万忠墓也不能搬。现在，万忠墓成了村上的垃圾箱。请问，我们中国人可有到纳骨祠去乱扔字纸的？”坂东无言以对，推脱说这是日军的命令。潘修海继而向日军旅顺要塞司令部提出了抗议，因担心此事引发民变，旅顺要塞司令部矢口否认此事。坂东平毁万忠墓的阴谋最终败露并破灭。

1945 年 8 月 15 日，日本帝国主义在世界反法西斯力量的联合打击下无条件投降。8 月 22 日，苏军空降旅顺土城子和大连周水子机场，旅大宣告解放。1946 年 10 月 25 日，旅顺人民在万忠墓举办了盛大的祭奠活动，以旅大的解放告慰死难同胞。在这次祭奠活动中，时任旅顺市市长王世明顺应民意，宣布将重修万忠墓。1948 年，旅顺民主政府组织成立重修万忠墓委员会，并号召各界人士捐款资助。在各界人士的共同努力下，这次重修万忠墓规模较大，包括坟冢、墓碑、享殿、墓园四项内容。坟冢由留用的日本籍土木工程师矢口浩设计，用花岗岩条石砌成，为正方形墓，边长 5.25 米、高 2.9 米。墓顶的中心位置竖立着第三块万忠墓碑，这块墓碑高 165 厘米、宽 61 厘米，碑阳正中阴刻“万忠墓”三个大字，由大连本地著名书法家刘洪龄手书，碑阴刻碑文，由旅顺文教局局长金纯泰撰书，文曰：

重修万忠墓碑文

旅顺白玉山东麓万忠墓，即中日甲午战争死难同胞之墓也。满清封建皇朝专制腐败，招致日寇来侵，是年十月十日占我金州，二十四日窜进旅顺城内。清军守将各持异心，皆无斗志，其间英勇战士、抗日人民俱以身殉。日寇大肆屠杀历三昼夜，我同胞之死难者凡二万余人，白骨积山，碧血成河。后经孑遗者梩集掩埋，是即今日之万忠墓。是墓至今已五十五年，当日寇蟠踞时屡欲掘而平之，卒慑于我旅人民而未果。然而坟丘颓圮，享殿倾蚀，弗敢葺修。今日寇已被苏军击溃，扫其腥膻，解我桎梏。民主政府号召各界人士成立重修万忠墓委员会，而驻旅苏军司令官亦极力赞助，会诸委员勘量地势，重新修建。抚今追昔，敌友判然明矣。本年十月初旬鸠材始工，至十一月下浣事蒇工竣，凡死难者之事迹惨状咸刻碑碣永垂不朽。经费由公署拨款之外，各界人士亦乐捐倾助，共襄盛举。于是，荒芜已久之万忠墓，今乃赫赫屹于旅市。是墓之重建，不惟民族之耻得雪，烈士之忠可表，而际兹美帝扶日力图再起之时，尤足警惕。我关东人民，巩固中苏友谊，确保远东之永久和平云。

重修万忠墓委员会

中华民国三十七年十一月下浣建修

万忠墓享殿建有三间，为砖筑硬山式，面宽 11.5 米、进深 5.7 米，明间开门，前有石阶。享殿门额悬挂一块横匾，中间刻有“永矢不忘”四个大字，右侧刻“一九四八年十一月”，左侧刻“重修万忠墓委员会”，匾额由旅顺关东高等法院院长周旭东题写。

万忠墓的墓园呈长方形，套有青砖围墙，东西长 70.4 米、南北宽 51.2 米，占地 3 604.48 平方米。墓园的园门有三扇，中间大门的宽度 2.85 米，为对开的铁栅门，两侧为角门，宽仅 0.93 米，为单开的铁栅门。

在这次重修万忠墓过程中，还有幸找到了 1896 年顾元勋所立的第一块万

·“永矢不忘”匾额与第三块万忠墓碑

忠墓碑。原来第一块万忠墓碑自失窃并被日本人藏匿到墙里后，又在 1939 年平整旅顺医学专科学校校舍地基时被发现。1948 年万忠墓重修时，当年曾参与校舍建设的王山亭向重修万忠墓委员会透露了这一消息，只是不能确认这块墓碑的具体位置。后来，在曾经就读医学专科学校并时任旅顺市政府卫生科科长的张福元指证下，由时任旅顺市政府建设局副局长、重修万忠墓委员会副主任陈守堂与驻防旅顺的苏军司令部协调，总算征集回这块蕴含巨大历史价值的珍贵文物。第一块万忠墓碑在失窃了 40 多年后总算找回，被重新竖立在新碑的右侧，而第二块万忠墓碑则被立于新碑的左侧。

1948 年 12 月 10 日，时任旅顺市市长孔祥林主持了盛大的万忠墓落成典礼并宣读了祭文：

中华民国三十七年十二月十日，旅顺市政府代表全体市民，谨具时灵之奠，致祭于万忠墓之灵曰：

赫赫烈士，剑拔弩张，骑马出城，杀敌威扬。
腐清将士，各怀异肠，日寇窜进，失色仓惶。
烈士奋起，保护家乡，政昏军败，饮恨身亡。
日寇屠杀，穷天极壤，白骨碧血，尸积枕狼。
哀哀百姓，哭丧失荒，孑遗掩埋，永矢弗忘。
…………

自此以后，万忠墓成为旅大人民祭奠甲午殉难同胞的重要场所，成为重要的爱国主义教育基地。1963 年，辽宁省人民政府把万忠墓公布为重点文物保护单位。1971 年，万忠墓陵园增建了展室，展出了甲午战争的简要过程并揭露日军残忍屠杀旅顺无辜人民的滔天罪行。

1994 年，适逢甲午百年之祭。为缅怀先烈，祭奠百年前惨遭日军杀害的旅顺同胞，特别是出于对青少年进行爱国主义教育的需要，旅顺区委、区政府决定重修万忠墓。重修万忠墓的工作自年初即已启动，为整理遗骨，揭露事实真相，大连市文物考古研究所于 3 月 26 日至 31 日对旅顺万忠墓的墓穴进行了清理。当考古人员揭开盖在长、宽各 3.4 米、深 1.7 米的墓室上面石条后，眼前的场景令人触目惊心：累累白骨和已成粉末状的骨灰中夹杂有铁钉、铜铆钉和铜扣等，墓室后半部距墓口深 0.4 米处，发现有 80 余根铁管，或顺放，或斜置，直贯墓底，这些铁管有明显的火烧痕迹，上面粘有人骨和各种遗物；墓室前半部距墓口深 0.6 米处还发现了两根铁条，上面也有火烧的痕迹且粘有人骨和铜烟袋锅等。这些粘满人骨和各种遗物的铁管、铁条，是当年日寇焚烧旅顺死

· 清理后的万忠墓墓穴

难同胞尸体时用过的支架。墓室内的骨灰中，有的头骨骨片厚仅 1~2 毫米，经专家鉴定，是幼儿头骨；骨灰中还夹杂着玉石手镯、玻璃料手镯、玻璃料串珠、葫芦形玉石坠等，显然是妇女儿童佩戴的装饰品；骨灰中发现的寿字纹铜扣、五蝠捧寿纹铜扣、镂孔球状铜扣等，显然是老年人的遗物。由此可见，日军在灭绝人性的旅顺大屠杀期间，不但杀害了青壮年男子，而且连妇女、儿童、老人都不放过。

1994 年 4 月 5 日清明节，万忠墓陵园举办了“甲午战争旅顺殉难同胞遗骨重新安葬仪式”，殉难同胞的遗骨经整理后，被装殓在三口木棺之内重新下葬，墓冢也改为圆形的民族风格。11 月 21 日，即旅顺同胞殉难百年之际，旅顺各界在新修的万忠墓祭祀广场隆重举行了甲午百年祭祀大会，新立了第四块万忠墓碑。这块万忠墓碑为汉白玉材质，高 3 米、宽 0.9 米、厚 0.25 米，碑阳正中阴刻“万忠墓”三个大字，碑阴刻韩行方撰、彭过春书碑文，全文如下：

甲午百年祭重修万忠墓碑记

公元一八九四年岁次甲午，日本挑起战端，十一月二十一日侵入旅顺口，随即开始持续四天之血腥大屠杀，我无辜同胞罹难者约两万人，老妇病孺亦未能免。翌年春，日军为掩人耳目，将死难者尸体集中火化，丛葬于白玉山东麓。越明年，清官员顾元勋修筑享殿，题石立碑，始称万忠墓。日本殖民统治旅大四十年间，万忠墓碑石被盗掘藏匿，墓园荒芜，祭扫活动屡遭禁制。直至一九四六年秋，解除桎梏之旅顺人民方得以首次公祭先烈。一九四八年，旅顺民主政府主持重修万忠墓。一九九四年，为纪念甲午战争一百周年，弘扬爱国主义精神，旅顺人民政府再次重修万忠墓。全区二十一万民众竞相捐资，海内外各界热心助援。是年清明节，清理死难同胞遗骨遗物，隆重入殓移葬；继而修墓建馆，拓展陵园，遂使当年屠杀铁证昭然天下，先烈忠魂安息九泉。值兹百年大祭，刊石记之，以告慰英灵，并警示后人：居安思危，勿忘国耻，强国富民，振兴中华。

中国共产党旅顺口区委员会
大连市旅顺口区人民政府
一九九四年十一月二十一日

1995年11月21日，旅顺万忠墓纪念馆建成开放。1 000平方米的展厅，以四个陈列单元——甲午战前的旅顺口、甲午战争与旅顺口的陷落、震惊中外的旅顺惨案、旅顺万忠墓，系统地展示了甲午年旅顺的悲惨历史。一幅幅图片，一件件文物，尤其是万忠墓清理出土的遗物，生动地讲述着发生在旅顺的这段悲惨历史。万忠墓纪念馆的展示，也时刻提醒着我们勿忘国耻、振兴中华。

· 万忠墓墓穴内的人骨和骨灰

· 万忠墓墓穴出土的焚烧尸体的铁管

1997年6月，万忠墓纪念馆因其重要的教育价值，被中共中央宣传部确定为全国百个爱国主义教育示范基地之一。2006年5月25日，旅顺万忠墓也因其特别重大的历史价值被国务院公布为全国重点文物保护单位。

于孝东

历史见证——“四二七”大罢工汽笛手阀

“近代大连”第六单元“近代大连人民的反抗斗争”展出了一件复制品——“四二七”大罢工汽笛手阀（原件藏于旅顺日俄监狱旧址博物馆，规格为长63厘米、宽16厘米、高19厘米）。该件革命文物是1926年4月27日满洲福岛纺绩株式会社工人大罢工时发出罢工信号的汽笛手阀，历史价值重大，它见证了日本殖民统治时期大连的工人运动历史，因而被评定为国家二级文物。

这件革命文物背后的故事，还得从满洲福岛纺绩株式会社说起。

一、满洲福岛纺绩株式会社的成立

1904年至1905年，日俄两个帝国主义国家为抢夺在我国东北的殖民权益而爆发战争。日本在付出巨大代价后，最终战胜了俄国，继而在美国的调和下，通过签订《朴次茅斯和约》继承了俄国在旅大地区的殖民权益，开始了对旅大长达40年的殖民统治。为使旅大成为日本进一步侵略扩张的战略基地和稳固后方，日本政府和大财阀不断加大对旅大的投资，一批批近代殖民工业雨后春笋般建成投产，其中纺织行业的满洲福岛纺绩株式会社（以下简称“福纺”）即是最重要的代表。

福纺属日本福岛纺绩株式会社旁系厂，位于大连北郊周水子周家屯，是大连纺织厂的前身。它始建于1922年，1925年1月全面投产，资本300万日元。1926 年，福纺大部分车间实行两班倒工作制，职工人数为 1 020 人，生产能力为 1.8 万纱锭左右。主要生产 8 支、16 支、20 支、21 支、24 支、27 支等支别的棉纱，其产品商标为“福助”“银扇”“舟美人”“金福”等。另外福纺也生产粗细棉布，商标为“舟美人”“月雁”“三星”“并头莲”等，这些产品大部分在中国内地销售。福纺的主要管理人员全部是日本人，由日本福岛纺绩株式会社派遣，其组织机构由一名社长、两名副社长，下设工人系、计算系、仓库系、用度系、会计系、事务系等部门构成。

二、福纺工人大罢工

福纺是日本殖民主义者掠夺殖民地物产资源、压榨剥削工人剩余价值的机构，因而对待中国工人十分苛刻。在工厂里，日本资本家变相克扣工人的工资，对工人待遇不公。当工人忍无可忍去质问工头时，工头却蛮横地说：“就是这样办法，你们愿干不干，你们有工会就去找你们工会吧。”深重的政治压迫、经济剥削，导致工人的革命情绪日益高涨。

1. 大罢工的起因。

1925 年年末，大连金融市场的日币金票升值，与中国货币小银洋的兑换率由原来的 1 ∶ 1 变成 1 ∶ 1.2。但厂方坚持用小银洋给中国工人开工资，然后按金票兑换率折扣饭费，引起中国工人的强烈不满。据福纺工人初玉昆回忆，“厂方以小洋给工人开饷，可拿金票扣饭费。这样男工只剩下一元多钱，女工几乎没有钱了，大家都非常气愤。26 日早晨，内宿的女工都不上工了，她们说，干了一个月连双鞋都买不起，都不想干了”。可是当工人提出饭费仍按原来小银洋的比价扣除时，却遭到了厂方的拒绝。日本资本家变相克扣中国工人工资的行为，是导致福纺工人大罢工的直接原因。

2. 大罢工的发生。

1926 年 4 月 27 日，福纺 1 000 余名工人为反抗日本资本家的剥削压榨，举行了大规模的罢工活动。福纺工人领袖侯立鉴将计划举行罢工的事向大连中华工学会汇报后，时任中共大连特支工运委员、大连中华工学会委员长的

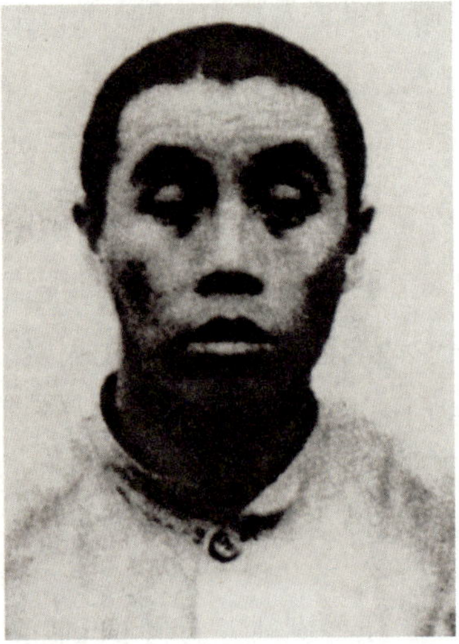

· 侯立鉴

傅景阳召开紧急会议，研究决定支持福纺工人的罢工活动并根据福纺厂的实际情况制定了罢工条件。在中华工学会的领导下，以侯立鉴为首的工人代表同福纺纱厂代表角野久造举行了谈判，要求不得歧视中国工人、增加工资、改善伙食、节假日工资照发、免除工人的住宿费、缩短劳动时间等。然而，中国工人的合理要求却遭到日本厂方的无理拒绝，同时还受到日本资本家的恐吓威胁。

在这样严峻的形势下，侯立鉴当即宣布举行全厂总罢工，工人们拉下了纱厂的总电闸，鸣响了收工汽笛并冲出了工厂大门，一场规模浩大的罢工斗争开始了。为了保障罢工活动的顺利进行，侯立鉴组织召开罢工工人大会，成立了罢工指挥部并设立了纠察队、宣传队和生活救济队，同时与傅景阳等人草拟了《福纺纱厂一千二百名工友泣告各界同胞书》，以揭露日本资本家压迫剥削工人的罪行，不断扩大罢工运动的社会影响。傅景阳此时曾表明他的态度，坚定地说：“叫工人罢工就要罢到底，不胜利绝不复工。”这大大鼓舞了工人

· 拉响大罢工的汽笛手阀

罢工斗争的信心。

3. 福纺工人的反抗斗争。

工人们进行有组织的罢工活动是日本资本家没有想到的，他们惊恐万分，向殖民当局紧急求援，要求协助镇压工人运动。大连警察署立即出面，同罢工代表举行会谈。在他们给出的条件遭到工人严词拒绝的情况下，警察署恼羞成怒，立即拘捕了罢工领导人侯立鉴、初玉昆和刘庆枝三人，妄图通过严刑拷打的卑鄙手段，逼迫他们说服工人停止罢工。面对这严峻的形势，中共大连地下党和大连中华工学会立即组织人员，在设法营救被捕罢工代表的同时，还推选工学会会员崔仁山、汪子馨等人为新的罢工领导者，带领工人继续坚持罢工斗争。此举很快稳定了工人的情绪，罢工没有因为工人领袖被捕而中止。

日本资本家见逮捕罢工领导人未能奏效，又提出了新的方案。新方案看上去解决了增加工人工资等经济问题，但方案中“不录用工学会会员”的内

· 1926 年 4 月 27 日，侯立鉴拉响汽笛后，工人们关掉电门，大罢工开始

容使工人们无法接受，罢工指挥部拒绝了这一方案。面对工人们坚决的罢工态度，无计可施的角野久造又使出了新的伎俩，即企图到离周水子较远的地区招收新工人，制造开工的假象，以吸引工人停止罢工恢复生产；殖民当局还安排警察、工头到工人家里，强迫他们复工。工学会针对这一阴谋，一方面向外地招来的工人说明罢工真相，另一方面设法解决工人们因罢工而带来的暂时生活困难问题并合力惩罚为厂方卖命的中方工头。在这一系列的行动下，罢工工人们的意志更加坚定，与此同时，日本资本家的复工计划也彻底化为泡影。

6月下旬，在大连警察署长小野命令下，周水子警察所拘捕了夏重山等8名罢工纠察队队员，查封了作为罢工指挥部的大连工学会福纺纱厂夜校。面对日方的野蛮行径，大连中华工学会紧急召开会议研讨对策，由工学会副委员长唐宏经等人到福纺，打开被查封的夜校大门，恢复了罢工指挥部的正常工作。为了进一步给日本殖民当局和厂方施加压力，工学会决定在福纺召开全市工人大会，声援罢工斗争。6月24日下午，大连沙河口工厂、中村铁工所、昌光硝子、大连窑业会社、大华冶金、大连电气、大连机关、大连机械制作所等10多个工厂的数千名工人来到福纺进行集会。工学会委员长傅景阳在大会上发表慷慨激昂的讲话，代表全市工人声援福纺工人罢工，同时要求日本警察释放被抓去的工人。随后工人们举行了声势浩大的游行示威活动，把罢工斗争推向高潮。

•《泰东日报》等报刊报道大罢工的消息

面对中国工人有组织的、持久的罢工及反抗活动，日本殖民当局焦头烂额，随即策划了镇压活动。从6月25日起，傅景阳、陈德祥等工人领袖，以及罢工工人相继被捕。然而，富有反抗精神的大连工人阶级并没有被血腥镇压所吓倒，反而在党的领导下越来越坚强，开展了一系列反镇压行动：地下党和工学会领导人不避艰险，深入工厂前线，了解情况，解决问题；罢工纠察队队员装扮成农民，在帮助农民干活的同时站岗放哨；全市工人声援福纺罢工的力量不断壮大；争取农民对罢工的支持及争取大连爱国商人对罢工的支持。在党的领导下，最终福纺工人战胜了日本当局的血腥镇压。

•1951 年大连纺织厂全体职工建立的“四二七”大罢工纪念碑

4. 大罢工取得胜利。

持续近 3 个月的罢工斗争，给予日本殖民者沉重的打击。曾经天真地认为罢工斗争持续不了几日的日本资本家，也不得不表示愿意做出让步。中共北方区委认为罢工已经取得胜利，为了保存革命力量，应寻找机会复工。中共大连地委根据中共北方区委指示，决定由福纺工人代表与日本资本家展开谈判。7 月 25 日，经过据理力争，日本资本家被迫答应工人们所提条件，包括增加工资、增加休息日、赔偿罢工工人损失、不准裁减罢工工人、增加午餐时间等。7 月 26 日，在收到大连中华工学会福纺纱厂分会的复工通知后，工人们陆续回厂上班，坚持百天的福纺工人大罢工最终取得了胜利。

•1976 年大连纺织厂党委建立的“四二七”纪念碑

福纺工人罢工斗争得到全国人民的大力声援，在中国人民强大声势的压力面前，日本殖民当局惶恐不安，本打算重判被捕的傅景阳等工人领袖，也在工人运动的压力下迟迟不敢开庭，最终不得不于 1927 年 3 月底宣布傅景阳等人无罪。至此，福纺工人大罢工取得了彻底胜利。

三、大连工人阶级的斗争精神

福纺工人大罢工持续 101 天，其影响不仅限于大连市，更震动了全国。它是大连开埠建市以来第一次有组织的大规模工人罢工，是大连人民反帝斗争的光辉范例。大连中华工学会作为大连成立最早、规模最大、影响最广的工会组织，在大连地下党的领导下，成功地组织了此次罢工活动。到 1926 年夏，大连中华工学会会员已达 4 000 余人，遍布大连市内 13 个日本人经营的工厂，被全国铁路总工会誉为“反日本帝国主义的重心”。在大连中华工学会的宣传教育与领导下，大连工人阶级的革命思想与觉悟不断提高，在深受日本帝国主义和资本家的政治压迫、经济剥削的情况下，以罢工斗争的形式奋起反抗，且越挫越勇，这充分体现了大连工人阶级反抗帝国主义的决心和意志。

王诗宇

益记笔店——东关街的红色遗迹

“近代大连”第五单元“多元文化的交流与融合”展厅有一处景观复原区——东关街。东关街实为近代大连商住两用的华人聚居区，承载着大连人对过往生活的回忆。在这片街区景观里，有一家不起眼的小笔店，叫益记笔店。乍一看还以为是一家普通的卖文具的小店，其实不然，这里是我党于1927年3月秘密建立的联络点。

中国共产党自1921年成立后，就极其重视日本殖民统治下的大连。为开展大连地区的工农运动，1923年冬天，共产党员李震瀛、陈为人等在党中央的委派下秘密来到大连，在大连中华工学会、大连中华青年会、增智学校等进步团体中演讲，宣传马克思主义和救国救民的思想。1924年春，李震瀛再次来到大连，除了帮助刚成立的大连中华工学会修改章程、整顿组织外，他还先后发展了《泰东日报》的印刷工人关向应、赵悟

· 益记笔店

· 第一任中共大连特别支部书记杨志云

尘、傅景阳、董秀峰、孙云峰、梅向阳等人加入社会主义青年团（1925 年 2 月改名为共产主义青年团），建立了社会主义青年团大连特别支部，为党组织在大连的建立奠定了基础。1925 年年末，在党中央的指示下，大连的超龄共产主义青年团才员转为中共党员，党的组织——中共大连特别支部（不久改为中共大连地委）也于 1926 年 1 月成立。自此，大连的反帝反封建斗争运动即在党的领导下艰难地展开。

1926 年 4 月 27 日，位于周水子一带的大连福纺纱厂千余名工人为反对日本资本家变相克扣工资而掀起了著名的福纺大罢工，全市工人在中共党组织的领导下纷纷站出来声援。为便于直接领导这次罢工斗争，大连党组织在中国人大量聚集的东关街一带选择了一处联络点，即现今大连新开路工商银行附近的东风巷 3 号。这处秘密联络点被伪装成一家中药铺，取名仁和堂药店，坐堂医生是来自山东的共产党员牛蕴山。在仁和堂药店，大连党组织负责人召集会议、研究对策，指导福纺纱厂的工人罢工。经过 101 天的斗争，福纺大罢工取得了全面胜利，这极大地刺激了日本殖民统治者。他们发现罢工领导人经常往来于仁和堂药店。在党组织秘密联络点仁和堂药店的目标暴露后，为保存组织力量，中共大连地委决定转移联络点，于 1927 年 3 月迁至东关街华人聚集区的益记笔店。

据曾经在益记笔店做过伙计的邹立孟回忆，"益记笔店是在西岗菜市场斜对过，坐西向东开门。左邻是一家钱庄和万和肉店，右邻是一家洋铁铺。对门是估衣铺、永康大药房。招牌是一块四尺宽、七尺长的白布上面用大抓笔墨水写的：横批湖南分所，竖写益记笔店。每天早晨用竹竿子挑出去，随风飘荡，晚上收回来。是一间大约有十五平方米的门市房，用货架间壁成前后屋。前屋货架摆各种各样的毛笔，有大、小羊毫，大抓笔，龙虎榜套笔。店内摆设简单而整洁，还摆设一盆假桃花，更显得清洁幽雅。只是货的来源是从夹小包笔贩手中买的。后屋是厨房，有个吊铺，开小会都在吊铺上”。到益记笔店碰头或开小会有中共党员邓鹤皋、牛汉臣、王少坡、魏长魁、王立功、李稔年、曲文秀、张启秀、张任光、杜继曾等人。他们假装买笔，或找人，或等人，或两三人在拦柜里外，用很短的时间汇报情况、传递消息、分派工作，有时也在吊铺上开小会。益记笔店的生意不太景气，来此买笔的顾客稀稀拉拉，这反而为我党在此开展工作创造了优越条件。

1927 年 7 月丁子明被捕，供出了邓鹤皋等同志，大连党组织被严重破坏。当时的报纸上狂妄叫嚣：大连共产党已被一网打尽了。大连人民的抗日斗争并未因敌人的残暴镇压而屈服，斗争仍在坚持，革命的火焰仍在猛烈地燃烧着。

邓鹤皋被捕后，党组织的相关工作由韩萍同志负责。他经常在益记笔店开会，研究工作，派在大连无法工作的同事去外地，或经哈尔滨去海参崴（今符拉迪沃斯托克）学习。益记笔店仍然是党的联络中心并保存着党的刊物、文件等。据邹立孟回忆，他们当时还利用青年会举办的夜校、刊物进行宣传活动。他自己也投了三次稿，大致内容是：不要认为我们瘦小枯干，只要我们团结起来，时刻准备力量，就能打倒他（指日本侵略者）。当时有一位以开原李正果为笔名的人投了一篇稿，题目是《我是一个掌破鞋的工人》，描写一个掌破鞋的工人，一家几口人如何日日夜夜地劳动还不得温饱，孩子老婆都过着极为贫寒的生活。内容写得很感人，引起了敌人注意，说这是共产宣传。

• 邓鹤皋

几天后李稔年来找韩萍，谈话间从外面进来两个人——一个中等个子，四十岁左右；

一个细长个子——进来买笔。此时，李稔年站起来说："钱，我明天送来。"（暗示来的是敌人）就走了。那俩人走后，李稔年说："来的是关东州四大特务之一。据我看，敌人是发现这个联络点了。现在不逮捕你，可能是放长线钓大鱼。"两天后接到牛汉臣从沈阳来的信，打开一看，发现已被敌人拆封。这就更证明敌人已经掌握了这个联络点。这时上级党组织又派来杜继曾接替韩萍的工作。邹立孟等人将此事向他做了汇报，经他决定，益记笔店停业，转移至西岗后三道街。

东关街的益记笔店虽是一家临街小铺，但它却是中共大连党组织的早期秘密活动据点，它见证了中共大连党组织在日本殖民统治时期艰苦卓绝的斗争历史，因而意义特别重大，是东关街少有的革命遗迹。

吕　锟

包玉侠珍藏的“抗日放火团”遗物

基本陈列“近代大连”于2013年4月28日试开放之后，博物馆十分关注观众留言。6月25日，工作人员在整理《观众留言簿》时发现，有一页内容填写得非常完整——“大连‘放火团’成员邹立昇、包玉侠孙子在五四节到展参观。谢谢！邹岩2013年5月4日16：05。”在基本信息栏内，该名观众还填写了留言日期、姓名、工作单位、联系电话。

一般来说，像这么完整的观众留言在《观众留言簿》上是不多见的。博物馆的相关业务部门很快与留言人邹岩先生取得了联系。通过了解得知，“抗日放火团”还幸存部分遗物，可惜已于多年前送还山东邹家的老家，目前他们已经失去联系，东西还在不在很难确定。

从陈列的角度来说，大连的“抗日放火团”是大连在40年反抗日本殖民统治的历史长河中一段极其闪光、悲壮、可歌可泣的部分，是需要重点表现和弘扬的内容。当时博物馆的业务人员除了能从史书上查到一些有限的资料以外，很难找到实物，这给博物馆通过实物陈列来讲述历史造成了困难。

如果能找到，那一定是一组红色的革命文物，是一批无价的精神珍宝。当年先烈们为了今天的幸福生活做了那么大的牺牲，作为享受这份自由阳光的人没有理由不付出努力做最后的争取，以告慰先烈们的在天之灵，为子孙后代留下一份精神财富。哪怕是有一线希望也要付出百倍的努力。更何况在藏品征集原则中明确规定，要“做好革命文物，民族、民俗文物抢救性搜集”。

于是，经过多次请示上级，我馆争取到经费，请邹岩先生协助一同前往查找。为了节省开支，大家不坐飞机，改坐轮船、长途客车，在山东省烟台市芝罘区黄务村辗转询问了多人，最后，终于找到部分遗物的下落。

当年，“抗日放火团”组织被日本殖民当局破坏以后，殖民统治者为了找到英雄们放火的证据，所有有关物证几乎被警察宪兵扫荡一空。可经过70多年的漫长岁月，如今又发现了“抗日放火团”领导亲手使用的与放火有关的实物，实属难得，也更显珍贵。

据邹岩介绍：在这组实物中，第一件短流白瓷钵由于非常像家里盛饭打汤的瓷碗，当时在碗柜里放着，敌人没有发现。这件白瓷钵口径17.4厘米、底径10厘米、高7.5厘米，有一短流。瓷钵内壁和底没有施釉，施釉处带有岁月的划痕，内壁无釉的部分有些泛黑，像是火药的颜色。通体敦实、厚重，便于研磨。经查阅资料发现，邹立昇配制的定时燃烧物里，除了用氯酸钾、硫酸、砂糖等作为原材料以外，还有一种特殊的物质，就是鞋油。瓷钵内壁泛黑的颜色应该是鞋油的颜色。

第二件是很不显眼、仅比手掌大一点的木制算盘。敌人想不到它会与放火有什么关系，因而幸存下来。这个算盘单珠13档，长17厘米、宽6.1厘米、高1厘米，重80克。由于使用时间较长，算盘的两端有所磨损，持有者在算盘的两端用铝合金片做了加固。另外，算盘珠的包浆较深，不用放大镜很难辨认算珠也是木制的，算盘的中梁处也有点破损。这个算盘较小，携带十分方便。

• 邹立昇配制火药的白瓷钵

第三件是邹立昇的妻子，也是“抗日放火团”成员之一的包玉侠手写的《控诉书》。控诉书为16开纸，横18.3厘米、纵26.8

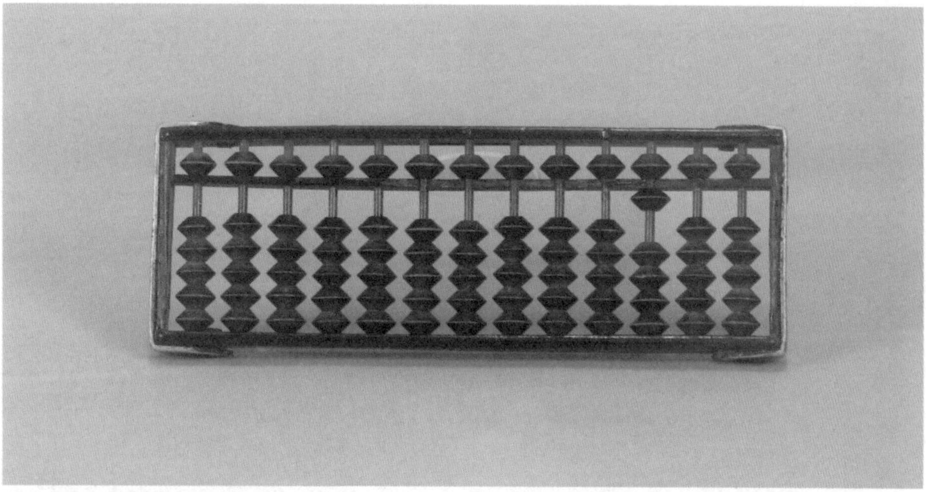

· 邹立昇使用的木制算盘

厘米，共 4 页。纸张已经明显泛黄，左上角别着一只大头针，已经锈迹斑斑，纸中印有深红色横格纹。包玉侠的《控诉书》字迹工整，几乎没有涂改。第四页的落款处没有日期，在包玉侠的名字上盖有一款红色椭圆形的包玉侠手印，印章笔画纤细而清晰。从内容上看，这是包玉侠在 41 岁时所写，“为控诉屠杀中国人民的刽子手日寇伪大连刑务支所（岭前监狱）所长田子仁郎的血腥罪恶”。《控诉书》以包玉侠参加“抗日放火团”被捕入狱后的亲身经历和亲眼所见为依据，控诉田子仁郎的血腥罪行。其中还表述：“既然欠下我们中国人民血债的田子仁郎还存在，这还有机会为牺牲的抗日烈士和先前所被害的和平居民报仇，我要向政府提起控诉……”

那么“抗日放火团”到底是个什么样的组织呢？据史料记载：“抗日放火团”又称“国际情报组”，是 20 世纪 30 年代苏联红军参谋部领导的一个以工人为主体、以破坏日本占领区的军事设施和烧毁日军后方战略物资为目标的国际性反法西斯秘密组织。总部设在上海。大连是日本侵华的战略要冲，自然成为“抗日放火团”的活动中心。

邹立昇（1913—1942），字旭东，又名邹初东、邹关然、孙吉善、周吉。1913 年 10 月 30 日出生于山东省福山县黄务村（今属烟台市芝罘区）一户穷

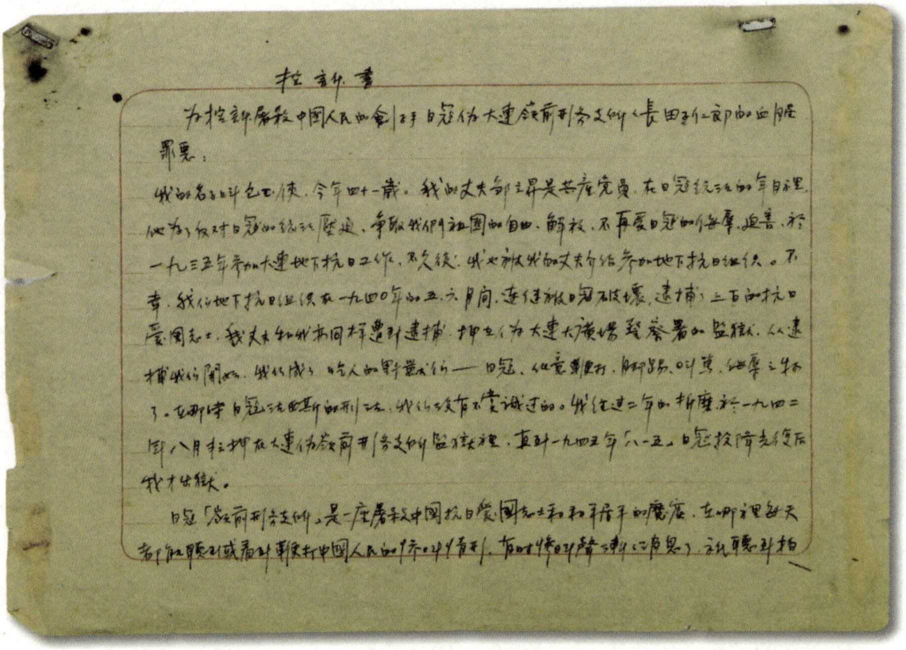
控訴書

为控訴屠殺中国人民的劊子手日寇伪大連嶺前刑务支所長田野仁郎的血腥罪恶：

我的名字叫包玉侠，今年四十一歲。我的丈夫邹立昇是共产党员，在日寇统治的年月裡，他为了反对日寇的统治压迫、争取我們祖国的自由、解放，不再受日寇的侮辱、迫害，於一九三五年参加大連地下抗日工作，不久後，我也被我的丈夫介绍参加地下抗日組织。不幸，我们地下抗日組织在一九四〇年的五、六月间，连续被日寇破壞，逮捕了上百的抗日爱国志士，我丈夫和我也同样遭到逮捕，押在伪大連大廣場警察署的监獄，从逮捕我们開始，我們就受到吃人的野兽们——日寇，他竟鞭打，脚踢，吊起，侮辱之极了。在那裡日寇法西斯的刑法，我们没有不受識过的。我经过二年的折磨，於一九四二年八月转押在大連伪嶺前刑务支所监獄裡，直到一九四五年「八一五」日寇投降走後后我才出獄。

日寇「嶺前刑务支所」是一座屠殺中国抗日爱国志士和和平居民的魔窟，在那裡每天都能聽到或看到鞭打中国人民的惨叫情形，有时惨叫聲连续不断，就聽到拍

· 包玉侠写的《控诉书》

苦人家。6 岁时其母亲去世，他曾沿街卖过报纸，当过酿酒店小伙计、报馆印刷工、政记轮船公司售票员，因性格倔强，不服欺压而屡遭开除失业。1928 年，他怀着为国出力的抱负，投奔军阀刘珍年军第二十一师当兵，因写一手好毛笔字，晋升为准尉，做文书和军需等工作。在目睹了军阀部队的黑暗后，于 1932 年离开旧军队回家。之后，因生活困苦、度日如年、有志难展，于 1934 年 4 月携妻带子闯关东，到大连码头当临时苦力，住在劳工宿舍“红房子”里。3 个月后，他结识了旅顺地区从苏联受训回国的“抗日放火团”负责人李寿山。在李寿山的帮助和影响下，懂得了“要救中国，靠军阀不行，靠国民政府也没有指望。中国要独立、要富强，就得组织起来和日本侵略者斗争”的道理。经李寿山介绍，邹立昇加入了大连地区“抗日放火团”，接受了李寿山对他的秘密培训，学习和掌握了放火、制造发火装置等技术和“发展组织”的活动方法。邹立昇是“国际情报组”在大连发展的“抗日放火团”

里的第一任成员。

1935 年 6 月 25 日晚 8 时，邹立昇指挥“抗日放火团”成员高绪慎，利用工作条件之便，把他制作的定时发火装置放置在满洲油漆株式会社的油漆仓库，成功地施放了大连“抗日放火团”历史上的第一把火。之后，他把新研制的定时发火装置分发给队员，让他们寻找时机，采用定时引爆手段实行放火，造成自然火灾的假象，以迷惑日本殖民当局。正是采用了这种定时燃烧的先进手段，保证了行动的成功，使日本殖民当局在较长时间里一直怀疑这些火灾属于自然火灾。

“抗日放火团”大连地区负责人多次变动，但实际工作的主要领导者是秋世显和邹立昇。他们以苦力职业为掩护，以认同乡和交朋友的方式发展组织成员，在大连 10 多个工商企业中发展了近 70 名放火工作员，设立了 3 个情报组。为保证情报组的安全，各个情报组之间不发生横向联系。邹立昇负责三者之间的联络并直接领导一个情报组活动。

据 1941 年 11 月日本关东军参谋本部在《国际工作班的概况》（日文）中的统计，“抗日放火团”从 1935 年 6 月开始对日本在华军事目标进行放火、爆破等破坏活动，直至 1940 年 6 月组织被破坏为止；5 年时间里，在安东（今丹东）爆破铁路 1 次，在天津放火 10 次、爆破铁路 6 次，在北平（今北京）爆破铁路 1 次，在青岛放火 3 次，在大连实施放火 57 次，总计 78 次。“抗日放火团”的破坏活动，是卢沟桥事变前日军在华后方基地遭受到的最沉重打击。

· 在狱中的大连“抗日放火团”负责人邹立昇

邹立昇于 1940 年 7 月 3 日被日本殖民当局逮捕。日本殖民当局用尽种种酷刑，邹立昇手指被铁筷子夹断，皮肉被剥掉，但他仍然宁死不屈。1942 年 8 月 12 日夜，他与同监的抗联战士周明霄在大连刑务支所成功越狱，藏匿在老师刘桂林家中。其间曾 4 次化装出走，准备北上参加抗日联军，但因日本殖民当局在码头、车站和交通要道悬赏缉拿，再加上重伤在身，行动不便，未能成功。8 月 25 日晚，因汉奸告密，邹立昇不幸再次被捕。日本法西斯先是野蛮地打断他的双腿，使其不能站立，接着把他关押到旅顺刑务所（旅顺监狱），比前次逮捕时更加野蛮地摧残他。狱友见他“被折磨得光剩个骨架子，面如土色”。1942 年 12 月 9 日，邹立昇在旅顺监狱英勇就义，时年 29 岁。

据史料记载，大连“抗日放火团”在上级的领导下，有一定经费支持。作为活动负责人，要带领那么大一个地下组织，一定需要有账目管理的，这是使用该算盘的原因之一；第二，邹立昇在研制定时发火装置时，对药品比例的确定和定时燃烧的计算也少不了这种工具；第三，邹立昇为了隐蔽自己曾多次搬迁的住所，只有使用这种小型的工具，才便于携带。

包玉侠，邹立昇之妻，“抗日放火团”交通员。1940 年 7 月 3 日，包玉侠与丈夫邹立昇同时被捕，在狱中受尽了殖民统治者的各种酷刑，直到 1945 年日本投降，她才从旅顺监狱中被解救出来。

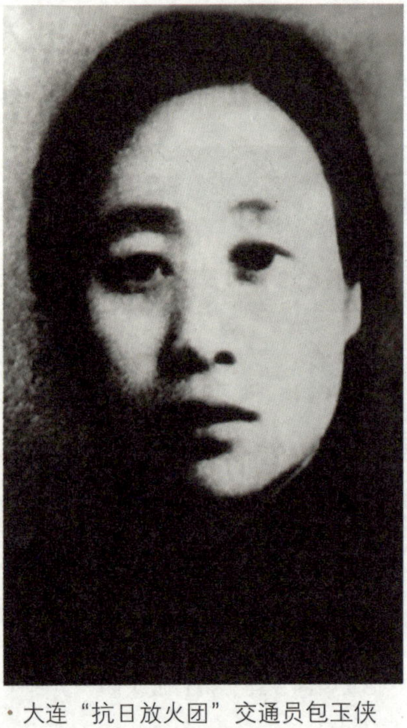

· 大连“抗日放火团”交通员包玉侠

据史料记载：“抗日放火团”采取严格的秘密活动方式，在正常情况下，各地区组织之间切断横向联系，谋划活动的情报、资金和制造发火装置用的原材料，一般通过派遣女交通员送到指定地点和指定人手中。全面抗战爆发后，包玉侠从 1937 年 12 月至 1939 年 3 月，多次带着幼子邹显容乔装打扮，到天津、北京、沈阳等地传递情报，将急需的制造发火装置用的原材料等物资带回大连。

大连“国际情报组”实施放火行动

的药品一方面是从上级领取，另一方面是自己配制。有一种最新配制的烈性引爆炸药，它采用定时装置，准确率高、引爆力强、杀伤力大，但缺点是来回传递危险性太大。邹立昇根据上级的指示，结合多次放火的经验（此前上级曾派他到天津、北京丰台组织过多次放火活动），让妻子包玉侠领着儿子在门外望风，自己则在屋里一次又一次地进行发火试验。包玉侠曾经看到过邹立昇制造的引火装置，她这样描述："大概是肥皂大小的一块，中间挖个洞，弄个小药瓶放在洞里，小药瓶里装的是镪水，外面再盖一层药。说几点着就能几点着。"

显然，包玉侠并不清楚引火装置的原理，不过，她的描述帮我们提供了推测的线索。要想神不知鬼不觉地对目标放火，这种引火装置需要有几个特性：一要完全燃烧，事后不留痕迹；二要燃烧剧烈，一旦燃起就难以扑灭；最后，也是最重要的一点，要能够延时或者定时引燃。如包玉侠所说，引火装置用到了镪水，应该是利用了化学反应。镪水就是硫酸。最简单的办法是将硫酸与其他几种化学物质混合，几样东西混在一起就会引发剧烈燃烧。

至于定时装置，应该是利用了硫酸的腐蚀性。使装硫酸的小药瓶或者瓶塞慢慢被腐蚀，硫酸流到外面，与其他几种化学物质发生化学反应后燃烧；而周围再辅以助燃物质，一下子引发大火。这个过程大概需要几个或十几个小时的时间。这样，"抗日放火团"的成员只要把这个装置偷偷放在目标的易燃位置即可。待到火起，放火人早已远离火场，无处可查了。如果不是他们将这种定时发火装置研究得如此科学，想要顺利通过敌人严格盘查的"卡子门"谈何容易。事实上，机智的抗日放火队员们是将它藏到煎饼里才通过了敌人的盘查。

"抗日放火团"一案，是20世纪30年代和40年代日本治下关东州的惊天大案，是彪炳大连史册的抗日活动。日本动用警察和司法人员合计近3 000人，迫害嫌疑涉案的大连工人达百余人次。其中，判刑下狱数十人，处以极刑10余人。日本统治者对大连工人和大连人民犯下了滔天罪行。

"抗日放火团"是日本统治旅大时期，参加人员最多、活动时间最长、对日本当局打击最大的国际性反法西斯秘密组织。其中的大连工人机智勇敢地同日本侵略者进行的殊死搏斗，是英雄的大连工人阶级气壮山河的抗日斗争的缩影，他们的功绩将永载史册。

2018年，“抗日放火团”成员邹立昇制作燃烧物用的瓷钵、1954年“抗日放火团”成员包玉侠的《控诉书》，因其重大的历史价值被文物定级专家评定为国家二级文物；“抗日放火团”成员邹立昇所用算盘也被评定为国家三级文物。

谷振释

刘长春参加第十届奥运会使用的皮箱

“近代大连”第五单元“多元文化的交流与融合”中展出了大连博物馆的一件珍贵藏品——刘长春参加第十届奥运会使用的皮箱。这只皮箱长50厘米、宽46厘米、高15厘米，外层为褐色牛皮，内部镶贴厚纸板，以土黄色帆布衬里；提梁、锁扣缺失，箱体牛皮脆裂，已有多处破损。据博物馆藏品档案记载，该皮箱由刘长春四子、大连理工大学人文社会科学学院刘宏图教授于2001年9月24日捐赠，一同捐赠的还有一块刘长春20世纪80年代在大连理工大学从事体育教学时使用过的秒表。据刘宏图介绍，该皮箱为其父亲刘长春1932年参加第十届奥运会时使用，为张学良将军的赠品——赠送时，还随箱赠送了一身西装。这件珍贵的赠品一直由其母亲姜秀珍收藏，经常拿出来

· 刘长春参加第十届奥运会使用的皮箱

· 著名大连籍短跑运动员、当时的东北大学学生刘长春

擦拭灰尘。"文革"期间，为避免麻烦，其母亲揭掉了箱盖上粘贴的美国、德国、意大利等国的通关标签，如今只留有印痕。刘长春参加第十届奥运会使用的皮箱不但是中国人第一次参加奥运会的珍贵遗物，而且还见证了刘长春、张学良等人崇高的民族气节，因而具有重要的历史价值，2011年被评定为"辽宁十大馆藏文物"（近现代类），2018年被评定为国家二级文物。

刘长春，1909年出生于辽宁大连，小时候就展现出短跑方面的优秀潜质。1927年冬，东北大学足球队到大连参加比赛，18岁的刘长春作为替补队员登场比赛。在球场上，刘长春的奔跑速度及身体的灵活性、协调性都无与伦比，这引起了东北大学足球队领队的注意。比赛后他被选调到东北大学学习。1929年，东北大学体育专修科成立，刘长春转入体育专修科。同年5月31日至6月2日，第十四届华北运动会在沈阳召开，刘长春在这次运动会上表现突出，先后打破了100米、200米、400米三项短跑的全国纪录，成绩分别为10.8秒、22.4秒和52.4秒，成为国内一流的短跑名将。

1932年夏季，第十届奥运会将在美国洛杉矶召开。为借此机会宣扬刚刚成立的伪满洲国，日本人积极拉拢刘长春，许以高官厚禄，让其代表伪满洲国参赛。与此同时，伪满洲国政府也在《泰东日报》上刊发消息称：将派刘长春和于希渭代表伪满洲国参加第十届奥林匹克运动会，已通过国际奥委会的认可，将递交“国旗”“国歌”等。这则假消息引起了全国舆论的一片哗然，许多爱国报纸、青年团体、进步人士纷纷发声，有的揭露《泰东日报》的消息是不折不扣的假消息，有的积极呼吁南京国民政府采取对策，让刘长春代表中华民国参加奥运会。可蒋介石的国民政府根本不热心此事，更无意出资资助刘长春参加中国人的第一次奥运赛事。

刘长春没有被日本人的利诱所迷惑，于5月末在《大公报》上发表声明：“我是中华民族炎黄子孙，我是中国人，决不代表伪满洲国出席第十届奥林匹克奥运会。”随后，刘长春又于6月11日投书天津《体育周报》，再次表明了自己的态度并声言：“良心尚在，热血尚流！岂能叛国，为人马牛！”可谓气节凛然，句句铿锵。

刘长春的民族气节和爱国之心感动了当时的少帅张学良，最后张学良决定出资赞助刘长春赴美参赛。张学良赞助的经费为8000银圆，约合1600美金，在当时已属一笔巨额资金。此外，考虑到刘长春旅行的方便和中国人第一次参赛的形象，细心的少帅还赠送刘长春一个牛皮旅行箱、一身西服，以教练兼翻译的身份安排我国著名体育教育家宋君复陪同前往。

1932年7月8日上午的上海新关码头，刘长春在众人的注目下，踏上美国威尔逊总统号邮轮开始远航。在太平洋上漂泊了21天后，于7月29日在洛杉矶码头下船。次日，第十届洛杉矶奥运会即开幕，中国代表团在第8顺位出场，刘长春高举国旗走上场。这一刻他向全世界宣布：中国人终于第一次来到了奥林匹克赛场。7月31日，舟车劳顿的刘长春来不及倒时差、调整状态，即站在了男子100米预赛的跑道上，最终跑出了11秒的成绩，取得了小组第五，没有进入总决赛。8月2日，刘长春又参加了200米预赛，取得了小组第四，同样没有取得决赛权。刘长春自感当时体力不支，外加没有受到过系统的训练，400米的比赛没有参加，而是放弃了比赛。8月21日，刘长春结束了他一个人的奥运之旅，搭乘柯立芝总统号邮轮归国。20多天的海上漂泊后，刘长春再次登陆上海，依然受到了上海民众的热烈欢迎。对中国而言，此次参与奥运会的意义已经远远大于赛场的成败。

刘长春代表中国参加第十届奥运会的田径比赛，是中国参加奥运会的第一人。他的参赛开启了中国进入奥林匹克运动的大门，在中国奥运史上具有划时代的意义。另外，刘长春义正辞严的声明，体现了他本人崇高的民族气节，粉碎了日本殖民者妄图分裂中国的阴谋，这对当时其人民被称为"东亚病夫"的苦难中国来说，无疑具有重要的意义。

马　骞

特殊解放区时期的旅大

38分钟影像资料里的历史故事

2015年是中国人民抗日战争暨世界反法西斯战争胜利70周年，为了纪念这一重大历史事件，大连博物馆开始策划原创展览，展品资料的征集工作随之展开。围绕展览大纲而开展的征集工作范围极广，征集人员不但关注国内市场，还通过各种关系收集俄罗斯、日本的展品资料信息，也陆续征集到一批珍贵的文物资料。在这批文物资料中，馆领导借出访俄罗斯的机会，在俄罗斯电视台工作人员协助下征集到了一份二战时期苏联红军出兵中国东北对日作战共计38分钟的影像资料，因其中含有与大连相关的内容而显得弥足珍贵，填补了馆藏品此类别的空白。

那么，苏联红军为何能够出兵中国东北对日作战呢？ 1943年，第二次世界大战战场形势发生了根本性转变，盟国已经取得了战略进攻的主动权。斯大林曾在德黑兰会议上对当时的美国总统罗斯福和英国首相丘吉尔说：“一旦德国垮台，我们就可以联合起来打击日本了。”也是他的这句话，使得在德国法西斯败局已定的情况下，三国领导人于1945年2月4日至11日在苏联克里米亚半岛的雅尔塔皇宫——前沙皇的避暑行宫里又走到了一起，研究讨论对日本作战的问题。斯大林提出了苏军出兵中国东北的条件：维持蒙古人民共和国的现状；日本1904年破坏的俄国以前的权益需要恢复，即萨哈林岛（即库页岛）南部及邻近一切岛屿须交还苏联；大连商港须要国际化，苏联在该港的优越权益须予保证，苏联之前租用旅顺港为海军基地的权益也须予以恢复；对沟通大连与外界联系的中东铁路和南满铁路，应设立一中苏合办的公司共同经营；千岛群岛须交给苏联。最后达成近代历史上著名的《雅尔塔协定》。

1945 年 8 月 9 日 0 点 10 分，苏联红军从东、西、北三个方向，在四千多公里的战线上越过中苏、中蒙边境，对关东军发动突然袭击。经过近一周的激战，苏联红军各集团军势如破竹，推进至东北腹地。8 月 15 日中午，日本天皇发布了投降诏书。8 月 17 日，关东军向苏联红军缴出武器。8 月 18 日下午，关东军司令部向所属部队下达了投降命令。8 月 19 日下午，苏联红军进入沈阳并在这里俘虏了末代皇帝溥仪。8 月 22 日，苏联红军进入大连，大连解放。

这份 38 分钟的纪实影像资料，采用电影拍摄的技术，记录了苏联红军 1945 年出兵中国东北击溃日本军队和进入大连旅顺的场面。其中前 6 分钟有俄语解说，后面只有极少量的俄文字幕，无配音，为无声影像资料。

· 苏军出兵东北（图一）

这份 38 分钟的纪实影像资料，少有剪辑编排，大部分为战斗场面，这在以往相关影像资料中很少见到。从这份资料中，我们能够看到数十架飞机编成队形轰炸日军要塞、炮楼及其他军事目标；成排的榴弹炮、加农炮、火箭炮万炮齐发，实施地毯式轰炸；几十辆坦克掩护着步兵在一望无际的大平原上向前挺进；海军快艇、登陆艇不断地将步兵运

· 苏军出兵东北（图二）

到岸上，使士兵在岸上集结……从资料上还可以看到苏联红军作战的威武身姿，他们或以马拉加农炮行进，或用潜望镜观察指挥，或持火焰喷射器喷射日军碉堡、炮楼，或以马克沁重机枪扫射日军阵地，或端着波波沙冲锋枪紧随坦克行进，或持安装有瞄准镜的莫辛－纳甘步枪狙击日军，或高举骑兵战刀风驰电掣地扑向敌人……

在这份影像资料当中，我们还能看到有一只眼缠着绷带的苏联红军指挥员仍然坚持指挥战斗，受伤的苏联红军士兵正在接受包扎，脸有伤疤的苏联红军指挥官在队前讲话鼓舞士气，被摧毁的日军炮兵掩体及装备满地狼藉，横七竖八地丢弃于阵前的日军尸体……残酷的战争画面让人触目惊心。

正义与和平的历史车轮是无法阻挡的。从影像资料中可以看到苏联红军登上了中国的长城，这是胜利者的姿态，代表着世界反法西斯力量的最终胜利；代表着在苏联红军的帮助下，在世界反法西斯力量的联合打击下，中国人民艰苦卓绝的抗日战争取得了最后的胜利。

从影像资料中，我们还能看到大批的日军举着双手从掩体工事里缴械投降的画面。日军再也没有往日的趾高气扬，再也没有往日的耀武扬威，这是日本法西斯分子的最终下场。

1945 年 8 月 22 日，苏联红军的两支空降部队分别降落在旅顺土城子和大连周水子机场，经历了 40 年殖民统治、殖民压迫的大连最终解放。影像资料中，大批的苏联红军坦克钢铁洪流般地开进了大连，大连人民为解放而欢欣鼓舞，拥挤在街道两侧，个个喜笑颜开，高举着双手，热烈欢迎英勇的苏联红军进城，大连到处呈现一派热烈而祥和的景象。

· 日军缴械投降

这段珍贵的影像资料，还收录了苏军解放东北其他城市的珍贵画面。在入城仪式上，苏军迈着铿锵的步伐，以分列式的整齐队形接受群众的检阅。当地百姓欢欣鼓舞，手举列宁头像，打着横幅热烈欢迎苏军。身穿洋装的俄罗斯妇女向胸前挂满军功章的苏联红军抛撒鲜花，身穿民族服装的朝鲜族群众也高举双手欢呼鼓掌。苏联红军的坦克停在海边修整，热情的老百姓凑了上来帮助清理履带装甲上的尘土。露天场地联欢会上，苏联红军为中国老百姓表演军刀舞、俄罗斯民族舞和手风琴、三角琴演奏等节目。其中还有中国老百姓围观苏联红军摆弄便携式电唱机的镜头，以及苏联红军好奇地观看中国儿童玩“欻（chuā）嘎拉哈”游戏的镜头等。这一段段无声的珍贵镜头真实记录了东北解放的历史，记录了东北人民摆脱殖民枷锁后的喜悦。

· 大连市民欢庆胜利

谷振释

大连公安总局的珍贵文物

“近代大连”第七单元“大连解放与人民政权的建立”展线上陈列着一组革命文物，为大连解放初期的公安警哨、警棍、棉帽。白铜质的警哨依旧有光泽，半米长的黑木警棍彰显时代印记，棉布缝制的两侧带护耳的棉帽经过漫长的岁月已明显褪色。这组革命文物2014年征集入馆，为大连解放初期我党领导建立的大连公安遗物，见证着特殊时期公安机关的成长历史。大连公安始建于1945年11月7日，当时称大连市警察总局（同月改称大连公安总局）。1946年2月15日，时任东北民主联军副政治委员罗荣桓曾说：“我们党领导下的城市搞警察，大连是第一个。”大连公安总局是保卫新生民主政权的光荣队伍，为打击大连解放初期各种反动势力，巩固新生政权，支援全国解放战争做出巨大贡献。

一、大连公安总局的成立

大连公安总局的建立有其特殊的历史背景。1945年8月，日本刚刚宣布投降，旅大地区回归祖国。当时，代表中国与苏联签订《中苏友好同盟条约》的是国民党政府，因此，旅大地区的归属权就成为国共双方斗争的焦点。在整个接收政权的斗争中，我方开始并没有优势，好在按照《中苏友好同盟条约》规定，由苏联红军对旅大地区实行军事管制，掌握整个经济社会大局，为我们与国民党的斗争提供了很多支持。在当时的情形下，大连市共有苏联、国民党、共产党三方力量角力。苏联表面上不参与双方斗争，但是暗地里支持共产党，国民党则公开成立大连市党部，挂上了“中国国民党大连市党部”的牌子，每天组织一些青年学生在党部所在地金城银行北边关东贸易联合会的三楼平台上唱国民党党歌，宣传造势，利用大连人民对新生政权的不了解，对共产党、八路军的模糊认知，大力宣传国民党的功绩，还嚣张跋扈地造谣抹黑共产党，与南京国民政府紧密联系，企图营造国民党接收旅大的社会舆论氛围。

重庆谈判之前，解放战争就已经开始了。党中央在延安做出决定，成立了中共东北局，派出大量干部到东北，要求山东地区的部队也陆续开往东北，开辟新的东北解放区，扩大在东北的影响力，特别是要赶在国民党之前到东北占领大城市，接受日本投降。由于大连地区已经被苏军军事管制，中共中央东北局派韩光同志来大连与苏军驻大连警备司令高兹洛夫中将商谈。苏军对我方表示支持，同意中国共产党在大连成立警察机关。1945 年 9 月，我党就先派出 7 名同志，组成东北抗联大连工作组，协助苏联红军开展大连地区的治安工作。工作组的成员先后被任命为西岗区、沙河口区、甘井子区的苏联红军警备司令部副司令，负责所在区的公安工作。他们到任后，掌握各区警察局领导权，整治各类非法武装，消除社会不稳定因素，稳定社会秩序，为大连公安总局的建立和发展奠定了坚实的基础。

1945 年秋季，中共中央东北局任命韩光同志为中共大连市委书记，还精挑细选，抽调了 30 多名骨干力量到大连开展政治、经济、治安各方面工作。时任中共中央东北局书记彭真明确工作目标，告诉韩光等即将到大连工作的干部首先要把大

· 棉帽

· 帽徽（图一）

· 帽徽（图二）

连的政权拿到手。10 月，中共大连市委成立，这是旅大地区最高的中共领导机关，从此以后，大连的各项工作即在中共大连市委的领导下全面开展。11 月，成立了大连公安总局，苏军签发了委任状，由赵东斌同志任局长，办公地址在斯大林广场三号（也就是今天的大连市公安局机关驻址）。因为中共大连市委不便于对外公开，市委机关与大连公安总局在一起办公，中共大连市委书记韩光同志对外也以大连公安总局训练处主任身份开展工作，同时也兼任大连公安总局政委。

二、第一任局长赵东斌

赵东斌真名赵杰，生于 1913 年，河南商城县人。1928 年参加中国工农红军，1933 年加入中国共产党。中华人民共和国成立后，曾任东北军区装甲兵副司令员、中国人民志愿军坦克兵司令员、沈阳军区装甲兵司令员、第一坦克学校校长、中国人民解放军装甲兵副司令员，在 1955 年首次授衔中被授予少将军衔。

1945 年 10 月，中共中央东北局委派韩光来大连和苏军商谈山东军区八路军通过海路由大连北上问题时，苏军同意放行并提议希望尽快成立中共大连市委和公安总局。东北局便派山东滨海分区司令员赵杰到大连市担任公安总局局长。赵杰同志接到命令后，立即携妻子启程。到大连后，为了隐藏身份，改名为赵东斌。当时因为实行军事管制，苏军签发了委任状，委任其为大连警察总局局长，于是，赵东斌同志成为大连公安历史上的第一任公安局局长。

总局成立之初的大连地区治安形势相当严峻。因为大连之前在日本统治之下，日本投降后，治理形成空白，社会秩序混乱，各种反动势力异常活跃。既有国民党采取各种手段企图夺取领导权，又有部分残留的日伪政权势力继续进行破坏活动，对城市安全产生较大影响。在这种情况下，大连公安总局及时扭转形势，大力开展工作，针对国民党和日伪敌对势力的阴谋破坏活动予以重击，有效维护了大连地区的经济、社会秩序，使得大连经济、社会稳步发展，全力生产各类物资，支援东北乃至全国的解放战争。1946 年年底，根据工作需要，赵东斌同志转任辽宁军区副司令员，离开了大连。虽然他在大连工作仅仅一年多时间，但在这段艰难困苦的岁月中，赵东斌同志为大连解放初期地区社会秩序的迅速稳定和保卫新生民主政权做出了重大贡献。

三、自力更生，丰衣足食

大连公安总局成立后，由于社会经济状况比较落后，警察的经费和物资没有可靠保障。当时的后勤供给主要靠没收少部分敌伪财产来维持，即便如此，也根本满足不了实际需要。没有物质和经济基础，部队就难以站稳脚跟，民主政权也难以巩固。在这个特殊的历史时期，为了缓解当时的困难，减轻政府和人民的负担，大连公安总局从实际需要出发，通过创办工厂、经营商店和组织农副业生产，度过了那段最艰难的时期。同时，为了扩大经费来源，大连公安总局还成立了一个敌伪财产没收委员会，挖掘隐藏的敌伪财产作为经费。但是这项工作并不顺利，敌伪分子利用苏军，与没收委员会对抗。有时候，刚刚没收到的物资，还没运回来就被苏军给截了，这给没收工作带来很大的困难。正好刘亚楼将军刚刚从苏联留学归来，随苏军来到大连。与组织联系上后，刘亚楼将军亲自处理，与苏军进行了很好的沟通。在他的协调下，没收委员会的工作开展得越来越顺利，被没收的财产也越来越多。在没收几家大的百货商店之后，中共大连市委要求大连公安总局使没收的商店正常营业，承担市场责任。于是，大连公安总局成立了新华公司，负责多个公安总局所属企业的经营管理。新华公司除了正常经营外，还负责继续接收处理敌伪财产没收委员会没收的财产；受东北军区萧劲光同志的委托，代表中共中央东北局向苏军办理物资交涉，签订贸易合同；在遣返日本移民回国时，收购日本人处理的各类物资。这些物资的收购和经营，在财力、物力上有效保证了大连市委、公安总局的工作需求。

刚来大连的公安干部，基本都来自解放区，穿着解放区的军装，加上制式不统一，不够正规。到大连后，敌伪财产没收委员会没收了部分日本统治大连时期的单警服，便以此作为制服使用，但是天气转冷后，冬装的急需成为新的问题。为有效解决公安干部的穿衣问题，总局决定由新华公司开办一个大型被服工厂，招聘工人、购买材料，开始公安干警的被服生产。这个工厂后来不仅生产大连地区的公安干警被服，还为辽东军区生产被服。两年后，这个工厂已经有 258 名工人，从单一的生产服装发展到生产手套、衬衣、大衣、棉衣、领章、臂章等。与此同时，总局还根据市委的指示，让新华公司扩大生产，开办商店，增加收入。据统计，到 1946 年年底，公安系统共有大小商店 18 家。后来，总局专门召开了生产供给会议，提出了“与群众同甘苦，与前线共患难，度过党和人民艰难时期”的口号，要求全局因地制宜，积极开展生产运动。总局机关组织干警利用业余时间开荒种菜，开办了中苏农园、更生农园、董家沟盐场等，大量种植果树，还饲养了许多家禽。基层公安局则从实际出发，开展了捕鱼、打蛎子、捞海菜、拾柴、产盐、做鞋、打铁等多种农、副业生产，有效实现了经济上的自给自足。

四、积极支援前线

大连公安总局建立时，解放战争也刚刚开始。大连公安总局在做好自身工作的同时，还要支援解放战争，打败国民党。当时的辽东军区和中共大连市委均要求大连公安总局要大力扩警支援前线，强调“扩军扩警工作是全党的紧急任务，应以战斗的姿态，克服一切困难，完成这一光荣任务”。根据这一指示，大连公安总局制订扩警计划，设立了扩警扩军处，本着“一切为了前线，一切为了打败国民党反动派”的指导思想，通过“兵扩兵、警扩警、老兵扩新兵、新兵也扩兵”的方法，全面开展扩警扩军工作。由于急速扩警，总局警力迅速增加，不久即达万人。

大连公安总局对新扩招的兵员进行军事训练，将大部分送到解放战争前线，支援解放战争。根据资料记载，大连公安总局先后向前线输送兵员 6 批，为支援解放战争做出了重大贡献。同时，大连公安总局积极发挥优势，为新的解放区公安机关输送公安干部，为各地公安工作提供支援。根据资料记载，大连公安总局仅 1948 年后，就向东北的哈尔滨、沈阳、部分辽南城市及江南解放区输送派出所所长以上级别公安干部 400 余人。其中，1948 年向哈尔滨公安总局调去 52 人，支援沈阳公安局派出所所长以上级别干部 200 余人。1949 年 3 月至 7 月，分三批支援江南新解放区派出所所长以上级别干部 120 余人，有力支援了各解放区的公安工作。

在提供人力支援的同时，大连公安总局还对东北和华东军区给予财力、物力的支持，特别是在东北解放战争中，成为东北军区的后方供应站。在 1946 年年初，萧劲光同志特地来到大连，要求提供一批布匹，为关内来东北的部队制作被服。大连公安总局接到任务后，立即组织人力进行采买收购，将商店里能够提供的布匹都送了出去，圆满完成了上级交办的任务。同时，还将敌伪财产没收委员会没收的部分枪支、医药和医疗器材都转运到东北战场，以新华公司的名义通过贸易商到南朝鲜采购医药、棉布、棉纱、汽油等物资，提供给前线部队使用。

郭嘉文

特殊解放区大连的红色报纸

“近代大连”第七单元“大连解放与人民政权的建立”展线上陈列着几份大连解放初期创办发行的报纸，有《新生时报》《民众报》《旅大人民日报》《职工报》《农民报》《关东日报》等。这些报纸均为红色革命文物，它们的宣传报道起到了以报纸教育群众、组织群众、发动群众、武装群众的重要作用。以下简单介绍一下这几份报纸的创办发行历史。

1945 年 8 月 9 日，根据《雅尔塔协定》，百万苏军从三个方向越过中苏边界，向盘踞东北的 70 万关东军发起全线攻击。8 月 15 日，日本宣告无条件投降，历经近半个世纪殖民统治的大连解放，成为苏军管制下的特殊解放区。

由于长期的殖民统治，解放后的大连，各种反动势力猖獗，社会秩序混乱，交通受阻，学校停课，工厂停工，商店关闭，盗匪四起。在这种情况下，韩光受中共中央东北局委派秘密来到大连，在苏军的暗中支持下开展工作。为打开我党在大连的工作局面，在中共中央东北局“抢形势”“搭架子”的方针政策下，大连党组织领导社会进步力量积极开展宣传工作，创办了《新生时报》《民众报》《人民呼声》《职工报》《农民报》《关东日报》等红色报纸。

1945年10月27日，在旅大苏军的主持下，大连各界代表在大和旅馆集会，选举成立了大连市民主政府。新成立的市政府接管了大连解放前由日本人掌控的《泰东日报》，于 10 月 30 日创刊大连市政府机关报《新生时报》。

《新生时报》社址位于大连飞弹町 67 号（今大连中山区新生街 62 号），

为原泰东日报社旧址。《新生时报》创刊时为四开二版，其中第一版为地方新闻和时事要闻，登载市政府和苏军司令部的命令、决定、施政方针及政府的工作报告；第二版为一般时事电稿。1946年6月，国民党发动的内战爆发,《新生时报》改出四版，第一版为地方要闻，第二版为国内新闻，第三版为国际新闻，第四版为副刊。1947年元旦起，中共旅大地委发起大生产运动。为适应新形势的宣传需要,《新生时报》更新了版面，大力报道政权建设、恢复生产、安定民生、反奸清算、搬家运动等新闻。

《新生时报》除了对国内外时事及地方新闻进行报道外，还特别注重对文化艺术的宣传。创刊不久，报纸即设立文化特辑专栏，1946年6月改出四版后，每天刊出整版副刊，登载散文、诗歌、杂文等文艺作品，还开设了《戏剧周刊》《妇女生活》《习作园地》等专栏，邀约一批有名望的作家和青年文学爱好者撰稿，受到广大读者的一致好评。

大连解放初期，我党不能公开开展工作，民众对我党还缺乏正确的认识，苏军希望我党能创办报纸，有策略地宣传党的政治路线、方针、政策。1945年11月23日，旅顺《民众报》以旅顺民众联合会名义创办，实际是中共旅顺市委机关报。《民众报》的办报方针和指导思想为宣传我党的政治路线，鼓舞群众积极参加新民主主义革命的政治斗争，揭露国民党反共的真实面目及其发动内战的阴谋，号召人民跟着共产党翻身闹革命。

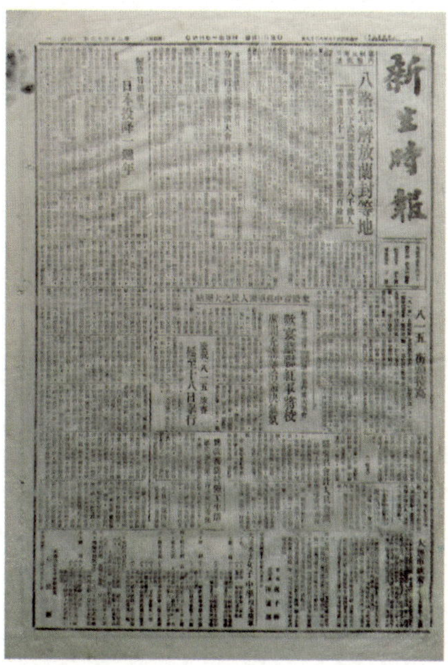
新生時報

·《新生时报》

《民众报》创刊之初，报社人员很少，组织机构只有编辑部、印刷厂两部分，主要领导人由胶东解放区派来，社址在旅顺博爱街。开始时每三日出一刊，四开二版。后来工作人员不断增多，报社也相应发展，建立了通联科和编辑科。1945 年 12 月下旬报纸改出两日刊，1946 年 9 月 25 日改为日刊，对开二版，发行份数由最初的千余份增至近万份。

1946 年国民党发动内战，对大连进行海陆封锁，大连地区因之粮食匮乏，群众生活日见困苦。为克服眼前的这种困难，《民众报》开始积极宣传我党恢复生产、发展生产的方针政策，突出报道了在分配官地、搬家运动、大生产运动中的先进经验、先进个人和典型事迹。

1947 年 4 月，旅大关东公署成立，成为旅大地区最高行政领导机关，统辖大连市、旅顺市、金县、大连县。党组织决定将大连市政府机关报《新生时报》与中共旅顺市委机关报《民众报》合并，改出关东公署机关报《关东日报》。5 月 20 日，《关东日报》创刊，直至 1949 年 3 月 31 日停刊，办报时间将近两年。

《关东日报》的机构设置包括编辑部、采访部、经理部三大部门。最初的社址位于大连市松山街 5 号，后几经搬迁。《关东日报》创刊初期为日刊，对开四版（有时出对开二版）；1947 年 7 月 20 日起改出对开二版；同年 9 月 1 日起改出四开四版，隔日刊；同年 12 月 1 日起又改为对开二版，日刊（有时出四版）。

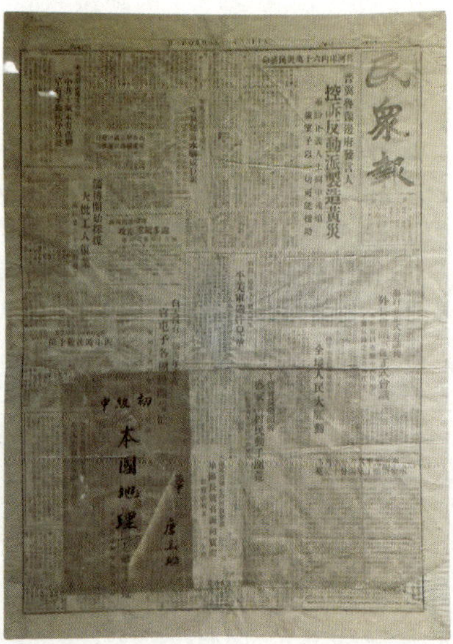
民衆報

控訴反動派製造荒災

本國地理

·《民众报》

《关东日报》始终围绕发展生产，安定民生的总目标，积极宣传报道旅大地区人民克服困难、发展生产的情况，宣传报道关东公署各项政策法令的实施情况。《关东日报》的读者主要是各级政府、学校、文化部门的工作人员。为满足这批读者的阅读需求，报纸还特意开设了《学联园地》《关东教师》《文教通讯》等专栏，由教育工作团体及专业机构提供稿件，颇受读者的欢迎。

1948 年 11 月 2 日，东北全境解放，全国革命斗争形势发生了根本性的改变，旅大区党委于 1949 年 3 月 31 日决定，《关东日报》《大连日报》停刊，改出旅大区党委机关报——《旅大人民日报》。

關東日報

·《关东日报》

《大连日报》的前身是中共大连市委机关报《人民呼声》。《人民呼声》创刊于 1945 年 11 月 1 日，是大连最早创办的报纸之一，其办报的宗旨是向大连民众宣传党的方针政策。但由于政治原因，当时的大连市委还没有向社会公开，故而市委机关报《人民呼声》只能以大连职工总会报纸的名义对外发行。

《人民呼声》初期在松浦印刷局（今大连人民剧场西面的一条小巷内）编辑印刷，四开二版，三日刊。11 月底，人民呼声报社搬迁到了若狭町（今昆明街）健民印刷厂，场地面积增大，办报人员也随之增加。从 12 月 1 日起，报纸改为两日刊，由二版增加到四版。1946 年 1 月 1 日起，报纸改每周六份刊。5 月中旬，报社从健民印刷厂迁往日本统治时期的大连日日新闻报社，社址最终固定下来，即现今世纪街的大连日报社（已拆除）。1946 年国内形势复杂，为防止国民党接收大连，大连党组织决定在报纸上抢注“大连”二字，于是在 6 月 1 日将《人民呼声》更名为《大连日报》。

大连解放初期，很多老大连人并不了解中国共产党的主张及我军在抗战中的贡献。为扭转这种不利局面，《人民呼声》报创办之初即采用消息、通讯、评论等多种灵活的宣传报道方式，宣传共产党的政治思想、文化路线、方针政策。同时，《人民呼声》也与文化、教育部门紧密配合，进行新文化的宣传。如 1946 年春，东北文工团来大连公演期间，《黄河大合唱》《日出》《血泪仇》

等剧目轰动全市，报纸即借势邀约文工团王大化、颜一烟等著名文艺工作者发表了十多篇革命文艺稿件，以红色宣传内容来强化大连进步青年对革命剧目的印象，扭转大连群众的错误认识。

1948 年 11 月，东北全境解放，革命形势好转，大连党组织终于向全社会公开。以大连职工总会名义发行的《大连日报》和关东公署机关报《关东日报》在 1949 年 3 月 31 日同时终刊，合并为旅大区党委机关报《旅大人民日报》，于次日正式发行。

旅大解放后，工业生产迅速发展，职工队伍不断扩大，旅大职工总会按照“发展生产、改善民生、发展文化、培养干部”的建设方针，开展了创模立功、学文化等群众性活动。《大连日报》每周一期的职工专刊已不能满足工人读者的需求，因此，旅大市委决定由职工总会创办《职工报》，作为职工总会的机关报，专为工人读者服务。职工总会是中国共产党领导下的工人群众组织，主要任务是教育和组织工人。1949 年 1 月 25 日，《职工报》创刊发行，其办报方针是：宣传党的方针政策，贯彻职工总会的各项协议、指示、规定和口号，宣传劳模事迹，推广先进生产经验，反映职工意见和要求等。

人民呼聲

發刊詞

爲救濟失業工人

大連紅軍司令官應大連職工總會之要求特發給救濟金五百萬

大連總工會擴大會務 更名爲大連職工總會

·《人民呼声》

《职工报》为四开四版，三日刊。创刊之初社址位于中山路旅大职工总会办公楼内。为办好《职工报》，工会定期举办工人通讯员培训，注重在工人中培养通讯员，择优录取为报社记者，仅 1949 年年末到 1950 年，报社即从海港、船渠（大连造船厂旧称）、烟草公司、渔网厂选调了四位工人通讯员为记者。

《职工报》发行时间较短，仅三年零三个月。但《职工报》发挥的作用却很大，影响也极为广泛。在旅大工人运动蓬勃发展时期，《职工报》及时宣传了党的政策，是旅大工人运动的宣传工具，也是职工的文化园地。《职工报》的主要内容是及时报道旅大历届职工代表大会的盛况、决议；报道工人、工厂开展的各种群众性运动，如生产竞赛运动、技术表演、经验交流、劳模事迹等。报纸设有《旅顺口》《火轮船》《铁路工人》《纺织工人》《码头》《新主人》《青年工人》《交通》《建新》《连环画刊》等栏目，也登载一些短小精悍的文章，版面图文并茂，形式生动活泼。《职工报》全方位展现了旅大各行业职工的精神风貌，满足了不同职业工人的阅读需求，因而深受工人的喜爱。1952 年，因纸张紧缺，旅大总工会决定《职工报》停刊，报社人员多数归并旅大人民日报社。

人民政協昨勝利閉幕
選出中央人民政府委員會
毛澤東當選主席

•《旅大人民日报》

解放后的大连，我党利用苏军管制的有利条件，领导创办了一批红色报纸。这些报纸及时详尽地宣传了党的政治主张，揭露了国民党反动派的本质和内战阴谋，起到了教育群众、组织群众、发动群众、武装群众的重要作用。

张　艳

加帖红军票

“近代大连”第五单元“多元文化的交流与融合”展柜中展出了加帖苏联红军票和加帖伪满币。加帖币是在特殊时期的紧急情况下推行的第一次大连币制改革，有着非同寻常的意义。

1945 年 8 月 22 日大连解放至 1985 年，大连地区共进行了 5 次币制改革，其中苏联军事管制时期进行过 2 次，第一次是对大连市面流通中的货币加帖小票。

大连解放初期，苏军司令部允许苏联红军票与伪满币、朝鲜币同价混合流通，但东北其他各地的国统区却早已废止流通。1947 年 6 月 3 日，以国民党东北行辕副参谋长董彦平为首的一行 12 人欲视察旅大地区，就随团带来了从东北各地搜集上来的 5 千多万元（另有一说为 8 千多万元）苏联红军票，意欲套购大连的物资，破坏大连的金融和经济。在得到这一消息后，旅大苏军和我党实际控制的民主政府积极研究对策，以粉碎国民党视察团的阴谋、稳定大连物价、安定大连民生。最后决定在大连地区进行第一次币制改革，即从 1947 年 5 月 23 日至

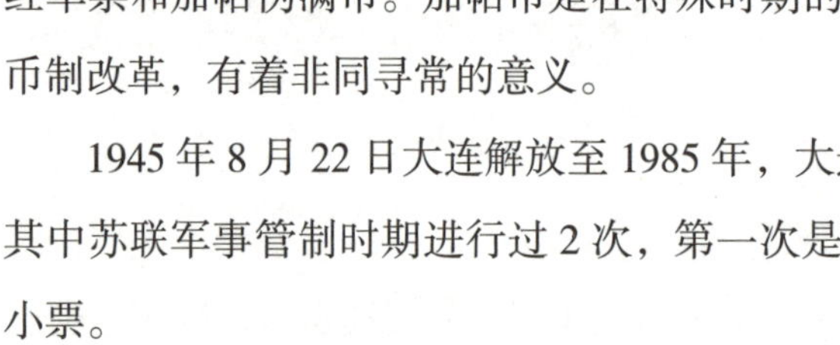

· 加帖苏联红军票（图一）

27日期间，在大连市面流通的苏军票、伪满币、朝鲜币的10元券和100元券票面上贴上形状类似邮票的帖（旧称帖币），规定只有帖币才能流通使用，而对面额较小的1元券、5元券则不做规定，不贴帖照常流通。这次币制改革的兑换工作由苏军司令部领导，兑换的方针、政策和兑换方法由苏军拟定，而由关东公署公布实施并负责执行，最后在中方关东银行、苏联远东银行的共同努力下完成了这次币改工作。币改的具体情况如下：

兑换期限自1947年5月23日至27日共5天，兑换期内，未贴帖的苏军军用票（苏联红军票）和伪满币的10元券和100元券，一律作废禁止使用。

苏军票和伪满币，其面额10元券和100元券均须贴上小帖后才能通用，凡1元券和5元券，不需贴帖，可照常通用。

兑换期内，凡居住在旅大地区的居民（包括外籍人），其兑换额每个成年人以3000元为限，小孩（16岁以下）1000元为限，凡超过部分悉数登记存入关东银行。

凡存在关东银行的存款，以贴帖币支给，对于登记存款的支付数额按第三条规定陆续给付。对法人（机关、团体和企业）的支付数额，经公署批准，根据需要给付。

外国领事馆及其职员的款项，也需贴帖。

凡旅大地区的苏军（联）军队、苏联机关和企业及官兵私人款的兑换，由苏联远东银行办理。

此次兑换工作，仅用5天时间全部完成。流通中的10元券、100元券收回。边贴帖，边兑换，共组织400个兑换小组直接参加兑换，另在关东实业公司、关东贸易公司、关东邮政总局、关东电话总局四处。点钞工具由苏军提供，由公安总局负责现钞的押运和兑换点的保卫工作，并出动全体警察协助贴帖，3天贴了9亿元，承担了总兑换额的50%。

· 加帖苏联红军票（图二）

通过关东银行兑换的情况如下：

总兑换为 176 940 户，占总户数的 97.7%；总兑换人数为 890 631 人，占总人口的 95.8%。总收兑额为 2 244 732 654 元，其中按规定兑出贴帖币 1 907 125 500 元，余者 337 607 154 元和机关团体工商企业存款 765 327 382.25 元以及兑换期内存款 445 109 264.69 元，计为 1 548 043 800.94 元悉数冻结。扣除银行应收贷款，还应付贴帖币 13 亿元。但为缓和市场货币过多，对冻结款采取分期分批解冻的办法，以期提高币值，稳定物价，安定民生。

通过关东银行共兑出贴帖币 32 亿元，通过苏联远东银行兑出数字不详。经过第二次币改测算，兑出数为 22 亿元，此次币改共发行贴帖币 54 亿元。

1948 年 11 月 14 日，为进一步巩固币值，降低物价，发展生产，改善民生，苏军司令部关东公署决定实施第二次币制改革，发行地方币，即关东银行券，收回贴帖币。历时 5 天，于 11 月 19 日兑换完毕。

李 洁

关东银行券

“近代大连”第五单元“多元文化的交流与融合”展出了三张稀世罕见的大连地方币种——壹圆、伍圆和伍拾圆三种券别的关东银行券。这三张纸币由大连市民捐赠，已经入藏大连博物馆。三种银行券票面主色和票幅尺寸如下：壹圆券为橘红色，纵 6.5 厘米、横 12 厘米；伍圆券为墨绿色，纵 8 厘米、横 14 厘米；伍拾圆券为酱紫色，纵 9 厘米、横 16 厘米。由于关东银行券发行年代特殊，流通时间较短（仅 19 个月），因而这三张关东银行券是东北货币和金融研究中不可多得的实物资料；而大连作为通商贸易口岸兼兵家必争之地的特殊地区，本地发行的关东银行券更具特别意义，对研究地方史也具有重要的资料参考价值。

一、关东银行的由来

所谓的关东地区，即今天的大连地区。1945 年 8 月 22 日，苏联红军进驻旅大，解放大连。11 月 8 日，大连市政府成立，在接管日本横滨正金银行、朝鲜银行、伪满洲中央银行等 16 家日伪银行的基础上，于同年 12 月 28 日分别组建了大连中国工业、农业、商业三家临时性地方国家银行。1946 年 7 月 1 日，又将这三家银行合并为大连银行。1947 年 4 月 3 日，大连市政府改称关东公署，决定自 4 月 20 日起，将大连银行更名为关东银行。关东银行旧址位于大连市中山区中山广场 1 号，现属于全国重点文物保护单位。

二、关东银行券发行的历史背景

旅大地区解放后，市面上流通的货币有四种：朝鲜币、伪满币、日本币和苏联红军票。由于四种货币同时流通，各货币间产生了价格上的差异，伪币使用价值不断提高，导致了旅大地区金融市场的混乱。与此同时，以国民党东北行辕副参谋长董彦平为首的一行 12 人，以视察为名来到大连，携带了大量东北其他各地早已停止流通的苏军货币，妄图套购大连的物资以扰乱金融市场。为了稳定物价、巩固币制、粉碎国民党考察团套购物资的阴谋，1947 年 5 月 23 日至 27 日，由苏军制定政策、关东公署公布执行，在旅大地区实行了第一次货币改革。由苏联远东银行和关东银行组织，对旅大地区流通的苏军币、伪满币、朝鲜币加贴同面额小方帖。小方帖尺寸类似邮票，因此这些货币俗称加帖票。同时规定此后只允许加帖票在大连市面上流通。此次币改保证了旅大地区金融市场的稳定，使市场货币减少了三分之一，物价降低了 20%，旅大地区经济形势因这次币改而日渐好转。更为重要的是，加帖票的实施，使国民党视察团准备的未加帖苏币全部成为废纸，粉碎了国民党意图扰乱旅大地区金融秩序的阴谋。

为了进一步巩固币值，降低物价，发展生产力，1948 年 11 月 14 日，苏军司令部准许关东银行实行第二次货币改革。旧币由关东银行全部兑回，同时发行关东银行券。货币面值分别为壹圆、伍圆、拾圆、伍拾圆、壹佰圆五种券别，宣布了关东银行券的正式诞生。此次币改共发行关东银行券 37 亿元，实现了旅大地区的货币统一和金融稳定。从此，大连地区以关东银行券为唯一流通货币。

由于关东银行券是委托苏联印制的，因此其设计风格和印制技术都带有浓重的苏联钞票的痕迹，票券的纹饰绘制极具典型的欧洲风格。除票面主色与面值不同外，五种券别均采用了一致的设计图案。票券正面印有面值，以及“关东银行”“中华民国叁拾柒年印”的字样，而中间的图案则取自中国东北吉林长白山天池的自然风光。背面设计为椭圆形花饰，内有在大海中航行

· 壹圆关东银行券

· 伍圆关东银行券

· 拾圆关东银行券

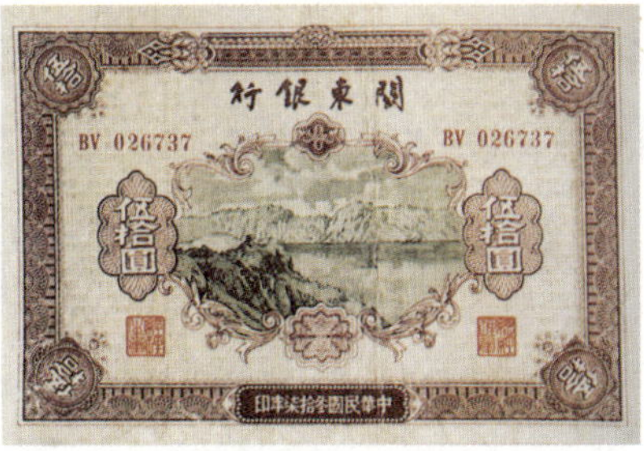

· 伍拾圆关东银行券

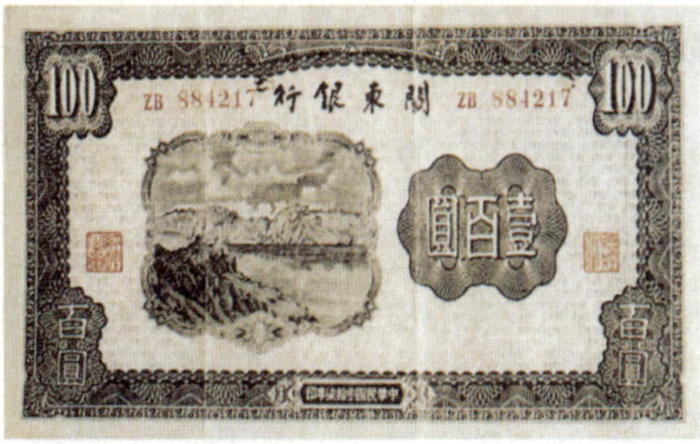

· 壹佰圆关东银行券

的轮船图案，充分体现出大连这一港口城市的特征。为了增强防伪功能，票券正面均布满篆书“关东银行”小字底纹，再以“关东银行”水印作为暗记，整体设计精致而美观。

三、关东银行券发行的历史意义

关东银行券的发行具有重要的历史意义。它首次由大连自己的关东银行发行，结束了外国银行在旅大地区发行货币的历史；关东银行券的发行，统一了旅大地区的货币，结束了旅大地区四币同时流通的历史，提高了币值，降低了物价，稳定了金融市场；关东银行券的发行，缩减了货币发行量，合计收回旧币 54 亿元，发行新币 37 亿元；关东银行券发行后，国有经济的实力得以不断提升，成为大连经济的支柱；关东银行券的发行，为之后东北地区统一发行的东北银行地方流通券做好了前期准备。

四、关东银行券的收藏价值

关东银行券是关东银行首次也是唯一一次发行的货币，是旅大地区第二次货币改革的历史见证；关东银行券流通时间极短，从 1948 年 11 月发行到 1950 年 6 月停止流通，仅使用了 19 个月时间，因而存世量极少；关东银行券不是由中国自行印制的，而是由苏联代为印制，是苏联为中国印制的第一套钞票，因而具有特殊的历史意义；关东银行券发行时间久远，比 1948 年 12 月 1 日发行的第一套人民币还要早，因而更显稀世罕见、弥足珍贵。

1948 年 11 月 12 日，东北全境解放。1949 年 4 月 27 日，关东公署改称旅大行政公署。1950 年 5 月，关东银行由东北银行接管，改称东北银行旅大分行，关东银行券遂被东北银行发行的东北银行地方流通券兑回，这标志着东北地区统一的金融体系正式建立。至此，关东银行和关东银行券完成了它在旅大地区货币史上的历史使命，正式退出历史舞台。

王　滨

颜一烟捐赠的珍贵史料

“近代大连”第七单元“大连解放与人民政权的建立”展柜中，陈列着一本红色印刷的《黄河大合唱》手册。该手册 1946 年印刷，纵 22 厘米、横 17 厘米、32 开、简装、封面套色印刷，加盖“东北文艺工作团编辑出版部”椭圆形章。虽然纸张已经泛黄，但它却记录了当年东北文工团在大连所从事的革命文化宣传工作。这也是《黄河大合唱》在大连地区演出的物证。

自 1905 年日俄战争日本占领大连和九一八事变侵占东北之后，一切形式的抗战宣传都受到日伪反动派的残酷打击和疯狂镇压。1945 年 8 月 22 日苏军解放大连，日寇也正式宣布投降，我党得以在大连地区活动，宣传革命主张以鼓舞群众。《黄河大合唱》等一批抗战和革命歌曲开始在大连这片土地上回响，革命文艺所唤起和汇聚的精神力量，从此鼓舞鞭策着一代又一代大连人，为社会主义革命和建设前赴后继、奋勇拼搏，谱写了宏伟的诗篇。

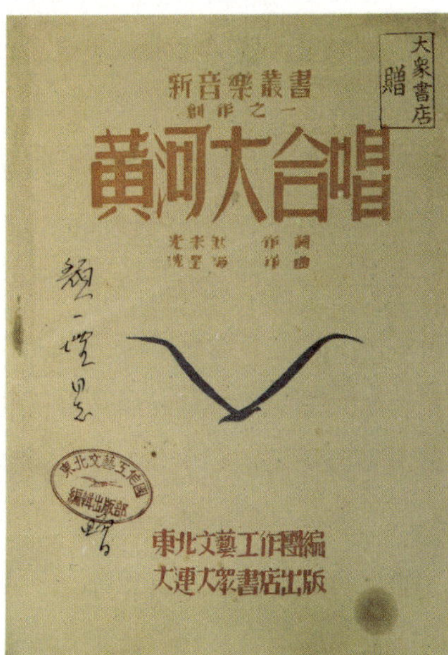

·《黄河大合唱》手册

一、解放初期大连地区的文化艺术形势

1945 年 8 月 15 日，日本宣布投降，战争结束。大连地区解放以后，成为由苏联红军实行军事管制下的具有特殊性质的解放区。大连作为全国解放最早的大中城市，解放初期的政治形势十分复杂，各种政治势力并存，既有共产党的革命势力，也有以正统面目出现的国民政府和与之合流的日伪残余势力。1945 年 10 月，中共中央东北局派韩光来大连，建立了中共大连市委。从中共大连市委、大连市政府建立之日起，就把争取群众、争取知识青年、团结一切可以团结的力量当作一件大事来抓，宣传、广播、讲演等宣传教育工作就成为我党与国民党反动派争取群众的核心工作。例如我党向当时大连所有的中学都派去了校长和训育主任，以及其他必要的干部。由于大连长期被日本占领和奴化，不少中小学教师和青年学生对我党的宣传教育十分冷漠，工作收效甚微。他们中有人把初进大城市的我党干部看作从山沟里来的"土包子"，认为他们没有文化。当时社会普遍流行着"共产党八路军打仗、搞农村工作还行，却没有文化"的看法。大连是国内极少几个未被国民党占领、未经内战炮火摧残的大中城市之一，如何领导城市、发动群众、搞好工商业呢？大连地区领导人韩光等人认真分析局势，在中共组织没有对社会公开的情况下，制定了一系列切合实际的方针政策，迅速而有效地扩大了党的影响，带领广大人民群众为大连地区的建设发展做出了卓越贡献。这其中，开拓革命文化事业就是最重要的举措，它对我党迅速稳定政局、恢复经济、激发人民当家做主的政治热情起到了关键作用。

为在大连发动群众开展革命文化工作，中共中央东北局、华东局首先从组织上先后选派了一大批来自老解放区和上海等地的文化名人、文艺干部，李一氓、罗丹、李定坤、陈陇、方冰、阿英、柳青、安娥、罗烽、白朗、吕荧、刘辽逸、吴晓邦、赵慧深、刘汝醴、余定华、沈西牧、邵默夏等人就是这时来到大连从事文化教育工作的。他们的到来对大连地区新文化的建立起到了开创奠基的重要作用。在很短时间内，刚解放的大连人才云集、名人荟

萃，这些来自其他敌后城市和革命根据地的我党文化工作者从根本上改变了大连的文化生态。大连人民不但政治上获得解放，经济上得到翻身，精神上也得到解放，成为文化的主人。1946 年 3 月，受中共中央东北局的派遣，以延安鲁迅艺术学院师生组成的东北文艺工作团在团长沙蒙的带领下来到大连。有了这些我党领导的革命文艺团体，大连的文化面貌得到根本改观，对配合革命斗争、宣传鼓动民众投身于解放战争事业起到了重要的作用。

二、东北文工团在大连的活动

1946 年 3 月 14 日，东北文工团为统战的目的来到大连。当时有 30 多名团员，团长是沙蒙，支部书记是于蓝，秘书是张平，还有组训部长王大化、戏剧部长李牧、音乐部长刘炽、总务部长何文今、编辑部及出版部部长颜一烟等。他们都是从延安来的，有着丰富的革命文艺创作和演出经验。

东北文工团到了大连后发现：被日寇统治了 40 年的大连，解放前的大连市民很少知道抗战真相，可以说根本不了解共产党 14 年抗战的功绩。尽管当时报纸、电台进行了一些宣传，召开了报告会、演讲会，也派人到学校讲课等，但效果一直不理想。为了能把具有民族革命传统且鼓舞人心的音乐歌曲送到大连人民面前，东北文工团决定首场演出《黄河大合唱》和一组革命歌曲。1946 年 3 月 17 日，东北文工团的《黄河大合唱》在大连首次公开演出，它由大连广播电台交响乐队伴奏，这也是《黄河大合唱》自诞生以来第一次用交响乐队伴奏并在城市演出。随着指挥刘炽手臂有力地一挥，听惯海浪声音的大连人第一次在剧场里听到了黄河的咆哮。对于长期受日伪皇民教育和习惯旧式戏剧音乐的大连民众，《黄河大合唱》那大气磅礴、奔腾不息的音乐给他们带来了精神上的震撼和全新感受。《黄河大合唱》中所表达的万里山河的壮丽、抗日救国的英勇、不屈人民的伟大和时代精神的搏动，使大连民众精神极为振奋，长期被奴役而形成的皇民意识被一扫而空，产生了极大的民族自豪感。这是大连人民 40 年来第一次听到自己同胞这样地引吭高歌。为了加强宣传效果，配合演出，东北文工团刊印了宣传册。对于首次公演，当年的报纸记载说："大连艺术剧场（即友好电影院）门庭若市，人如流水。买到票的人兴高采烈，早早进场；没有买到票的人还在门外徘徊，不愿离去。"演出结束后，东北文工团举办了音乐讲座、音乐训练班，还帮助成立了冼星海合唱团；广播电台又在广播节目单里开辟了广播教歌栏目，配合着演出，教唱革命歌曲。不久，在大连的街头巷尾都能听到革命歌曲和祖国各地的民歌了。

第二次公演的是四幕话剧《日出》。为了加强宣传效果，也出了公演特刊《日出》，很多文工团的领导都写了手记。演出受到旅大观众的称赞，不少读者在报刊上发表文章，说："这才是真正的艺术！""共产党是懂艺术的，是有人才的啊！"

东北文工团和大连人民同呼吸、共命运。经过两次公演，东北文工团在大连得到了认可，有了这样的基础，在第三次公演中文工团开始直接向观众介绍中国人民英勇抗战的光辉业绩了。在当年的五一节后，东北文工团在大连上演了三部抗战话剧:《我们的乡村》《祖国的土地》和《把眼光放远一点》。抗战戏公演之后，报纸上几乎每天都有评论文章，有的写道："在日本法西斯强盗的皮鞭下被奴役了四十余年的大连同胞，大约是不清楚十四年来东北抗日联军怎样同敌人苦斗，以及关里的八年抗战，八路军怎样领导老百姓夺回已经丧失的土地，建立了广大的解放区，是日本法西斯强盗不但无法灭亡中国，而最后自己还要遭受失败的真实情况，现在这三部剧具体地告诉大家了！"

"从来不知道有中国"，这是当时 40 多岁以下的旅大同胞们的共同感受与悲哀。东北文工团通过秧歌剧《血泪仇》讲述王仁厚一家老少 6 口的悲欢离合，反映国民党统治区人民的悲惨遭遇，向旅大人民正面揭露了国民党的反动面目。

东北文工团的演出取得了极大的成功，赢得了人心。当年《人民呼声》报记载了这样一件趣事：有一次文工团演出《祖国的土地》时突然停电了，剧场一片漆黑；有人担心停电会带来混乱，可是意想不到的是观众非常安静，在舞台点起了蜡烛后观众继续在烛光之下观看演出。剧目公演的最后一天，正值星期天，剧场门口人群拥堵。据当年《人民呼声》报报道，眼看开演的时间就要到了，许多没有买到票的观众急得团团转，迟迟不肯离去，文工团看门的工作人员看到此情景，被大家的热情深深地感染了，便打开门栏，让大家涌了进去，挤在剧场的过道和后台边上观看。

东北文工团演出期间，大连的《人民呼声》《新生时报》几乎天天登载评论文章，除了赞扬文工团的演出外，还有力驳斥了国民党反动势力对革命文艺的诬蔑和中伤。有一篇文章说："也许有人要说，这种剧是在进行宣传。你说是宣传就是宣传吧，反正真理是应该宣传的，真理不应保守、关门、秘密，真理就是要人知道，倘若做到真理变为家喻户晓、妇孺皆知的话，那么我们认识世界、改造世界的目的就可以达到了。"

据统计，东北文工团旅连公演期间，共演出了 10 场《黄河大合唱》、10 场《日出》、15 场抗战独幕剧、25 场《血泪仇》和 2 场《兄妹开荒》，传播了革命文艺，争取了广大群众。此外，文工团除了演出，还扶持当地文艺团体，普及革命文艺，发展文艺队伍，帮助 7 个职业、业余剧团排演或公演革命戏曲，帮助成立了 3 个剧团，对外提供了 19 种剧本。他们还与中苏友协共同举办了戏剧讲座，与广播电台联合举办了音乐讲习班，进行知识普及，还组建了大连解放后第一个群众合唱团——冼星海合唱团，为大连培养了一大批文艺人才。这些同志后来成为大连和全国许多文艺团体的领导和专业骨干。当时大连市委书记韩光曾感慨地说："文学艺术对青年人的感染力之大，常

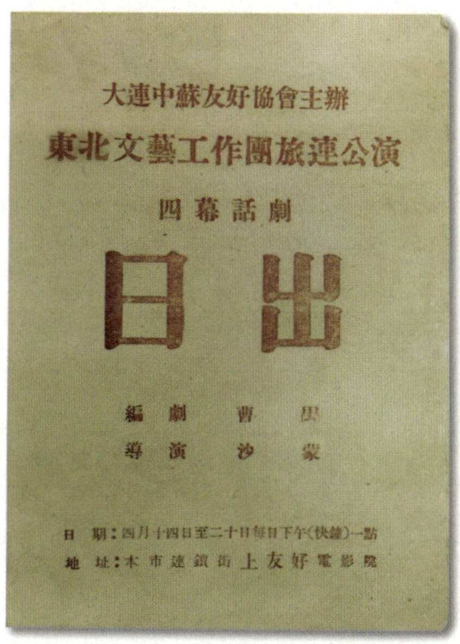

• 四幕话剧《日出》宣传单

· 四幕话剧《日出》剧本

常胜过一些政治报告。”

东北文工团在大连还做了大量的编辑出版工作，出版了《什么是戏剧》《演剧教程》《论演员创作》《秧歌论文集》《演员自我修养》等著作，还在大连的报纸上刊发“戏剧周刊”13 期，“海燕文艺”副刊 4 期，散见在各报刊的宣传革命文艺的文章就有 30 多万字。

东北文工团在大连紧张工作了 5 个多月，在东北文工团的影响和带领下，大连地区群众性的文艺活动空前活跃，专业艺术团体也如雨后春笋般涌现。他们把延安革命文艺的活力和精神带到了大连，起到了团结人民、教育人民的作用。1946 年 8 月 24 日，东北文工团奉上级指示，离开大连，开赴前线。

李媛媛

建新工业公司的三份红色档案

“近代大连”第七单元“大连解放与人民政权的建立”展出了三份红色档案：1945 年 10 月 10 日山东省渤海区第四行政督察专员公署为徐万里开具的证明书（以下简称“身份证明书”）、1949 年 7 月 1 日建新工业公司颁给徐万里的生产立功运动小功奖状（以下简称“立功奖状”）、1949 年 8 月 19 日东北人民解放军军工部第九办事处为徐万里开具的前赴胶东护照（以下简称“徐万里护照”）。这三份红色档案由徐万里的后人孙松成、孙松亭 2003 年捐赠大连博物馆，历史价值重大。

身份证明书全文：“山东省渤海区第四行政督察专员公署证明书。兹有本署工商局公营商店经理徐万里同志前往大连采购物品及接洽贸易关系，希各友邦军政机关查验放行，勿予留难特此证明。”证明书开具人为专员冯鼎平、副专员冯基民，时间落款为中华民国三十四年十月十日（1945 年 10 月 10 日）。身份证明书左下角钤盖山东省渤海区第

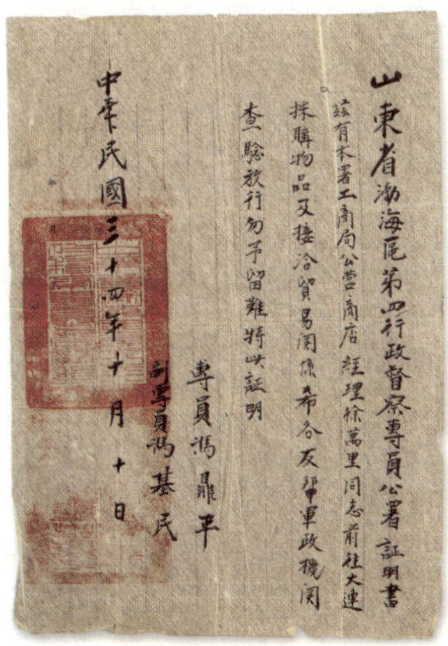
山東省渤海區第四行政督察專員公署證明書
茲有本署工商局公營商店經理徐萬里同志前往大連
採購物品及接洽貿易關係希各友邦軍政機關
查驗放行勿予留難特此證明
專員馮鼎平
副專員馮基民
中華民國三十四年十月十日

· 徐万里身份证明书

四行政督察专员公署白地朱印方章一枚。该身份证明书反映了抗战胜利初期，山东解放区为贯彻我党的“向北发展，向南防御”方针，安排干部徐万里北上大连、挺进东北的这段特殊历史。从身份证明书中提到的“各友邦军政机关”可知该证明书是开具给当时旅大苏军的；从徐万里公营商店经理的身份可知，挺进东北的山东解放区干部为照顾苏联与国民党外交的方便，刻意隐瞒了身份，而乔装成政治上没有立场的商民。徐万里的身份证明书是抗战胜利初期我党安排胶东干部挺进东北的实物见证。

立功奖状全文：“徐万里同志在生产立功运动中成绩优良，经评定为小功一个，特给奖状以资纪念。”颁发单位为建新工业公司，颁授人为经理朱毅，副经理李一氓、张珍、段子俊，职工总会主席陈一民，副主席鲁平，颁发时间为中华民国三十八年七月一日（1949 年 7 月 1 日）。立功奖状颁授人的名字下方钤盖四方白地朱印公章，为“建新工业公司经理之章”“建新工业公司副经理章”“建新工业职工总会主席之章”“建新工业职工总会副主席章”。立功奖状反映了我党在大连领导成立的建新工业公司全体员工在解放战争时期，突破国民党对大连特殊解放区的封锁，克服资金、设备短缺及技术落后的困难，开展生产立功运动，自力更生，积极进行军工生产支前的这段光辉历史。

徐万里护照的颁发单位为东北人民解放军军工部第九办事处，护照编号为第 58 号，签发人为东北人民解放军军工部第九办事处主任朱毅，政委李一氓，副主任张珍、段子俊，护照有效期为中华民国三十八年八月十九日至九月二十日（1949 年 8 月 19 日至 9 月 20 日）。另，该护照还钤盖了 7 枚印章，为

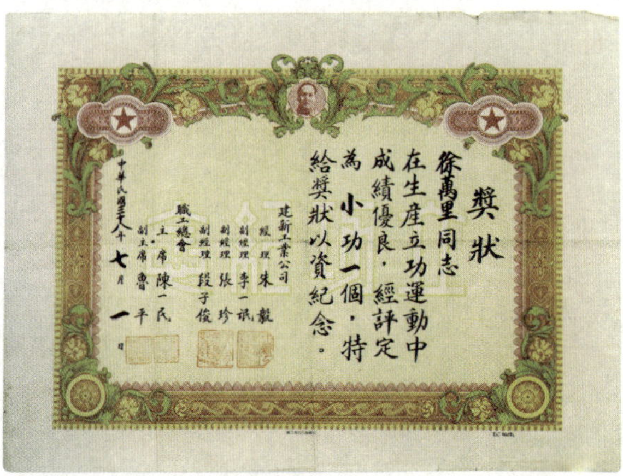

· 徐万里生产立功运动小功奖状

白文印“朱毅之印”“李一氓印”“张珍之印”“段子俊印”名章；朱文印“东北人民解放军军工部第九办事处”公章两方，其中一方为骑缝章；护照的中下部位钤盖1949年8月28日“水上公安局验讫”章一枚、白地朱印“边防检查”章一枚。徐万里护照从签发日期来看，东北、华北、江南大部已经解放，此时正是解放军挺进华南、西南，以摧枯拉朽之势进军全中国的关键时期。而此时徐万里受建新工业公司委派前赴胶东，虽未说明具体原因和事由，但基于淮海战役、华北解放期间在大连成立的建新工业公司军工支前的光辉业绩，基于该时期建新工业公司庞大的生产规模和成熟的生产能力，此次徐万里的“因公”赴胶东，仍然是关系大连军工生产支前的事宜。因而，徐万里的这份前往胶东的护照，便具有了作为建新工业公司军工生产支前的证据的意义，是特殊解放区大连的革命文物和红色档案。

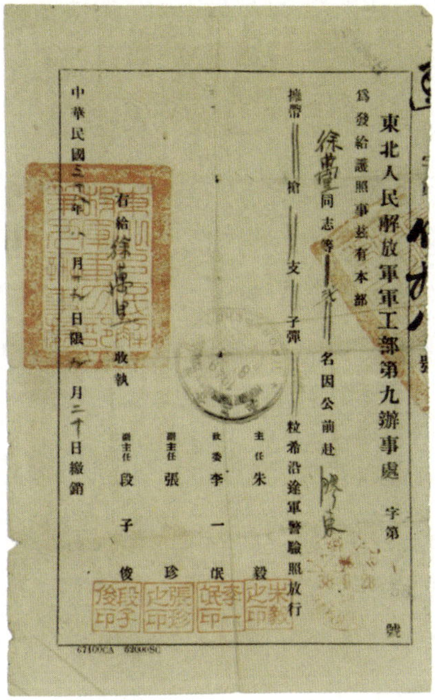
東北人民解放軍軍工部第九辦事處 字第 號
爲發給護照事兹有本部
徐萬里同志等 名因公前赴膠東
攜帶 槍 支 子彈 粒希沿途軍警驗照放行
主任 朱毅
政委 李一氓
副主任 張珍
副主任 段子俊
右給徐萬里收執
中華民國三十八年八月廿九日限九月二十日撤銷

· 徐万里护照

为更好地了解该三份红色档案的文物价值，揭示红色档案背后的故事，有必要按照这三份红色档案签发的时间顺序，梳理建新工业公司在解放战争时期的筹建、生产支前的历史。

一、建新工业公司的筹建

1945年8月15日，日本宣告无条件投降。8月22日，苏军进驻旅大，历经近半个世纪殖民统治的大连解放。苏联政府根据与国民政府签订的《中苏友好同盟条约》，对大连进行军事管制。此时的大连虽已解放，但各种反动势力依然猖獗，国民党在大连发展党员，搜集情报，进行反苏反共宣传；汉奸张本正也纠集反动势力成立大连地方治安维持会，妄图把持地方政权；而此时的大连工厂也因日本统治的瓦解而停工停产，大连一时盗匪四起，社会秩序混乱。1945 年 10 月初，韩光受中共中央东北局委派来连，与苏军大连警备司令部司令高兹罗夫接洽。苏军表达了希望中共派人来连，成立市委市政府并早日掌控大连的愿望。在苏军的暗中支持下，韩光于 10 月中旬再次来到大连，按照中共中央东北局"抢形势""搭架子"的要求，首先秘密成立了第一届中共大连市委。随后在市委的领导下，11 月 7 日成立了大连市警察总局（后改为公安总局），11 月 8 日成立了大连市政府，还相继建立了大连职工总会、妇联、青联、中苏友好协会等群众团体。苏军支持我党领导下的大连，我党经过努力并采取一系列措施，迅速稳定了局势，使大连成为苏军军事管制下我党实际控制的特殊解放区，政治环境趋向安定，这为军工生产的开展创造了条件。

在解放初期的大连，虽工厂停工、设备损坏、职工下岗，但其工业基础和技术条件仍然是其他解放区中的城市无可比拟的。日本殖民统治大连的 40 年间，曾建起了大批的现代化工厂，据调查：到 1943 年时，旅大工厂总数达到 1 825 个，资金为 7.36 亿日元。仅从 1932 年到 1941 年这 10 年间，金属工业扩大 21 倍，机械工业扩大 10 倍，化学工业成倍增长。日本投降后，苏军进驻旅大，掌控了大部分的工业设备、物资，这些设备和物资后来被我党以公安总局的名义接管，为开展军工生产创造了条件。另外，作为太平洋战争物资集散地的大连，其大量存储的汽油、布匹、钢铁、化工原料等也为开展军工生产提供了原料保证。

地理上，大连地处辽东半岛最南端，负山面海，陆路以铁路连接物产丰富的东北腹地，海路则以大连港为节点，联结华北、华东广大地区，便于军工生产原料集散，便于军工产品的对外运输。正如解放战争时期，主抓军工生产的伍修权总结的那样，"大连的条件好，有一个重要的条件是对外交通方便……""我们可以利用大连'自由港'的关系，同上海、天津、香港、朝鲜

（境内地区）联系，这是最有利的条件，是北满没有的条件”，可见区位优势对发展军工生产的重要性。

综上，苏军管制下我党控制的大连政治环境的安定、日本统治时期奠定的近代工业基础与技术工人的存在、负山面海的便利交通条件等，为大连军工生产的开创发展提供了可能。

1946 年 9 月，中共中央东北局委员、东北民主联军副司令员萧劲光来大连筹划后勤工作，当时山东兵工三厂厂长刘振也被派到东北搜集弹药物资，两人同时对大连生产炮弹的可行性进行了调查。在初步摸清大连具备生产技术条件之后，萧劲光向党中央提出了在大连开展兵工生产的建议。1946 年 11 月 13 日，朱德签署了中央军委发给各解放区的文件，指示各解放区向大连“派出干部，携带一部分资本，前往该地，开办兵工厂。”胶东军区于是安排刘振、吴学忱、于文祥等十几名同志前赴大连。在旅大地委支持下，胶东派来的干部迅速组织职工抢修机器和厂房，开始了我军生产后膛炮弹的尝试。1946 年年底，一条由 40 台机床组成的弹体生产线建成。工人们克服没有技术资料的困难，把从山东带来的七五山炮弹剖开解析并测数据，以工厂库存的上千吨火车车轴钢为原料，试制出了空弹体，把前期生产的 7 000 多发空弹体运往胶东兵工厂装药支援前线。对空弹体生产工艺的掌握，为以后建新工业公司的炮弹生产积累了经验。

为扩大军工生产的规模，1947 年 3 月，华东局派朱毅同志带领 60 余名干部来到大连，着手筹建兵工生产基地。初来大连的朱毅报请华东局批准，成立了华东财委驻大连工作委员会（简称“工委”），工委下设两个委员会：一是兵工委员会，由朱毅、曹鲁负责，对外称建新工业公司，以经营化工原料、钢材、特殊钢、金属制品为掩护，从事军工生产；二是财贸委员会，负责接收和销售华东运到大连的物资，采购华东战场需要的军品，为建新工业公司筹措经费等。

成立初期的建新工业公司新建了两个直属工厂：裕华工厂和宏昌工厂。裕华工厂始建于 1947 年 5 月 12 日，由原华中军区军械处政委吴屏周任厂长、原胶东军区后勤部刘振任副厂长，厂址位于甘井子海茂村老龙头山下（原日本人经营的三合板工厂旧址），主要承担炮弹总装任务。宏昌工厂始建于1947年6月初，由原华中局军械处副处长兼炮弹厂厂长吴运铎任厂长、杨成忠任副厂长，厂址位于甘井子老虎牙（原是日本人留下的一个采石机修所），主要承担炮弹引信的研制、生产任务。

1947年7月1日，旅大地委从苏军手中接管了满洲化学工厂、大华制钢厂、进和铁工厂、大连制罐厂等4家工厂。这4家工厂并入了建新工业公司，建新工业公司的生产规模进一步扩大，朱毅担任经理。

二、建新工业公司的生产支前

1947年7月，解放战争由战略防御转入战略反攻，火炮等重型武器至关重要，而当时解放区其他兵工厂生产的炮弹不能满足战争的需求，因此，生产后膛炮弹支援前线成为建新工业公司当时最主要的任务。但由于技术的限制、生产设备的短缺，后膛炮弹的研制生产困难重重。为了满足前线炮弹的大量需求和保证炮弹的杀伤力，建新工业公司对产品进行认真检测。1947年9月23日，裕华铁工厂厂长吴屏周、宏昌工厂厂长吴运铎亲自带队进行爆破试验。在试爆第七发炮弹时，炮弹没有按时爆炸，吴屏周、吴运铎靠近查看，此时一声巨响，炮弹爆炸了，年仅32岁的吴屏周当场牺牲，为解放战争流尽了最后一滴血，吴运铎也因身受重伤而致残。1948年秋，吴运铎在伤口未痊愈的情况下拄着拐杖回到工厂，又投身于忙碌的生产工作中。吴运铎因忘我的工作精神被称为“中国的保尔”。

生产全装后膛炮弹，是解放区兵工厂从来没有过的尝试。它不同于迫击炮弹这种前膛炮弹，对工艺和技术都有很高的要求。为突破这一技术难关，工人们集思广益，在1948年1月24日，采取类似缩口的办法，用200吨水压机将药筒底部的凸缘压制成功，终于完成了全装后膛炮弹的试制任务。为纪念这一重大的技术突破，建新工业公司将他们自行设计生产的全装钢质后膛炮弹命名为一二四式炮弹。这种炮弹后来被大量生产，仅1948年就生产了

23 万发，有力地支援了全国的解放战争。

1948 年，解放战争进入了新的阶段，对炮弹需求量激增。为了满足各个战场对炮弹的需要，建新工业公司加大了炮弹的生产量。中共旅大党组织也适时发出了“组织生产，自力更生”的口号，号召广大人民群众艰苦创业，积极生产支前。建新工业公司响应旅大党组织的号召，为调动工人的生产积极性，开展了生产竞赛、立功创模运动，按“有功有奖”的原则，制定了《生产立功条例》。在立功创模运动中，建新工业公司涌现出大批的功臣模范，仅 1948 年就评出“大小光荣生产功臣 1 382 名及特等集体功 1 个，集体大功 5 个。其中评上特等功臣的有 2 名，评上大功的有 19 名，评上 2 个小功的有 136 名，评上 1 个小功的有 1 214 名”。馆藏红色档案——徐万里生产立功运动小功奖状即是该时期建新工业公司开展立功创模运动的实物见证。

建新工业公司生产的军工产品大部分以海运的方式输往华东解放战场，由于国民党对大连实施了严密的海上封锁，故而军工产品的支前采取了辗转迂回的路线。先是夜晚秘密装船驶往朝鲜方向，再从朝鲜海域掉头驶往俚岛（俚岛镇，位于今山东省威海市所辖荣成市），国民党误认为这是往来朝鲜的商船因而不予刁难。如此，解放战争期间，建新工业公司的军工产品源源不断地输往前线。据统计，解放战争期间，建新工业公司共生产炮弹50余万发，引信 80 余万发，无烟火药 5 000 余吨，迫击炮 1 200 余门，还有其他各种军用品，孟良崮战役、淮海战役、辽沈战役中使用的弹药大多是建新工业公司输送的。为此，华东解放后，陈毅亲自签发信件给旅大党委，对建新工业公司的军工支前表示感谢。华东野战军副司令员粟裕在总结淮海战役胜利原因时也曾说：“华东战场特别是淮海战役的胜利，离不开华东民工的小推车和大连制造的大炮弹。”

1949 年 6 月 28 日，在解放战争胜局已定的情况下，中央军委对全国的军工生产提出要求：“保留必要者，提高质量、节省经费，以利恢复与发展人民经济。”建新工业公司开始压缩军工生产规模，进行生产转型，增加镀锌铁丝、铁钉、锉刀、耐酸泵、耐酸器材、硬质合金、硫酸、锅炉等民品生产，还自行设计制造了200吨水压机、千吨油压机成套设备，生产了高压水泵、操纵活门、蒸汽压路机等。仅1949年的全年产值中，民品即占了53.7%。1950年春，东北军区军工部奉命改为东北工业部军工局，建新工业公司改属工业部领导，各下属工厂分别受东北人民政府工业部化工局、机械局、军工局的业务指导。同年5月，建新工业公司奉命停止军品生产。1950年6月，朝鲜战争爆发。9月，东北人民政府工业部下令建新工业公司恢复炮弹头生产，东北其他兵工厂完成装药和组装。建新工业公司立即将宏昌工厂与裕华工厂合并，改名八一工厂，由赵俊同志任厂长，组成复工小组。1951年3月，八一工厂恢复生产，当年即生产了25万发空弹体。5月29日，中共旅大市委根据东北局指示，决定撤销建新工业公司党委的组织，所属各厂的党组织直接归属旅大市委领导。至此，建新工业公司结束了它的历史使命。

旅大地区解放战争时期的支前运动，不仅仅建新工业公司的军工生产，还包括金州纺织厂、大连纺织厂生产的棉布支前，市公安总局被服厂制作军服30余万套支前，大连妇女赶做军鞋200余万双支前等。翻身后的大连儿女也响应党的号召，踊跃参军，仅大连市公安总局调往前线的兵员就有14 300人之多。另外，大连作为我党隐蔽的后方，还积极救助前线转移来大连的伤员，甚至还曾派出5个医疗团队携带大批医药、器材奔赴前线。

特殊解放区时期的大连在我党的领导下，依托稳定的政治环境、雄厚的工业基础、优越的交通条件，艰苦创业，积极开展军工生产支前，为全国解放战争的胜利做出了不可磨灭的贡献。

张　艳

建新工业公司生产的七五式山炮弹

“近代大连”第七单元“大连解放与人民政权的建立”展出了一枚建新工业公司生产的七五式山炮弹，该枚炮弹由宝原核设备有限公司（其前身为建新工业公司）捐赠，目前大连仅存两枚，是特殊解放区大连军工生产支前的实物见证。炮弹由弹头、弹壳、底火帽组成，总高 90 厘米，弹头直径 8.5 厘米，弹壳底径 11 厘米，金属质地。据宝原核设备有限公司人员介绍，该枚炮弹产于 1948 年，由建新工业公司技术人员自主研发生产，弹头材料为碳素锰钢。

· 建新工业公司生产的山炮弹

建新工业公司是中国共产党在 1947 年为争取和加速中国人民解放战争的胜利，加强军工生产和保障军需供给，在苏军军事管制的旅大组建的一个大型兵工厂。当时，建新工业公司属于规模庞大、现代化程度最高的大型兵工联合企业，包括裕华工厂、宏昌工厂、大连化学工厂、大连机械工厂、大连钢铁工厂、大连制罐工厂等多家企业。建新工业公司在解放战争时期为东北、华北、华东解放战场生产供应了大批弹药和军需品，其中炮弹50余万发，炮弹引信80余万个，无烟火药5 000余吨，迫击炮1 200余门。建新工业公司生产的弹药和军需品的供应，有力支援了全国的解放战争，加快了全国解放的进程，为伟大的人民解放战争做出了重要贡献。正如粟裕司令员所说：“华东战场特别是淮海战役的胜利，离不开华东民工的小推车和大连制造的大炮弹。”

一、“屋檐下”的军需生产基地

旅大地区位于辽东半岛最南端，地理位置和战略地位十分重要。抗日战争结束后，这里是国共两党争夺东北控制权的战略目标。1945年8月22日苏联红军解放旅大，根据《中苏友好同盟条约》的规定，对旅大地区实施军事管制，使美国和国民党无法染指旅大这一战略要地。中国共产党希望能够充分利用旅大地区的近代工业基础和海陆运输的便利条件，建立一个军需军工生产基地，使这里成为一个稳固的战略后方基地，对东北、华北和华东战场给予支援。对中共旅大地委来说这是一项极其重要的任务。

当时，针对苏联政府对于东北的政策，担任中共中央东北局副书记的陈云是这样分析的，“基本上包括两方面：一方面，把沈阳、长春、哈尔滨三大城市及长春铁路干线交给国民党；另一方面，援助我党在满洲力量的发展，保持远东和平和世界和平是苏联这一政策的基本目的。某一时期由于国际国内条件的变动及斗争策略上的需要，苏联对于执行中苏协定的程度，对我援助的程度会有所变化，但苏联这些政策的本质是一贯的、不变的”。由此可见，旅大地区实际上是一个苏军军管、中国共产党领导的特殊解放区。

二、建新工业公司的筹建

解放战争初期，为了有力回击国民党军队对解放区的进攻，党中央指示：凡是有条件的地区，要争取用最高速度，建立现代化的重武器装备，特别是能打阵地战的野炮及提升所需的大量野炮炮弹的生产能力。1945年年底和 1946 年 9 月，东北民主联军副司令萧劲光为解决军需问题，先后两次来到大连，找到时任山东兵工三厂厂长刘振，分析当时战争局势，认为应当趁国民党进攻前，解决由北满往南满运送物资的困难。因此，在南满地区建立自己的兵工厂迫在眉睫。同时，萧劲光考虑在大连建立兵工厂，因为有苏联红军的掩护，就可以走海运支援华东地区。当时，正在大连搜集物资弹药的刘振也向萧劲光汇报，他认为“大连建立军工生产的基本条件非常好，有化工厂可以生产火药原料，有钢铁厂可以供应钢材，还有机械厂雄厚的加工力量。（大连）解放前，日本在大连就组织过军火生产”。同时，遵照东北局的指示，旅大地委在建立初始，就明确要利用有利的地理条件和工业基础强的优势，支援东北、华东及各解放区。

经过调研，萧劲光认为，大连具备优越的军火生产条件，进而向中央提出了在大连进行兵工生产的建议。党中央对此高度重视，1946 年 11 月 13 日，朱德签署中央军委发给黎玉、张鼎丞、薄一波、邓子恢、聂荣臻等各个解放区领导人的电文：“大连负责同志来电如下：（一）大连没收工厂二百余家；（二）在兵工上有最新式设备，而且有数个能生产炮、机枪、步枪、弹药（的工）厂开工；（三）这里有大量的日本技术人员，如有得力干部来支持，三天后即可开始生产；（四）据以上情况，该地（能）较有保障的（地）制造枪弹，你们可派出干部，携带一部分资本，前往该地，开办兵工厂。”各解放区收到中央军委的电文后，迅速派干部到大连进行前期筹备工作。华中局在接到电文的第三天，即复电中央军委拟派顾准、李竹平二位同志前往大连。胶东军区派出刘振、吴学忱、于文祥等 10 余人再次赴大连。随后华东局派曹鲁、罗（芦）素平、李正（振）南等，华中局派吴屏周等，晋察冀派王金栋、高方启等人陆续从各解放区来到大连。

1946 年 11 月 25 日，刘振等人在中共旅大地委的领导下，以大连公安总局的名义接管了大连机械厂。尽管日本投降后，大部分精密设备已被拆卸运走，使机械厂受损严重，但行业基础还未被摧毁。他们通过剖析从胶东带来的样弹，绘制剖面图，修复装配受损机床，以工厂积存的几千吨火车车轴为

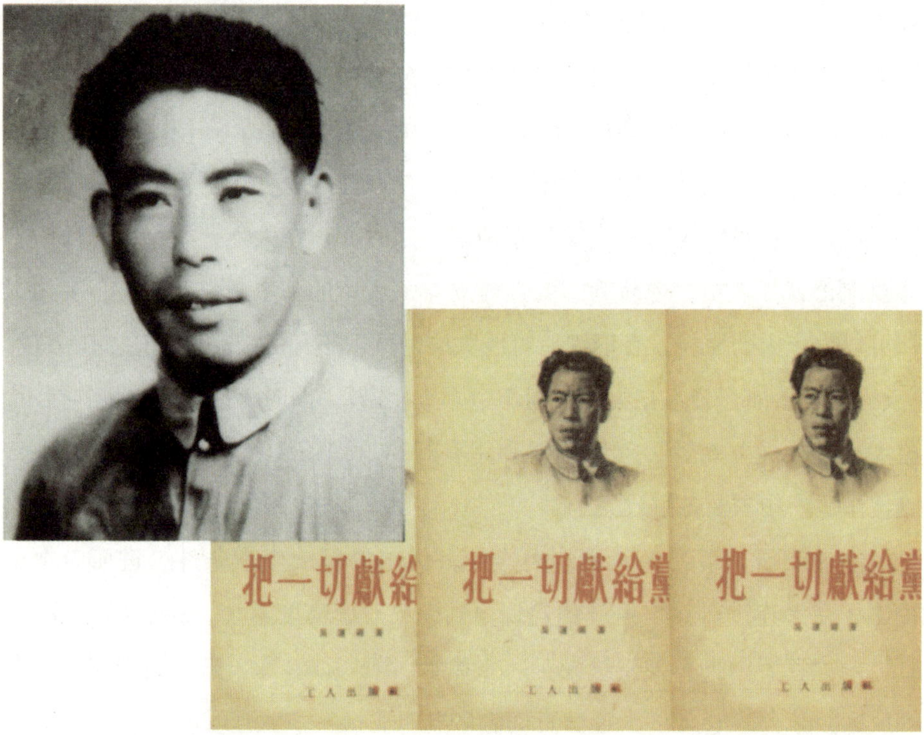

· 建新工业公司宏昌工厂厂长吴运铎和他在病床上写下的自传体小说《把一切献给党》

原料，试仿制日本七五式山炮弹弹体。从 1946 年年底至 1947 年上半年，共生产了 3 000 多发空弹体，运往胶东解放区兵工厂装填火药。

1947 年 3 月，中共华东局派朱毅带领一批干部到大连组织筹备军工生产，支援解放战争。经华东局批准，与旅大地委协商同意，成立了华东财委驻大连工作委员会，由朱毅担任书记，李竹平、曹鲁、周嘉林、朱宏升等担任委员。工委下设两个委员会：一是兵工委员会，对外称建新工业公司，负责军工生产；二是财贸委员会，负责采购战略军用物资、运输与对外贸易。

1947 年 7 月，旅大地委在当时正在苏军警备司令部工作的刘亚楼的帮助下，经与苏军多次交涉，苏军正式移交满洲化学工厂、大华炼钢厂、进和铁工厂和制罐厂 4 家工厂。但是，苏联迫于英、美的压力，向旅大地委提出不允许在市区进行军火生产的要求，故旅大地委先后在大连市郊投资建设了裕华工厂和宏昌工厂。其中，裕华工厂由吴屏周担任厂长、刘振担任副厂长，隐蔽进行炮弹生产；宏昌工厂由吴运铎担任厂长、杨成忠担任副厂长，秘密生产引信。此外，建新工业公司还合并了模范工厂、振东工厂、五一工厂等多家与弹药生产密切相关的工厂。至此，建新公司形成了初具规模的军工生产基地，对外以民办企业的名义，称为建新工业公司，经费由华东局负责，朱毅任总经理。

· 宏昌工厂生产车间

1947 年下半年，国民党向陕北和山东解放区发起进攻，阻断了大连与华东地区的海陆交通，建新工业公司的经济状况陷入危机，因此建新工业公司的一切开支转由东北局负责，生产的炮弹仍然一并运往华东战场。1948 年 3 月，鉴于华东战场局势好转，也为了便于工作，华东局将建新工业公司交由东北局领导，对内改称东北军工部第九办事处，对外仍称建新工业公司。

三、七五式山炮弹的研发

解放战争初期，解放军的其他兵工厂只能生产小型迫击炮弹，而要取得战争的胜利，火炮等重型武器至关重要。因此，建新工业公司自建立之日起，就将研制生产后膛炮弹（仿制日式七五式山炮弹）、支援解放战争作为中心任务。在设备短缺、技术不足的情况下，公司的干部、职工克服重重困难，攻克技术难关，发扬自力更生的精神，自主研发并大批量生产了前线急需的后膛炮弹，开启了中国人民解放军兵工史上生产后膛炮弹的历史。

生产后膛炮弹，就需要研制生产无烟发射药。由于原满化厂的 5 条合成氨生产线都已被拆毁，使得短期内生产无烟火药十分困难。大连化学工厂的

· 建新工业公司生产的迫击炮

领导和职工在困难面前没有退缩，而是通过查阅英文资料、向日本专家咨询等，制定了整体设计、设备制造、施工安装、试车等一整套方案，于1947年年底硝酸、硫酸试车成功。同期，与无烟药生产配套的有关电气蒸汽和修建单位也相应建设起来，无烟发射药生产线形成。1948年1月正式投产。1948年年产量150吨，1949年年产量达254吨。从1948年至1950年5月，大连生产的发射药，除供应本地军队外，约有三分之二支援了其他解放区。为此，国民党军徐州剿总副总司令兼前线指挥部主任杜聿明将军惊呼："共军哪里来的那么多炮弹？"

引信装置是生产后膛炮弹至关重要的一个环节。当时，引信装置由宏昌工厂研制，由于技术资料短缺，宏昌工厂厂长吴运铎、副厂长杨成忠带领职工，通过拆装日式八八式引信获取技术数据，解决了引信装置的技术问题；通过生产迫击炮引信的经验，解决了引信体内的引爆机构雷管、扩爆管的火工装配技术问题。经过一个多月的反复试验，引信装置正式投产。从1947年至1949年年底，宏昌工厂生产3种引信62.56万个，2种底火45.3万个，6号雷管10万个。

随着炮弹产量的不断提升，大连钢铁厂原存车轴钢日益减少，弹体用钢的冶炼和锻造成为急需解决的问题，因为只有自行冶炼炮弹钢才能从根本上解决问题。电极（炭精棒）是冶炼炮弹钢的必要条件，大连机械厂负责制造专用设备，使用库存原材料鳞片状石墨和大连煤气厂提供的煤焦油，建成电极分厂，此后又研制成功千吨油压机。电极生产线建成后，生产的合格电极可供5–6吨容量的电炉使用。

· 吴屏周

为了提高生产效率，大连钢铁厂自行设计了中型轧钢机，铸造了机架、轧辊、大型“人”字齿轮。大连化学厂向大连钢铁厂支援了合成氨车间的大型压缩机的电动机。1948年6月，大马力轧机建成，标志着大连钢铁厂完成了从冶炼中碳钢至形成炮弹钢坯的转型，保证了炮弹钢的供应。

1947年8月，大连机械厂副厂长刘振带领职工建起弹体生产线并试制弹体成功。为了提高弹体工艺技术水平，进一步检验弹体的爆炸力和破片数，裕华工厂和宏昌工厂共同开展研发，改进工艺。1947年9月，裕华厂厂长吴屏周、副厂长刘振和宏昌工厂厂长吴运铎亲自带人进行爆炸试验。在试爆第7发炮弹时，炮弹未爆炸，吴屏周抢先走上前察看时，炮弹爆炸了，年仅32岁的吴屏周当场牺牲，吴运铎也身负重伤。此后，经过反复试验，在弹体制造工艺上增加了热处理工序，使得弹片大小适中、均匀。

为了进一步提高生产效率，裕华工厂改进炮体的制造工艺，采用水压机热压钢坯加上压伸的方法，设计出一套用耐热钢制成的冲压模具，使原来生产1发炮弹所需要的钢材可以生产2发炮弹，钢材的利用率从原来的不到30%增加到60%，产量也从原定月产1万发提高到月产2万至3万发。

七五式山炮弹的药筒是用三五黄铜制成的（后改用四六黄铜）。大连钢铁厂原来采用石墨坩埚，损耗较大。后经反复研究，于1948年上半年成功研制竖式工频电炉，解决了熔炼黄铜的问题。另外，炮弹坯底部凸缘的压制需要670吨压力机，经技术人员多次试验，自制内径略小于药筒外径的专用模具，采用现在200吨压力机压制药筒，形成凸缘，试验成功。

· 建新工业公司生产的一二四式炮弹

1948年1月24日，建新工业公司全装炮弹的所有配件试制任务全部完成，七五式山炮弹试制成功。为纪念这一特殊的日子，公司经理朱毅将试制成功的炮弹改称为一二四式炮弹。七五式山炮弹安全性能好、质量高、威力大，受到前线作战官兵的好评。

赵 琦

大连大众书店印行的《毛泽东选集》

“近代大连”第七单元“大连解放与人民政权的建立”陈列着一本大连大众书店印行的《毛泽东选集》(以下简称“毛选”)。这本毛选为精装本、32 开，红色布质封面已褪色，其上烫金印仿宋体“毛泽东选集”5 个繁体大字，下端印有“大连大众书店印行”8 个繁体小字，扉页印毛泽东正面像。这是东北地区最早编印发行的毛选，历史价值重大，现为国家三级文物。据藏品档案记载：该毛选 2013 年购自北京潘家园旧货市场。

大连大众书店印行的毛选，是中华人民共和国成立前各解放区发行的《毛泽东选集》的重要版本之一。据学者考证，《毛泽东选集》在中华人民共和国成立前共有 5 大版本，分别为晋察冀日报社版、苏中出版社版、山东新华书店文选版、晋冀鲁豫中央局版、东北书店版。其中大众书店出版的毛选是根据晋察冀日报社 1944 年 5 月版翻印的，还新增了 2 篇毛泽东著作，故而属于晋察冀日报社版。大连大众书店印行的毛选最早时间为 1946 年 4 月，当时为平装本，1946 年 6 月又再版印刷。1946 年 8 月，大连大众书店又印行了五卷合订一册的精装本，发行量为 2 200 册。1947 年 2 月，精装本再版印刷 3 000 册；1947 年 11 月三版印刷量已到 5 000 册，是前两版的一倍。这本毛选，从印刷时间上看，是 1946 年初出版发行的最早一批精装本，现世留存量极少，市面也极其罕见，故而显得弥足珍贵。

提起这本毛选，首先得从大连大众书店讲起。1945 年 8 月日本投降后，白全武、车长宽等人深感大连人民需从长期奴化教育的环境中挣脱出来，于是开始着手组建大连大众书店，以传播先进的思想和文化，促进大连老百姓的觉醒。筹建中的大连大众书店以车升五为经理，他将西岗区长生街 13 号定为办公落脚的地点，并挂出了"大众书店筹备处"的牌子。书店在筹建期间面临着重重困难，尤其是资金短缺使书店的经营举步维艰。筹备组的同志们考虑到党领导下的大连正处于百废待兴、百业待举的艰难时期，经济基础尚未建立起来，战后财政还捉襟见肘，于是决定自谋出路、自筹资金。车升五将自己家里多年的积蓄拿了出来，通过发行股票、进行贸易、开办文具工厂、给外单位印刷单据等办法来增加收入，以维持和补贴书店的图书印刷和发行工作。

大连大众书店在初创阶段面临的另一个困难是没有自己的印刷厂，书的印刷只能现找印刷厂来解决，比如书店翻印的第一本书——孙中山的《三民主义》，就是由一个名不见经传的小印刷厂代为印刷的。即便书店的经济条件如此困难，大连大众书店仍然积极热情地接待来自解放区的干部、旅大青年及往来于庄河、普兰店的同志，这里成了解放区干部群众往来大连的落脚点和接待站。也是因为解放区干部的来来往往，带来了解放区的新思想、新消息，大连大众书店越发走向进步并广为干部群众所认可。

· 大众书店印行的《毛泽东选集》精装合订本

大连在解放初期，时局不稳，社会秩序混乱，街头常有特务、地痞流氓出没，不时还会有冷枪和流弹擦身而过。为了让更多的大连民众接受先进的思想，大连大众书店的同志们面对险恶的环境，毫不退缩地开展工作。如没有合适的印刷厂，他们就一家一家找；没有印刷工人，他们就撸起袖子亲自上阵；没法公开发行《中共中央对时局的宣言》等解放区材料，他们就趁夜色掩护走街串巷散发张贴。凭借这样的努力，大连大众书店的影响越来越大，更多的大连人知道了这家进步书店。

· 大连大众书店

大连大众书店原址位置偏僻，读者往来书店极其不便，于是书店同志在 1945 年年末向韩光、王西萍等市委领导请示，在征得他们的同意后，以中苏友好协会的名义接收了日本人经营的大阪屋号书店（位于大连天津街一带），改为大连大众书店文具用品门市部。后来又接收了鲇川洋行纸店，改为大连大众书店书籍门市部。大众书店成功打入大连解放前日本洋行占据的天津街繁华地段，成立了第一家中国人的商店，这在当时是一件振奋人心、扬眉吐气的事情。

1946 年，随着规模的不断扩大，大连大众书店开设了自己的印刷厂，工人总数也发展至百余人。之后又相继在金县、旅顺和瓦房店开设了分店。沈阳解放后，大连大众书店改名为东北书店。中华人民共和国成立前夕，共产党在旅大的活动向全社会公开，东北书店又改名为新华书店，一直沿用至今。大连大众书店自成立之日起，就立足于传播先进思想，出版发行了大量政治理论方面的书籍，除了《毛泽东选集》之外，还有《论联合政府》《新民主主义论》《论解放区战场》《中国新农村经济》《论党》《大众哲学》《新人生观》《论思想意识和革命家修养》等。此外，也出版了一些文学著作，如《骆驼祥子》《腐蚀》《清明前后》《丰收》等。至 1947 年上半年，大众书店出版

· 1946 年 4 月，大连大众书店出版《毛泽东选集》五卷本及单行本，8 月改五卷本为合订精装本

的书籍已达百余种，数量高达百万册，其资产总额也增至五六百万元，发展速度相当惊人。

大连大众书店不仅将新书送到各单位和图书馆，为了满足孩子们的阅读需求，还在街道居民中开设了订阅连环画的业务。当时每户每月只需付 1 元的租订费，书店就会像订阅报纸一样，每天派专人骑着自行车为用户送去新书，同时把看过的小人书取走。这样一来，租订的用户每个月只需很少的钱就能看到 30 本不同的新书。这不但增加了居民的阅读量，节约了开支，同时还促进了书籍的流通，加深了书店和群众间的联系。也因此，经常有熟识的群众找书店店员代写书信、代买新书和文具用品等。

大连大众书店建立以后，许多往来于大连和解放区的同志把这里当成落脚点，而这些人的身边又时常带着毛泽东著作的单行本。书店人员发现，这些单行本不但纸张质量不好，而且印刷效果也极差，十分不利于学习和保存，于是萌生了把这些毛泽东著作单行本集中起来刊印的想法。大连大众书店版《毛泽东选集》正是在这种机缘下诞生的。

根据大连大众书店经理车升五的回忆：1946 年，作家柳青来到大连，担任大连大众书店党支部书记，负责接收整顿大连大众书店和印刷厂。在大连期间，柳青承担起《毛泽东选集》的编辑工作，不仅将毛泽东在抗日战争以来的著作、讲演进行了整理，还把抗战前所写的《湖南农民运动考察报告》和《中国共产党红军第四军第九次代表大会决议案》收进附录当中，共计 31 篇文章，近 50 万字，最终形成了五卷本的《毛泽东选集》。同年 8 月，大连大众书店又印行了精装合订本。据曾在大连大众书店任副经理的徐澄波回忆：当时的精装本《毛泽东选集》价格较高，许多同志想要买，无奈囊中羞涩；考虑到这一情况，书店在春节的年画上稍加几厘钱用于补贴，降低了《毛泽东选集》的价格，书籍很快销售一空。

1947 年春天，柳青接到调令，即将返回延安。临行前，大连大众书店托他将一本精装《毛泽东选集》、一支派克钢笔和一块怀表带给延安的毛泽东。不久之后，大连大众书店收到了毛泽东的回信，信上这样写道：“大连大众书店、大众书店同人自治会、大众印刷厂全体职工同志们：你们送来的书及钢笔、表均收到，谢谢你们的好意，并致同志的敬礼！”信的左下方，还有毛泽东亲笔签写的“毛泽东”三个遒劲有力的大字。这封回信的原件如今收藏在国家档案馆里，这从另一个侧面见证了大连大众书店那段光辉岁月。

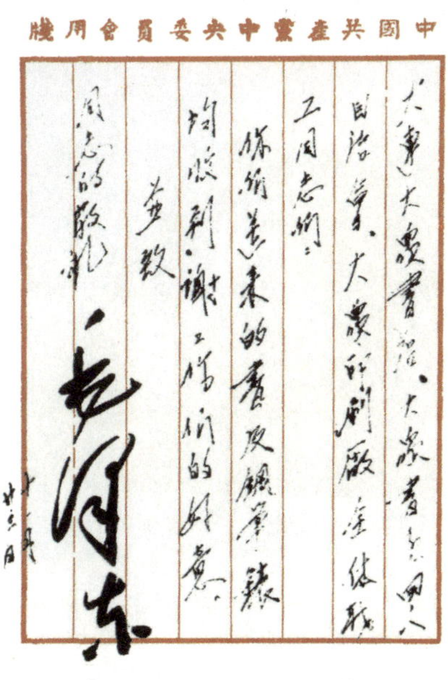
中國共產黨中央委員會用牋

大連大衆書店、大衆書店同人自治會、大衆印刷廠全体職工同志們：你們送來的書及鋼筆、錶均收到，謝謝你們的好意，并致同志的敬禮

毛澤東

廿三日

· 1947 年 11 月 23 日，毛泽东给大连大众书店的回信

大连大众书店在辽沈战役结束、沈阳解放后改名为东北书店。在此之前，大连大众书店独立运营了 3 年之久。在这 3 年时间里，大连大众书店印行了很多革命书籍，传播了马列主义、毛泽东思想，涤荡了日本殖民统治时期奴化教育的流毒，也纠正了国民党反动的宣传

给大连人民带来的错误观念；尤其是《毛泽东选集》的出版发行，不但系统地传播了毛泽东思想，而且也使大连大众书店声名远扬。在 1949 年 9 月北京召开的第一次全国新华书店代表会议上，会议主持人胡绳点名表扬大连新华书店，甚至全国新华书店的统一证章也采用了大连的设计方案，这是大连新华书店——原大连大众书店的无上光荣。

付　鑫

后 记

本书由大连博物馆策划，本馆研究室主任、副研究馆员于孝东具体组织实施，馆内30名工作人员参与撰稿。2019年夏，初稿完成后，由于孝东负责统一体例，进行修订，研究室王欣欣承担图片整理工作。

值此《大连博物馆“近代大连”陈列故事》出版之际，谨向为“近代大连”陈列做出贡献的人们表示由衷的敬意！同时向为本书出版做出贡献的人们表示衷心的感谢！

编者

2020年10月